JN058453

笹生衛

まつりと神々の古代

吉川弘文館

目　次

はじめに——まつりと神々の現在と過去

日本人の神・霊魂観　二十一世紀を迎えた現在の日本でも多くの人々は、人間を超越する存在の「神・仏」をどこかで信じ、死者や祖先の「霊魂」を少なからず意識して生きている。それは、コンピューターや携帯電話など最先端の技術を駆使する現代の若者においても変わらないようだ。

一九九五年から二〇一五年にかけて、若者の宗教意識に関するアンケート調査が行われた。調査対象となったのは国公立を含む大学に在籍する大学生である。大学の数は年度によって異なるが、平均で三九校、延べ六万六〇〇二人からの有効回答を得ている。現代の若者が神仏や霊魂について如何に考え、それらと係わる儀礼・行事をどのように感じているのか、一定の傾向を示していると考えられる。さらに、若者が対象であるため、今後の日本が進むだろう宗教の方向性を示しているといってもよい（國學院大學日本文化研究所編、二〇一八）。

このなかで、まず、「神は存在するのか」という問いに、「信じる」「あり得ると思う」との回答は、全体の平均で五一・六％。「あまり信じない」「否定する」との回答を上回っている。死者の霊魂については、「信じる」「あり得る」の回答が六二・九八％を占める。さまざまな通信技術が発達し多様な情報が溢れる現代においてさえ若者たちの多くは、神や祖先・死者の霊魂の存在を信じ、少なくとも意識して日々生活していることになる。

しかし、その一方で、日本列島で古代から中世への歴史の流れを見ただけでも、神・霊魂の考え方、イメージはさまざまであり、時代ごとに変化した。それは、『古事記』『日本書紀』（以下、「記紀」）が語る人間的な古代神話の神々であり、古墳や陵墓・墳墓に鎮まり子孫を加護し、時には怒り祟る祖先・死者の御魂でもある。また、非業の死を遂げ災害・疫病を引き起こす御霊であり、仏・菩薩の仮の姿として説明される神々でもあった。

神・霊魂・まつりと災害　このような神々・霊魂に対して人間が決まった作法（儀礼）で働きかけ、希望を伝え願い祈ること。それが「まつり」（祭祀・祭礼）である。どのような神々・霊魂に何を願い祈るのかは、日本列島の自然環境が密接に関係してくる。日本列島は、北半球の温帯にあり、加えて、太平洋のプレートが大陸のプレートを押し上げ沈み込む部分にできた島々の集まりである。だから、海に面して二、三〇〇〇メートル級の山岳が聳え、山岳にぶつかった雲は多量の雨雪を降らせる。この雨雪の水は、急峻な山岳から急勾配の河川を下り海へと流れ込む。こういう日本列島の自然環境では、他の地域に比べて自然の「恵み」と「災い」が極端に増幅されて現れるといってよいだろう。このような恵みと災いの背後に、我々の祖先は神・霊魂の存在をみたのである。

なかでも自然災害は、近年の例だけを挙げても雲仙普賢岳（うんぜんふげんだけ）や木曽御嶽山（きそおんたけさん）の噴火、東日本大震災、そして毎年のように発生する洪水・台風と枚挙にいとまがない。春夏秋冬の四季が明確で、それぞれに豊か

な恵みが得られる反面、洪水、台風、地震に火山噴火と世界的に見ても災害が集中する。さらに、古代以来、自然災害とともに疫病（感染症）が流行し、人々を苦しめてきた。大規模な台風・洪水が頻発し、新型コロナウイルスの蔓延に苦しむ現代のわれわれの生活は、この歴史の延長線上にあるといってよい。日本の神・霊魂の考え方と「まつり」は、この日本列島の自然環境のなかで生まれ、特に災害との関係のなかで、つぎつぎに新しい要素を加え変化してきた。

図1　現在の神泉苑

御霊と御霊会　その典型例が、平安時代の九世紀後半、貞観五年（八六三）五月二十日に平安京の神泉苑（天皇の庭園）で行われた御霊会である。古代の正史『日本三代実録』によると、このころ、疫病が頻りに流行し多くの人々が死亡した。多数の人間が集住する平安京の都市空間で感染症が蔓延し、深刻な被害が発生していたのである。令和四年（二〇二二）の現代に通じるところがある。天下の人々は、この災いの原因を「御霊」の仕業だと考えたという。ここに登場する「御霊」とは、崇道天皇（早良親王）、伊豫親王、藤原夫人（吉子）、観察使（藤原仲成カ）、橘逸勢、文室宮田麻呂の六人である。いずれも朝廷への謀叛の疑いをかけられたり、宮中での政争に敗れたりして非業の死をとげた人物である。当時の人々は、非業の死から、彼らの怨みを連想し、その怨みが災害（疫病の蔓延）を発生させ、多くの犠牲者が出たと考えた。

そこで、御霊の怨みを慰め疫病の鎮静化を願い、古代の祭祀としては特異な神まつり「御霊会」が行われたのである。御霊六人の「霊座」を設け花や菓子を供え、御霊のために僧が金光明経と般若心経の内容を説いた。そして、御霊を慰めるため、朝廷の雅楽寮の伶人（楽の演奏者）は楽を奏し天皇近侍の児童と良家の子供が舞い、さらに散楽（曲芸などの雑芸）は技を競ったという。天皇は神泉苑を開放し、京の人々が縦覧（見物）するのを許した。貞観五年の御霊会の特徴は、舞楽・散楽といった芸能の要素含む「まつり」を朝廷が主導して大規模に実施し、都の人々が参加し見物した点にある。この「まつり」の形は、続く十世紀になると、さらに大きく新しい展開を見せるようになる。その歴史的な意味を考える時に、最新の気候変動に関する研究や考古学の調査成果を加えると、これまでとは異なる事情や背景が見えてくる。これについては、本書の後半で細かく述べることとしよう。

本書のねらい　日本の伝統的な神や霊魂は、どのように考えられてきたのか。その研究は、これまで民俗学で盛んに行われてきた。その原点には大正から昭和初期の柳田国男と折口信夫の研究がある。折口は、「祭・まつり」に際して神が依り憑く「依代」を考え、代々の天皇が受け継ぐ「天皇霊」の存在、季節を決めて去来する「来訪神」の姿を見ていた。柳田は「依り坐し」に宿る神を考え、春には田の神、秋には山の神となる祖霊の存在に日本人の祖先信仰の原点を見た。彼らは、近代に残された民間の習俗（民俗）から、このような神や霊魂の考え方を導き出し、ここに日本人の神や祖先に対する信仰の原形を見出そうとしたのである。柳田と折口の研究は、単に民俗の聞き取りや日本古典の精読だけから導き出されたものではない。十九世紀後半から二十世紀初頭、J・G・フレイザーなどが体系化したヨーロッパの人類学の影響を強く受けていた。その意味で、柳田・折口の研究は、当時最先端の学問的な理論に基づくという側面をもっていたのである(塩川、二〇一九)。

この後、彼らの考えた神・霊魂の考え方(神・霊魂観)は、民俗学に限らず、歴史学・考古学まで影響を与えた。その典型例が、古墳(前方後円墳)の成立に関して近藤義郎が示した「首長霊の継承」という考え方である。これは、折口が「大嘗祭の本義」で示した「天皇霊の継承」が基礎にあり、その影響を受けた西郷信綱などの説を直接参考にしている(近藤、一九八三)。しかし、大嘗祭の構成「祭式」の詳細な復元と、平城宮で発見された大嘗宮遺構の分析を総合することで、折口の天皇霊の継承説とその影響を受けた諸説は、現時点では成り立たないことが明らかになりつつある。結局、これまで民俗学の神・霊魂観を基礎に考えられてきた古代日本の神・霊魂観と祭祀・儀礼は、再検討が必要となっているように思われる。

では、いかに再検討すべきなのか。やはり、最新の研究成果を参考にすべきだろう。文献史学と考古学の新しい研究成果は言うまでもない。加えて、人間の脳の認知機能に基づく認知宗教学の成果や、理化学的な手法による過去の気候変動の復元研究も参照する。認知宗教学の成果は、人間が神・霊魂を意識し信仰するメカニズムを考えるのに参考となり、気候変動の復元研究は、記録に残る過去の災害の実態を知る上で必要不可欠だからである。

本書の構成　以上のねらいに沿って、本書は以下のような構成とした。まず、冒頭の第一章では、日本列島における「まつり」の起源を探る。最初に、なぜ人間は神・霊魂を意識して信仰し、祭祀・まつりを行うのか。この点について、認知宗教学を参考に説き起こし、それが、日本列島、古代日本の場合、いかなる展開を経て、古代（八世紀〜十世紀）の文献史料に記された古代の神まつり「神祇祭祀」や「祖先祭祀」につながったのか。縄文・弥生時代から古墳時代までの遺跡・遺物と、「記紀」・『皇太神宮儀式帳』『延喜式』などの文献史料とを総合し、さらに樹木年輪の分析から明らかとなった気候変動のデータを参照しながら、古代日本の「まつり」の起源と歴史的な意味について考えてみたい。

続く、第二章では古代祭祀の具体的な例として、天皇の即位に伴う祭祀「践祚大嘗祭（せんそだいじょうさい）」（以下、大嘗祭）を取り上げる。ここでは特に、古代の大嘗祭の構成「祭式」と、その舞台となる大嘗宮の構造との関係を細かく確認し、この視点から大嘗祭の本質とは何かを明らかにする。さらに、大嘗祭の原形と考えられる古い「新嘗」と古墳や形象埴輪列との関連、新嘗の成立背景にまで考察を広げてみたい。また、古代から中世にかけて大嘗祭が変化していく様子についても見ることとする。

第三章から第五章までは、十世紀から十二世紀にかけての神の考え方（神観）と祭祀の変化について具体的に跡づける。まず、第三章では十世紀の災害について文献史料で確認し、これに考古学の調査成果と樹木年輪の分析から明らかになった気候変動データを対応させて検証し、十世紀の災害の実態を復元する。つづけて、その影響を受けた神観の変化について歴史的にたどることとしたい。

第四章では、神輿渡御を行う新たな神祭りの形「祭礼」が成立する流れを、時代背景とともにたどり、また『年中行事絵巻』などの図像資料をもとに、神輿渡御行列の構成と歴史的な意味について考える。多くの人々が参加・観覧する「祭礼」の起源を示してみたい。

最後の第五章では、平安時代後期の神社の実態について、滋賀県の塩津港遺跡の発掘調査で明らかになった神社の遺構から考える。特に、社殿の構造と境内景観の変遷を明らかにしたい。そこからは、現在の神社につながる起点が見えてくるだろう。そして、終章では、日本の神祭りの系譜の大きな変換点となった十世紀から十二世紀の歴史的な流れと意味・背景について、東アジア的な視点も踏まえてまとめることとしたい。

神道考古学の提唱者、大場磐雄は昭和四十二年（一九六七）に著書『まつり』を上梓した（大場、一九六七）。そのテーマは、日本の「民族宗教」の「神道」と「神社・まつり」の実態を考古学により、原始・古代から中世までの時代幅で明らかにしようとするものだった。『まつり』のテーマを、五十年以上を経た現在の最新の研究成果を総合して再構成したら、どうなるのか。本書は、その試みの一つである。

第一章　「まつり」の原像

一　脳の認知と古代日本の神・霊魂

神・霊魂の検証　日本の「まつり」（祭祀）は、どのように成立したのか。文字がない時代まで遡って考えるならば、地中に残された考古資料の活用は必須である。しかし、考古資料の「出土遺物」（物）や「遺跡・遺構」（場所）の情報だけで、人間の精神的な活動である祭祀のすべてを知るのは難しい。

祭祀とは、人間が感じ信じた、目に見えない神や霊魂に対して一定の作法により働きかける行為である。このため、祭祀の起源を明らかにするには、原始・古代の人々が神や霊魂を如何に考えていたのかを知らなければならない。従来の研究では、海外の記録や民族事例、後の時代の文献史料、さらには近・現代の民俗学の研究成果などを駆使し、原始・古代の神・霊魂の考え方（神観・霊魂観）を推定してきた。ただし、そこには少なからず無理がある。環境や時代が異なる神・霊魂の考え方は参考にこそなれ、決して古い時代のそれらを直接示してはいないからである。

ここで重要な視点となるのが、人間の脳の認知機能と神・霊魂の関係である。近年、人類（ホモ・サピエンス）の脳の認知機能により神・霊魂・宗教を説明しようとする認知宗教学の研究が進んでいる。この視点は、同じ人類である原始・古代の人々の精神活動を知る上で大きな手がかりとなるはずである。そこで、最初に認知宗教学の研究成果から古代日本の神・霊魂観の特徴について考えてみよう。

神と脳の認知　そもそも、なぜ人間は目に見えない神・霊魂を感じ、その存在を信じるのか。そして祭祀を行うのか。認知宗教学では複数の研究者が、人間（ホモ・サピエンス）が神・霊魂を感じ信仰することと、脳の認知機能とは密接に関係すると指摘している。認知機能は、人間が生存のため、進化の過程で備えてきたものである。これに基づけば、神・霊魂の問題を人類史の流れのなかで考えることができ、現代の若者の多くが神や霊魂を意識しているという、序章でふれたアンケート結果は理解しやすい。

まず人類学者で、認知科学も専門とするパスカル・ボイヤー氏は、人間の脳の認知機能では「自ら動くものは、自らの意識・意志にもとづき動く（行動する）と直観する」とし、これを「有生性システム（Animacy system）」と名付けている。「動き（行動）」と「意図・意思」との関係は、行動を観察し、その心（意図・意思）を推論するという「心の理論」に結びつく（パスカル・ボイヤー、二〇〇八）。この「心の理論」を、ジェシー・ベリング氏は「自ら動くもの（無生物を含む、予測不能な動きをするもの）」にまで当てはめ、人間は、そこに「意識・意思・心」があると直観するとした（ジェシー・ベリング、二〇一二）。だから、人間は現象の背後に意思（心）を持つ「行為者（agents）」の存在を直観するのである。哲学者のダニエル・C・デネット氏は、これを人間の認知機能の「行為主体を探す過敏な傾向性」とする。人間が捕食獣など、危害を加える存在の動き（行動）から身を守るため、進化の中で得た機能である（ダニエル・デネット、二〇一〇）。「行為者・行為主体」には、例えば日照・降雨・嵐・湧水などの自然現象を起こし司る「者」も含まれる。このため、日照・湧水などの現象の背後に、これを起こし司る超越的な行為者「神」が直観的に想起される。さらに、認知宗教学者のスチュアート・E・ガスリー氏は、人間は「行為者・行為主体」について、自らを反映させ人間と同様に「人格化」すると指摘した（スチュアート・ガスリー、二〇一六）。神が人間の姿でイメージされ、表現されるのは、認知機能にもとづく現象ということになる。

　このような神の理解は、古代日本に当てはまるのか。『古事記』『日本書紀』（以下、「記紀」）や『延喜式』など、八世紀から十世紀までの文献史料で検証してみよう。

「坐す神」の働き　文献が記す古代日本の神観は、生産や交通といった社会と生活を維持する上で重要な現象が現れる場（自然環境）と結びつく傾向が強い。例えば、水源となる山や河川、水上交通（舟運）の港湾に適した海浜・河口、中継点となる島嶼、陸上交通の難所となる山岳や峠などである。十世紀の法律書『延喜式』巻八、祈年祭の祝詞には、水源の山の神を「水分（みくまり）に坐（ま）す神」、水を山から水田のある平野に押し流す神を「山口に坐す神」と表現する。「水分」（山の分水嶺）と山口（山麓）の地形の働きに神を直観しているのである。同じく大忌祭の祝詞では、大和盆地の河川が集まる「広瀬の川合」で「若うかのめの命」（若い穀物の女神）を祀っている。その祭祀の場は「広瀬（ひろせ）に坐す和加宇加乃売命（わかうかのめのみこと）神社」である。若々しい穀物の女神は、大和盆地の水が集まる場所に居（お）られ、そこで祀られたのである。

図２　「広瀬に坐す和加宇加乃売神社」（広瀬神社）と大和川

また、「記紀」は、「宗像三女神」をヤマトから朝鮮半島への航路上の島嶼・海浜に坐（居）します神とする。つまり、航路を中継する沖ノ島・大島、港に適した釣川の河口と海浜の特別な働きに行為者を直観し、「カミ・神」として人格化する。したがって「カミ・神」は、そこに「坐す」（居られる）と考えるわけである。ここに古代文献が記す「坐す神」の神観を見ることができる。

「坐す神」の祭祀の場は古代の文献に名を残す古い神社と重なり、そこには、四世紀後半や五世紀代の祭祀遺跡が残る。福岡県の宗像大社（むなかたたいしゃ）と宗像・沖ノ島祭祀遺跡の他に、奈良県の大神（おおみわ）神社（じんじゃ）と三輪山麓の祭祀遺跡、石上神宮と禁足地、茨城県の鹿島神宮と境内遺跡、島根県の出雲大社（杵築（きづき）大社）と境内遺跡など全国的に事例は多い。伊勢の神宮の神域内でも古墳時代と推定できる祭祀用の石製模造品（石材で鏡・剣・玉などを模造）の出土が記録されており、天照大神が坐す「五十鈴（いすず）の河上」は古墳時代以来の伝統を持つ特別な祭祀の場なのである。神宮・石上神宮・大神神社・杵築大社の鎮座地は山から水が流れ出る地点「山口」であり、鹿島神宮の鎮座地は海上と内水面交通の結節点である。いずれも人間が生命を維持し社会を支える生産・生活、交通の面で特別な働きが現れる環境といえよう。

ここで思い当たるのが、江戸時代の国学者、本居宣長が『古事記伝』で示した神の定義である。

> さて凡て迦微とは、古御典等に見えたる天地の諸の神たちを始めて、其を祀れる社に坐す御霊をも申し、又人はさらにも云わず、鳥獣木草のたぐい海山など、其余何にまれ、尋常ならずすぐれたる徳のありて、可畏き物を迦微とは云うなり（本居、一九〇二）。

本居宣長は古代日本の神を「神社に居られる神霊をはじめ、人は言うまでもなく、動植物・自然環境まで、普通ではない特別な働きがあり、畏れ多いと感じさせるもの」とした。これは『古事記』など古代の古典の解釈から導き出したもので、神を自然環境・動植物などのさまざまな現象・働きと直接結びつけて理解している。

これまで古代日本の神観を考える場合、民俗学の影響から「依代に憑来する神霊」という解釈が多く行われてきた。しかし、古代の文献が記す神々の表現を脳の認知機能という視点で検証すると、それは①「特定の現象・働き」、②「それが現れる場・環境」、③「現象・働きの行為者の人格化」の三要素が組み合わさって成立していた。古代日本の神々は、「祭祀にあたり依代に憑来する」のではなく、基本的には特定の現象・働きの行為者として、現象・働きが現れる場所・環境に坐（居）す存在として認識されていたといってよいだろう。これは、特定の現象・働きに着目する本居宣長の定義に通じるものである。

遺体への直観　次に死者と霊魂の関係について、再びボイヤー氏の研究を参照してみよう。人間は「有生性システム」により、自ら動くものには意思があると直観する。同時に人間は他者の情報（名前・性格・能力・地位などにもとづく人格）を記憶し、顔などの身体的な特徴と結びつけ、それぞれの人格とともに他者を識別する。これを、ボイヤー氏は「人物ファイルシステム（Person-File system）」と名付けている。そして、人間が病気・怪我・老衰などで生命活動を停止し自ら動かなくなると「死」が認定され、体は「死体・遺体」となる。

人間は、この遺体を見ると、まず自ら動いたり食べたりはしない（「有生性システム」は働かない）と直観する。そして、放置すれば腐敗し悪臭を発して嫌悪すべき状態となり、腐敗した遺体は、不用意に接触すれば感染症を引き起こしかねない危険で恐ろしい存在とも直感する。だから人間は、遺体に対して穢れや恐ろしさを感じるのである。

一方で遺体には生前の姿が残るので、「人物ファイルシステム」は作用し続ける。このため遺体を見ると死者の生前の人格がよみがえり、生きている人間は、遺体に対して生前と同様に接しようとする。現代のわれわれも葬儀などで経験する、遺体に話しかけたり、好んだ食べ物・嗜好品を供えたり、愛用の品を遺体に添えたりする行為である。

このように、遺体に対面した人間は、「有生性システム」は働かないのに、「人物ファイルシステム」は作用し続けるという、大きな矛盾を抱えることとなる。この矛盾を説明・解消するため、人間は、死者の行動（動き）や人格のもととなる「霊魂・幽霊・祖霊」と、遺体から分離した死者の霊魂が行く

「他界」という観念体系を作り出すと考えられる。

『魏志』東夷伝倭人条　人間の遺体に対する直観は、古代日本では、どのようなものだったのだろうか。葬送の最古の文字記録としては、『魏志』東夷伝の倭人条に次の記載がある。

　その死には棺あるも槨なく、土を封じて冢を作る。始め死するや停喪十余日、時に当りて肉を食わず、喪主哭泣し、他人就いて歌舞飲酒す。已に葬れば、挙家水中に詣（いた）りて澡浴し、以て練沐の如くす（石原編訳、一九五一）。

　三世紀の日本列島へは、中国の魏の使者として、魏の正始元年（二四〇）に梯儁（ていきゅう）、正始八年に張政が実際に訪れており、彼らの見聞にもとづき、倭人条の習俗記事は書かれたと考えられる。習俗記事に含まれる葬送の様子は、ある程度、当時の実態を反映しているといえるだろう。

　この記事の「その死には棺あるも槨なく」は、遺体は棺に収めるが、棺を納める施設（槨）はないと解釈でき、当時、一般的に遺体は個別の棺に納め埋葬されていたと考えられる。棺は、死者の人格を想起させる遺体を保存し、他の遺体と区別して埋葬でき、遺体を密閉することで周囲に腐敗の穢れが及ぶことを防ぐこともできる。さらに「土を封じて冢を作る」とあり、個別の遺体を納めた墓を識別できる盛り土が存在したことになる。ここからは、三世紀の邪馬台国では個別の遺体の人格を意識した葬り方（葬法）が行われていたといえるだろう。

　他方、後段の「已に葬れば、挙家水中に詣りて澡浴し、以て練沐の如くす」の部分は、葬送が終わり、死者の近親者が水辺で沐浴する情景を表している。これは、遺体と接触したことで被った穢れの除去が目的と考えられ、遺体から直観する穢れを意識した行為である。

遺体と黄泉国　時代は降り、八世紀初頭に編纂された『古事記』には、遺体から人間が直観する穢れと、死者の人格とを象徴的に物語る神話がある。伊邪那岐命の黄泉国訪問譚である。火の神を生んだ伊邪那美命は火傷を負い亡くなり黄泉国に行ってしまう。夫の伊邪那岐命は、亡き妻の伊邪那美命を追い黄泉国を訪問する。そこで伊邪那美命は、体中に蛆がわき腐敗した遺体の姿で登場し、その姿に怖れをなし逃げる伊邪那岐命を追い対話する。黄泉国の伊邪那美命は、腐敗した遺体そのものであり、同時に多くの人々の命を奪う恐ろしい危険な存在として描写される。伊邪那美命の神格（人格）は、腐敗し穢れた危険な遺体と一体なものとして語られている。この後、『古事記』では、天照大御神・月読命・建速須佐之男命の三貴子が誕生する、伊邪那岐命の禊へと物語は展開する。この禊の前提として、死者（遺体）と黄泉国の穢れは強調されている面は考慮する必要はある。それでも黄泉国と伊邪那美命の描写は、遺体から人間が受ける複雑な直観と一致する。

『日本書紀』でも、遺体と死者の人格との一体性を示す記事がある。例えば、景行天皇四十年の是歳条には、日本武尊の陵墓から白鳥が飛び立った後、「其の棺櫬を開きて視たてまつれば、明衣のみ空しく留まりて、屍骨（遺体）は無し」とある。棺の中には遺体はなく衣服のみ残されていたとあるので、日本武尊と遺体とは不離一体であるとの認識がうかがえる。

仁徳天皇五十五年には、上毛野君の祖先、竹葉瀬の弟で将軍として活躍した田道の伝承がある。彼は東北地方の蝦夷との戦いで戦死し墓に葬られる。その墓を蝦夷が掘り暴いたところ、墓から大蛇が出

図3　稲荷山古墳出土鉄剣の金象嵌銘

てきて蝦夷を食い殺し、多くの蝦夷が蛇の毒で死んだという。続けて「田道、既に亡にたりと雖も、遂に讎を報ゆ。何ぞ死にたる人の知無からんや」（田道は死んだが、遂には敵に報復した。死んだ人にも意志はあるのだ）と記す。墓に納めた田道の遺体と死者（田道）の意志（人格）とを直接結びつける認識が、この伝承からは読み取れる。

古代日本では、遺体と死者の人格とを一体に考える傾向が強く、古代中国の『礼記』郊特牲篇にある、人は死ぬと「魂気（精神）は天に帰し、形魄（肉体）は地に帰す」（竹内、一九七七）という魂魄の考え方を、そのまま受け入れたていたとは考えにくい。

上祖と児　もう一つ、古代日本の死者の問題で特徴的な点として祖先・祖霊の扱いがある。「記紀」と八世紀前半に編纂された『古風土記』では、「祖、上祖・遠祖」と「児・子」との系譜関係を示すことが重要なテーマとなっている。各氏族の系譜の起点となる祖先は「遠祖・上祖」などと表記され、いずれも「とおつおや」、つまり遠い祖先と呼ばれている。その最古の用例は、埼玉県埼玉古墳群の前方後円墳、稲荷山古墳から出土した鉄剣に、金象嵌で刻まれた銘文にある。銘文冒頭の「辛亥年」は、五世紀後半の西暦四七一年に当たると考えられ、続けて「上祖オホヒコ」から八代にわたり「児」の名を記し、ヲワケノオミへと系譜をつなげている（小川他編、二〇〇三）。

パスカル・ボイヤー氏の「人物ファイルシステム」の考え方によれば、古い時代の死者は「先祖」へと統合される。死者の死後、一定の時間が経過すると、生前の死者と接した人々（例えば兄弟・姉妹、子・孫、知人など）はすべて死んでしまい、死者の記憶は失われる。このため「人物ファイルシステム」は働かなくなり、死者の個別の人格は失われ、血縁・系譜がつながる過去の死者としての記憶のみが残り、個性のない「先祖」へと吸収されるのである。しかし、金象嵌銘の古い先祖「上祖オホヒコ」は、これとは対照的である。五世紀当時、古墳を築いた人々にとって、きわめて古い時代の死者の中で特定の人物の名と事跡は記憶され、彼との系譜が社会的に大きな意味を持っていた。五世紀代の日本列島には、そのような社会が成立していたのである。

二　原始の信仰から古代の祭祀へ

信仰・宗教の成立　人間の脳の認知機能にもとづく神・霊魂の考え方は、いかにして信仰の形「儀礼・祭祀」と内容「教え・教義」を整え、組織的な宗教へと発展したのか。精神医学者のE・フラー・トリー氏は人類の脳の進化・発達と考古学資料とを関連させ、霊魂・神、宗教の成立について説明している。人族（ホミニン）の脳は過去二〇〇万年の間で段階的に進化・発達し、約四万年前には「現代ホ

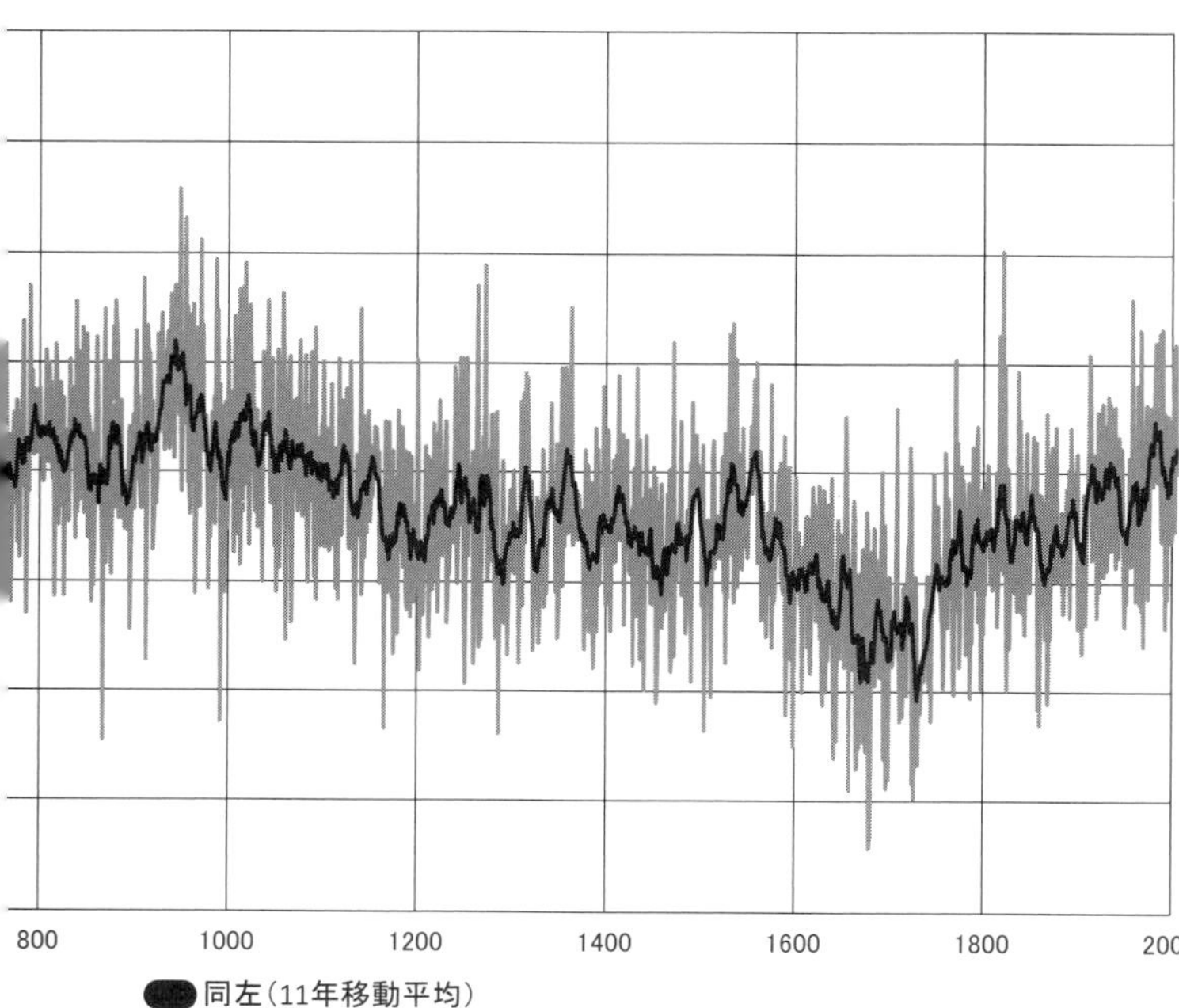

同左（11年移動平均）

体比による降水量変動の復元データ

モ・サピエンス（人類）」としての脳の認知機能が備わり、これにより約一万二〇〇〇年前には死と関連させて「霊魂」の観念が形成された。続いて約四五〇〇年前までに農耕の開始や都市形成と関係しながら人格神が成立し、約二五〇〇年前から王権や帝国の統治と結びつき、世界各地で「神」や「宗教」が成立したとしている（E・フラー・トリー、二〇一八）。

以上を総合すると、四万年前頃までに、人間の脳の基礎的な認知機能（行為者の探知、人格化）が備わった。そして地球上の各地、灼熱の赤道直下から極寒の極地付近まで、広く分散した人類は、それぞれの地域の自然環境に合わせて、生産・生活の形を作り出し

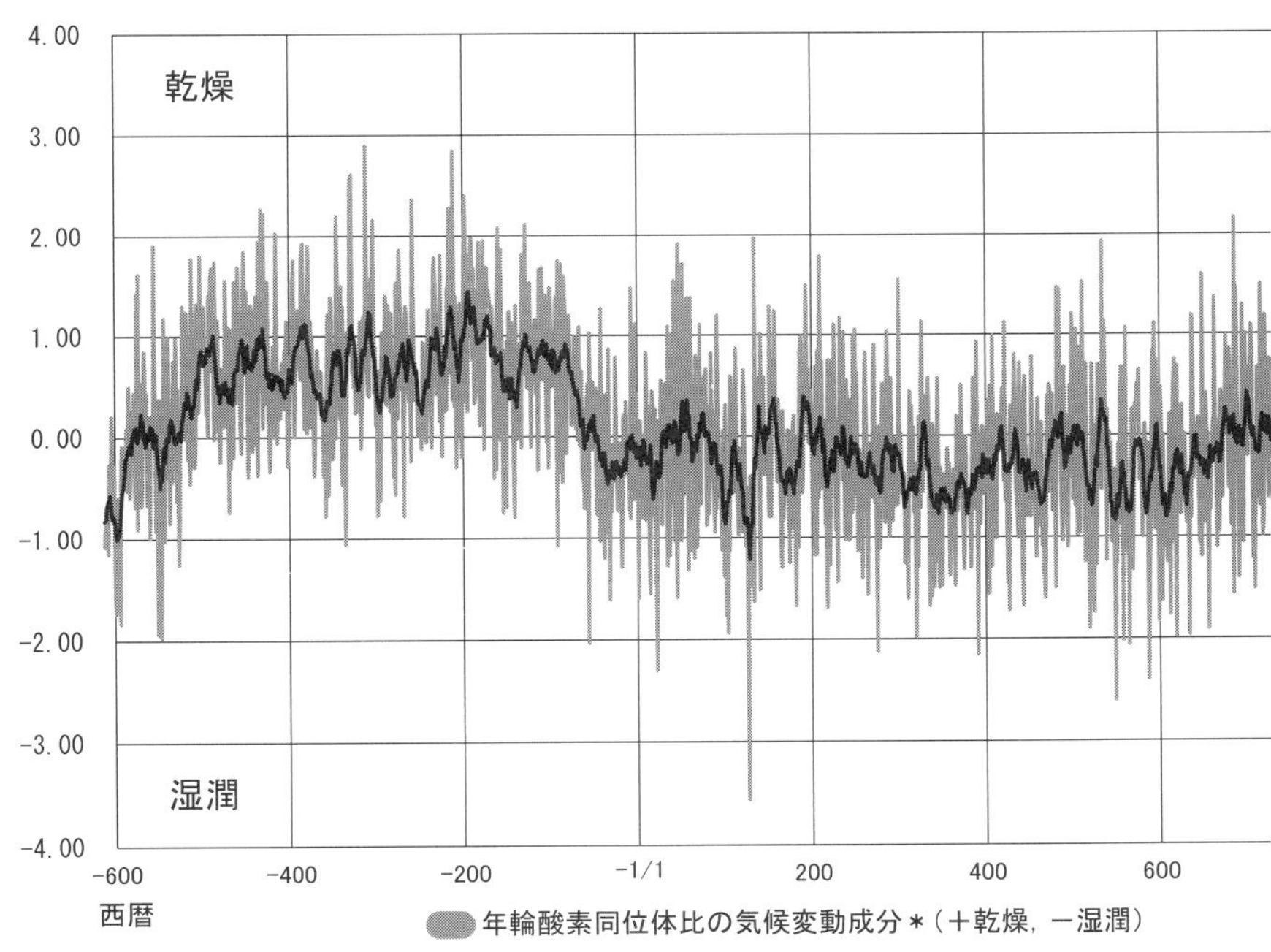

図4　樹木年輪セルロースの酸素同位

状況に応じて変化させていった。その中で環境・生産・生活に合わせて、各地域・各時代の「神・霊魂」観や死後の世界（他界）が作られ、これが国家の統治や行政組織の上で大きな機能を果たした、と整理できる。人間と自然環境との相互のやり取りのなかで信仰・宗教は成立し変遷してきたのである。

日本列島の気候変動　自然環境、特に気候は時代により変動し、人間の生活に大きな影響を与える。だから、信仰・宗教の歴史を考える場合、気候を含む自然環境の変化は正確に知る必要がある。近年、その詳細な復元が可能となりつつある。中塚武氏を中心とした研究プロジェクトの成果である（中塚監修、二〇二二）。木材の年輪のセルロースに含まれた酸素同位体の比率から、過去二六〇〇年間の夏の降雨傾向を一年単位で明らかにした。樹木からの水分の蒸発の傾向を反映し、質量の大きい酸素同位体が含まれる比率が高いほど、その年の年輪が形成された夏季は乾燥傾向となり、比率が低ければ湿潤の傾向が強いことになる。図4の折れ線グラフ（一八頁）は、その毎年の推移で、横軸は西暦、縦軸は一九六〇年から一九九一年までの平均を「0」とした年ごとの偏差を示している（以後、「年輪による年別降雨量傾向」）。

降雨量傾向の変化は、旱魃や洪水の発生と連動し、低地で水田稲作を行い、灌漑用水が不可欠な弥生時代以降の生活・生産においては大きな影響を与えたと考えられる。以下、この気候変動の流れを軸として、これまで見てきた「自然環境」「死者」への認知、そして、考古学の場（遺跡）・物（遺物）を重ねて、いかに原始の信仰から古代の祭祀へと変遷したのかみてみよう。

縄文後期の信仰　四四〇〇年前（紀元前二四〇〇年）頃から始まる縄文時代後期には、栃木県の寺野東遺跡、千葉県の井野長割遺跡に代表される大規模な環状盛土遺構が造られ、生産や生活の実用品ではない大形の石棒・土偶、各種の玉などの装身具、精製された特殊な土器が多く出土するようになる。環状盛土遺構は象徴的な意味を持つモニュメントとして精神的なセンターとして機能し、そこで非実用の特殊な遺物は祭りのような精神活動に伴い使われたのだろう。

南関東の千葉県内では、低地の泥炭層から縄文時代後期の土器（加曽利B式など）がまとまって出土する。当時、葦原が広がる環境で人々は活発に活動していたと推定できる。この背景には自然環境の変化があった可能性が高く、モニュメント的な大規模遺構の造営や特殊遺物の増加と関係していたと考えられる。

この時代、多様な遺体の処理・埋葬が見られるようになる。それ以前からあった「土坑墓」（地面に土坑〈墓穴〉を掘り遺体を葬る）、「配石墓」（土坑墓の上に石を置く）のほか、土坑の中に石を並べ遺体を囲む「石棺墓」が現れる。また、集落以外の場所に墓が集中する「墓地」が成立した。さらに、縄文時代後期には特徴的な葬り方（葬法）が行われるようになる。埋葬時期が異なる多数の遺体を掘り起こし、改めて一ヵ所にまとめて葬り直すものである。これを、山田康弘氏は「多数合葬・複葬」と呼び、背景に「祖霊」の考え方があると指摘する。埋葬時期の異なる遺体の「多数合葬・複葬」は、集落の再編成（新たな集落の成立）と関連し、集落に住む人々を精神的に結びつける上で、「祖霊」が重要な役割を果たしたと推測する（山田、二〇〇八・二〇一九）。谷口康浩氏も、縄文時代後期に造られた土坑墓群と環状列石のようなモニュメントの存在から、この時代に「祖先」の考え方が明確となり、それに対する祭祀・儀礼が行われるようになっていたと指摘する（谷口、二〇一七）。

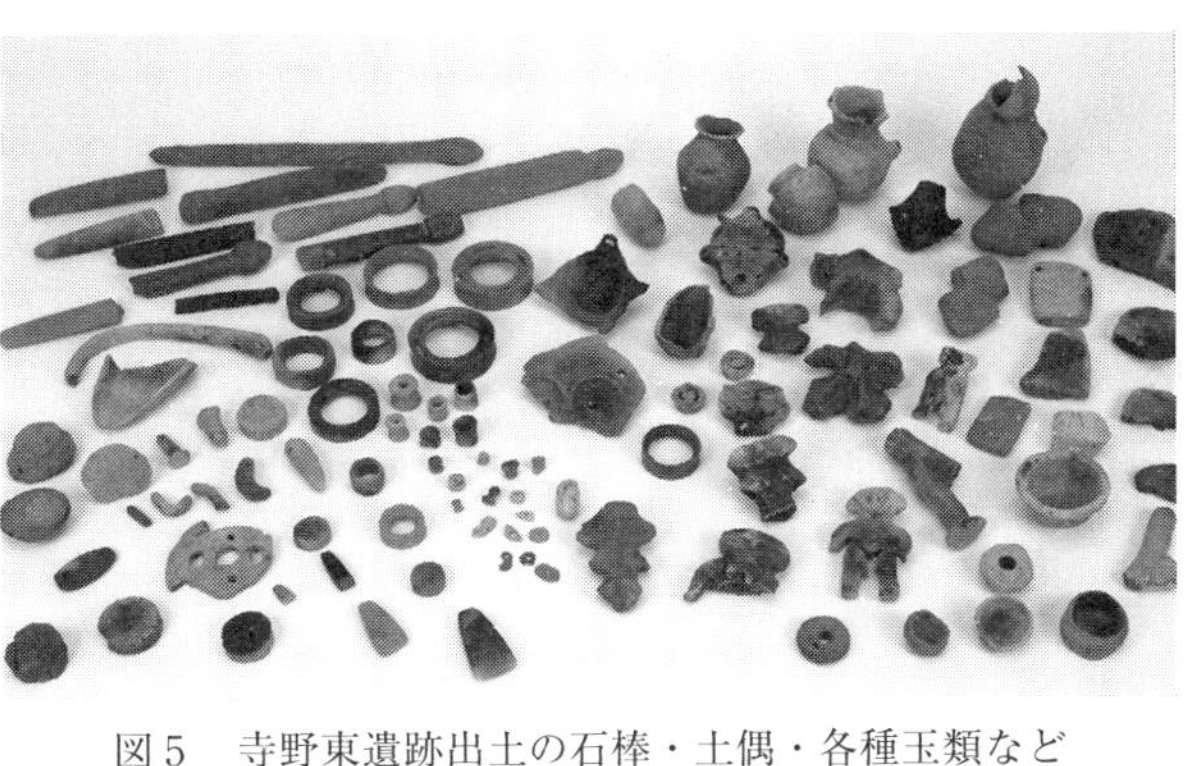

図５　寺野東遺跡出土の石棒・土偶・各種玉類など

図６　千葉県　志摩城跡「壺棺再葬墓群」

ここで注意したいのは、一度埋葬した多数の遺体を掘り出し、一つの墓坑（墓穴）にまとめて葬り直す行為と、死者の人格との関係である。複数の遺体をまとめる葬り方では、遺体の個別の人格は考慮されていない。「多数合葬」に対応する「祖霊・祖先」は、すでに個性（人格）を失なった存在として扱われていたことになる。

再葬と祖先　この葬法の伝統は、縄文時代晩期（紀元前一二七〇年頃〜同四〇〇年頃）から弥生時代中期（紀元前四〇〇年頃〜紀元後五〇年頃）、東北・関東・東海地方に分布する「壺棺再葬墓」へと受けつがれた。壺棺再葬墓については、設楽博巳氏の研究があり、以下の特徴を指摘する（設楽、一九九三）。

①　一度葬った遺体を掘り出し、遺骨のみを壺に入れて再び埋葬する。

②　骨を入れた壺は、一つの土坑（墓穴）に一つの場合と、複数を入れる場合がある。

③　一つの壺に、複数の遺体の骨を入れる例がある。

この②と③の特徴は、複数の遺体の骨を一ヵ所にまとめる点で共通し、やはり、個別の遺体の人格は無視されている。ここからは、腐敗して穢れを直観させる肉・内臓を除去（白骨化）し、個別の人格・

個性を持たない「祖霊」として集約する意図を読み取れる。

この「祖霊」の考え方は、ボイヤー氏の「人物ファイルシステム」の喪失との関係で説明でき、さらに日本民俗学でも同様の見解がある。民俗学者の柳田国男は、著書『先祖の話』の中で「一定の年月を過ぎると、祖霊は個性を棄てて融合して一体になるものと認められて居た」とし、死者は一定の年月（多くは三十三年、稀に四十九年・五十年）を経ることで、死者としての個性を棄て「祖霊」としてまとまり、「先祖になる」というのである（柳田、一九七五）。

縄文時代後・晩期の再葬墓から推定される「祖霊」と柳田が考えた個性のない「先祖」の間には、共通する人間の脳の認知機能が働いていたとみてよいだろう。

弥生の祭具・大形建物　尾瀬ヶ原の泥炭層に含まれるハイマツの花粉割合の分析と、広島湾の海底堆積物の分析は、ともに紀元前十世紀頃、気温・水温が低下していたことを示している（中塚監修、二〇二〇B）。そのような環境で、新たな食糧生産の手段として北九州に水田稲作が伝わり、日本列島の各地で受け入れられていった。しかし、金属器の普及は一段階遅れ、弥生時代中期以降、西日本を中心に定着した（藤尾、二〇一九）。金色に輝き鋭い切れ味の青銅製の武器、金属音を発する銅鐸は縄文時代にはなかったもので、その特別な色・形・働きにより、それ自身が神聖な存在として、また神・霊魂への捧げものとして扱われたと考えられ、大形化するなど祭具として発達した。当時の東アジアの文化的な中心は中国であり、中国大陸との位置関係では、日本列島は最も東の縁辺である。文化的な中心に起源をもつ、先進的で優れた器物を神聖視する傾向は、弥生時代の中期後半以降、中国漢帝国の漢式鏡や鉄製の刀剣へと継承され、紀元後三・四世紀の古墳時代前期まで続くこととなる。

この弥生時代の中期後半、紀元前一世紀には特殊な大形建物が出現する。大阪府の池上曽根遺跡の中心建物は、その典型例である。規模は桁行（間口）十間、一九・二メートル、梁間（奥行）一間、六・九メートルに及ぶ。構造は高床で、妻の端で独立した柱が棟木を支える「独立棟持ち柱」を持つ（広瀬、一九九六）。この構造は、古墳時代に存続し、伊勢の神宮の正殿・宝殿などとも共通する。ただし、この大形建物の性格を神殿・祭殿と推定するには、慎重に検討する必要がある。この点については、墳丘墓との関係を含め後に改めて述べたい。

また弥生時代中期、列島内に普及するのが、動物の骨を焼き入ったヒビの形状などで占う「卜骨」で、これも古墳時代以降に受け継がれた（神澤、一九八七）。弥生時代中期には、古墳時代へと連続する信仰・祭祀の要素が揃い始めたことになる。

木棺とお供え　青銅器とは対照的に、弥生時代の死者の扱い方と墓は早い段階で変化し、遺体を木棺に納めて葬るようになった。最古段階の木棺墓は、福岡県の雑餉隈遺跡で発見された。この遺跡の四基の墓では、土坑（墓穴）の掘りこみ方などから木棺を使用したと推測でき、遺体に有柄式磨製石剣と石鏃を副え、木棺の端からは遺体に供えたように壺形土器が出土した。土器は、弥生時代の早期、夜臼式の段階（紀元前八世紀頃）、北九州に稲作が伝わった直後のものである（堀苑他編、二〇〇五）。

続くのが福岡県の田久松ヶ浦遺跡で十一基の木棺墓群を確認した。この木棺墓には、土坑の底に石を置き木棺を安置、周囲を石で囲み上面も石で覆う「石槨墓」がある。雑餉隈遺跡と同様に、磨製有柄の石剣と石鏃を副葬し、壺形土器を供えていた（原他編、一九九九）。また、この遺跡の木棺墓の上には、低墳丘（低い盛り土）を造るものがある。これらの特徴は、朝鮮半島南部の墓と共通し、稲作とともに朝鮮半島からもたらされたとみてよい。

木棺は、遺体を密閉して腐敗による穢れの拡散を防ぎ、死者の人格を直観させる遺体を、姿を留めて個別に埋葬できる。この点で木棺の使用は、死者の人格と密接に結びついている。それを裏付けるのが、壺形土器を遺体へ供えることである。壺形土器には食物を入れていたはずで、木棺の遺体は食事を取ると考えていたのである。我々が遺体や墓に食膳や食べ物を供えるのと同様である。外観で個別の墓を識別できる盛り土も行なっていることを合わせて考えると、弥生時代早期の木棺墓は、墓に埋葬した人物の人格を強く意識していたといえる。『魏志』東夷伝倭人条の墓の原形は、この木棺墓にもとめられる。

図７　雑餉隈遺跡の木棺墓と出土遺物

方形周溝墓・甕棺墓・墳丘墓　この後、弥生時代前期後半（紀元前六世紀頃）になると北九州の木棺・石槨墓は、瀬戸内海沿岸から四国へと伝わっていく。そして、弥生時代前期の末期（紀元前五世紀頃）までに、瀬戸内海沿岸の東部から近畿地方で「方形周溝墓」という新たな墓が成立した。遺体を木棺に納め、低墳丘に埋葬し、周囲を溝で方形に区画する墓である。最古段階の例としては、兵庫県の東武庫遺跡のものがある（藤井、二〇〇七）。方形周溝墓は、弥生時代中期後半（紀元前二世紀頃）には水田稲作とともに南関東へと伝わった。千葉県の常代遺跡では総数一五四基からなる大規模な方形周溝墓群が造られ、同時に南関東では水田と新たな集落が成立し、景観は大きく変化した。

遺体を木棺に納め、副葬品・土器が伴う墓は、弥生時代中期から後期にかけて、列島内の各地でさまざまに発展をとげた。なかでも弥生時代中期の九州では、福岡県の吉武高木遺跡の木棺墓・甕棺墓のように、遺体を木棺・甕棺におさめ、青銅製の武器・鏡と玉類など豊富な貴重品を副葬品とする墓が造られた（溝口、一九九五・常松、二〇〇六）。

さらに弥生時代の中期中頃から後期には、大規模に土を盛り墳丘とする「墳丘墓」が現れる。吉武高木遺跡の北の吉武樋渡遺跡では、南北二五・七メートル、東西一六・五メートルの範囲に盛り土をした墳丘墓が造られ、甕棺三〇基、木棺・石棺各一基が埋葬されていた。墳丘墓は、高く土を盛るので、特別な墓として周囲から明確に識別でき、そこに葬られた人物は、特別な扱いを受けるべき人格を持つと認識されていたはずである。特に、副葬品が伴う甕棺六基、木棺一基の人物は、重要な人物であったと考えられる。中期中頃に遡る甕棺の副葬品には細形銅剣があり、中期後半の甕棺からは中国前漢の銅鏡、鉄製の素環頭大刀（柄の先端に環状の装飾が付く）が出土した。紀元前一〇八年、朝鮮半島に楽浪郡を設置した漢帝国からの影響が明確となる（常松、二〇〇六）。このような品々が副葬された人物は、生前に中国の漢帝国と繋がりがあり、地域では集団（集落）間の利害調整ができる「首長」とも呼べる人格を持っていた可能性が高い。

これに対応するように、弥生時代の中期後半になると、吉武樋渡遺跡の墳丘墓の南約二〇〇メートルの地点、吉武高木遺跡内に柱間が六間×五間、建物面積は一一五・二平方メートルに達する大きな掘立柱建物が建てられた。ここで、墳丘墓と大形の建物が対となる関係が成立する。遺体から人格を直観するという、人間の脳の認知機能を考慮すると、大形建物は、首長の生前の活動の場と居所であり、死後の居所が遺体を納めた墳丘墓となった、との整理が可能である。墳丘墓には、中国の漢帝国と接点を持つ首長の遺体も埋葬された。そのような首長の人格を象徴する構造物として、生前の大形建物と死後の墳丘墓は機能したのではないだろうか。

図8　吉武高木遺跡　大形建物跡

遺体の人格と社会機能　遺体を棺に入れて埋葬し、副葬品を副えて食膳を供える葬法。その遺体・死者の人格への強い意識・こだわりは、弥生時代に始まる稲作と深く関連していた。何故か。ボイヤー氏は、人類学者ジャック・グディ氏の意見を参考に「先祖から物質的な財産を受け継ぐ社会—特にその相続財を共同で管理しなければならない社会では—祖先崇拝がとりわけ重要である」とする。弥生時代の日本列島の場合、「共同で管理する相続財」とは、灌漑用水を備えた水田が相当する。例えば水田を拓き管理した人物の子孫が、代々水田を受け継ぐとしよう。その人物と子孫との関係を社会的に説明する上で、最初に水田を拓き管理した人物の人格は重要であり、人格を直観させる遺体も社会的に重要な役割を果たす。水田が世代を超えて継承されていくために、水田を拓いた古い死者の記憶（名前・業績）と、その人格は忘れてはならない。ここに水田稲作とともに遺体の人格を重視する墓が成立する背景があると考えられる。

特定の人物が、水田の開発・管理に加え、他地域（集落）との交易や権益調整の役割を果たすようになり、それが地位として継承されるならば、その人物の人格は、地域・集落のなかで重要度を増す。彼（彼女）の人格は大形の建物が象徴し、彼（彼女）が死亡し遺体を葬る場合、その人格に相応しい大規模な墓が必要となる。これが、弥生時代中・後期に発達し、特定の人物を大規模な盛土へと貴重品（副葬品）を副え丁重に葬る墳丘墓だったのだろう。

墳丘墓の発達　図4の「年輪による年別降雨量傾向」（一八頁）を見ると、紀元前一世紀（弥生時代中期後半）には急速に湿潤へと変化、紀元後一・二世紀（弥生時代後期）には極端な湿潤傾向を示す年がある。これに対応する状況が考古学的に認められる。例えば、静岡県の登呂遺跡では弥生時代中期から集落が営まれてきたが、紀元後二世紀、安倍川の二度の洪水に呑み込まれ埋没。ほぼ同時期、千葉県の小櫃川沿いの芝野遺跡と菅生遺跡で集落と水田が洪水で埋没している（笹生、二〇二〇A）。近畿地方でも集落が低地から台地上へ移動する傾向が指摘されている（若林、二〇二〇）。弥生時代後期から終末期には、日本列島の広範囲で気候変動による環境変化が起こり、生活・生産に深刻な影響を与えていたらしい。

この時期、西日本では銅剣・鉾、銅鐸などの青銅製の祭具は消滅に向かい、対照的に紀元後二世紀代には九州、中国地方、近畿地方北部などで、地域ごとに特色をもつ墳丘墓が発達した。吉備地方（岡山県）の双方中円形の盾築墳丘墓、山陰地方の四隅突出型の墳丘墓が集中する西谷墳墓群は、典型例である（近藤、二〇〇二）。

図９　西谷墳墓群の四隅突出型墳丘墓

環境が変化し社会が不安定化するなかで、各地域をまとめた有力者「首長」の社会的な重要度は増し、その人物の死後の人格にも多くの注意が向けられたのだろう。特別な死者の人格（意志）に適うように、遺体には貴重な副葬品（鏡・武器・工具・玉等）を副え、墳丘には飲食の供献を象徴する土器（壺・器台、高坏など）を置いた。この遺体の丁重な葬送は、死者の意志に沿うことで発生する「子孫への加護」を引き出し、意志に反し死者が怒ることで発生する「祟り・災害」を未然に防ぐためには不可欠と考えられたのではないか。だからこそ、死者の生前の社会的な影響力が大きいほど、死者の意志に沿って墳丘は大規模化し、より貴重な副葬品を捧げ、多量の土器が置かれたのだろう。

また、首長は、人間同士の交渉だけでなく、災害の原因、自然環境の働きの行為者（神などの超越的な存在）との交渉・関係調整も担ったと考えられる。それは「祭祀」であり、『魏志』倭人条の卑弥呼に関する記述「鬼道を事とし、能く衆を惑はす」に対応する。弥生時代の末期、特定個人の人格を強く意識した大規模な墳丘墓が、地域性を強調してモニュメント化する背景には、このような状況を考えておく必要があるだろう。環境・社会が不安定化する中で、各地域の有力者「首長」の遺体への対応は、祟り・災害を防ぐ上で社会的な機能を持つようになり、その遺体を納めた墳丘墓は、災害を防ぎ地域の安寧を象徴するモニュメントとしての性格を帯びるようになった。そこには古墳につながる確実な道筋を見ることができる。

新たな宝器　二世紀後半から三世紀前半までには、最先端の文化・技術を象徴する品々が日本列島にもたらされた。中国の統一帝国、後漢末期の画文帯神獣鏡（がもんたいしんじゅうきょう）や素環頭大刀（そかんとうたち）である。画文帯神獣鏡は、鏡の背面に精緻な神仙と霊獣の像、さらに富貴・長寿を約束する吉祥句を刻み美しく輝く。奈良県のホケノ山古墳で出土した白銅質の鏡は、その優品である。

素環頭大刀は、長く鋭い優れた鉄刀である。奈良県の東大寺山古墳から出土した鉄刀は全長一一〇センチと長大で、刀身には後漢の年号「中平」（紀元後一八〇～一九〇年）と「上（天上）では星宿に応じ、下（地上）では不祥を辟（さ）く」との吉祥句を金象嵌で刻む。柄頭は日本列島で銅製環頭に付け替えられているが、本来は後漢で作られた内反素環頭大刀（うちぞりそかんとうたち）であったと考えられる。その鋭利な切れ味とともに金象嵌の美しい吉祥句は、当時の人々には特別なものと感じられただろう。

これらの銅鏡と鉄刀は、光輝き鋭利であるという、普通ではない優れた働きから、神聖性を帯びるのに時間はかからなかったと考えられる。画文帯神獣鏡は、三世紀後半の奈良県の黒塚古墳だけでなく、五世紀から六世紀にかけての埼玉県稲荷山古墳、六世紀後半の奈良県藤ノ木古墳でも遺体の頭の下に置かれていた。三世紀の三角縁神獣鏡以上に、古墳時代を通じて特別な鏡として扱われ続けた。さらに白銅質の優れた鏡は、『日本書紀』神代上第五段一書第一、伊奘諾尊（いざなぎのみこと）が大日孁尊（おおひるめのみこと）・月弓尊（つくゆみのみこと）を生むと

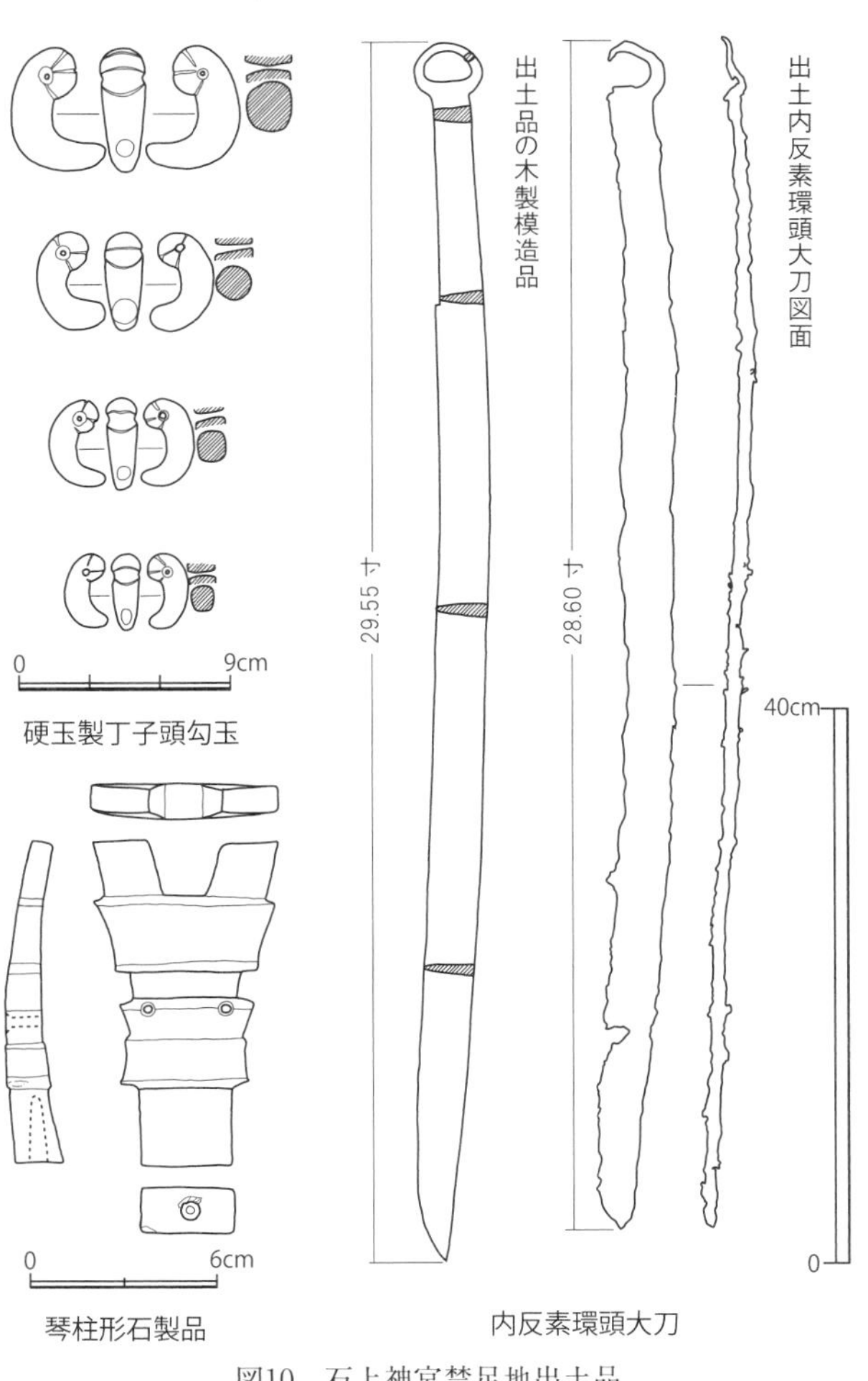

図10　石上神宮禁足地出土品

きに手に持つ「白銅鏡（ますみのかがみ）」を彷彿とさせる。また、「記紀」の神武天皇東征で天皇の軍を救う「布都御魂（ふつのみたま）（韴霊）」は石上神宮の禁足地に埋納されたと伝えられてきたが、明治七年（一八七四）、菅正友大宮司による発掘で、禁足地の中心付近から出土した鉄刀は、全長八六センチ以上に復元できる内反素環頭大刀であった。「記紀」が記す宝鏡・神剣の原形の一つに、この時代の優れた銅鏡・鉄刀のイメージがあった可能性は高い（笹生、二〇二〇B）。

また、福永伸也氏は、三世紀代になると画文帯神獣鏡が日本列島のほぼ中央、ヤマト地域（奈良県）に集中的に分布し、ヤマト王権が成立する上で大きな意味をもったことを指摘する。この優れた銅鏡を入手し各地へ配分することで、ヤマト王権は政治的な求心力を高めていたのである（福永、二〇一三）。

居館と古墳　ヤマト王権の中心地と考えられるのが、奈良県の纒向（まきむく）遺跡である。これまでの発掘調査の結果、三世紀前半には遺跡の中枢部で大形の掘立柱建物が建てられ、遺跡には九州から関東地方まで、列島内各地の土器が持ち込まれていたことが明らかになっており、列島内の広い範囲から人々が集まる都市的な場が成立していたと考えられる。遺跡中枢の大形建物は、東西一二・四メートル、南北一九・二メートル、建物面積は二三八・〇八平方メートルに復元でき、三世紀中頃まで存在した（橋本、二〇一八）。

その三世紀中頃、纒向遺跡の南、画文帯神獣鏡が出土したホケノ山古墳の西に、巨大な墓が築かれた。墳丘全長が約二八〇メートルの箸墓古墳である。円形と方形の墳丘を組み合わせた「前方後円墳」という墳丘の形が明確となる。この形は、ホケノ山古墳も同様で、箸墓古墳の段階で、各地の墳丘墓の要素が統合され大規模に発達、その後三〇〇年以上にわたり造り続けられる「前方後円墳」という古墳の形が確立する。

墳丘墓と異なる古墳の特徴は、特別な人物の遺体を長大な木棺に入れ、竪穴式石室や粘土槨で密閉し、先進文化を象徴する宝器、銅鏡や鉄製の武器類、列島で伝統的に作られてきた玉類など多量の副葬品を副えて大規模な墳丘に納める点にある。また、遺体への飲食の供献を象徴する壺形土器と器台の組み合わせは、墳丘墓から受け継がれ、壺形埴輪と円筒埴輪が成立した。遺体を厳重に密閉し、豊かな副葬品とともに納めた三世紀後半の前方後円墳の様子は、奈良県の黒塚古墳や桜井茶臼山古墳の発掘調査で明らかになっている。

図11　纏向遺跡大形建物復元図

このような遺体の厳重な格納を目的とする古墳は、遺体・死者の人格に焦点を当てた、弥生時代以来の葬法の到達点を示すといってよい。そこには地域にとって重要な人物（有力者・首長）の遺体に対する特別な意識が働いていた。死者の意志にかなう形で遺体を埋葬し、外界からの悪影響を防ぐように隔離する。それが、葬られた死者の怒り（祟り）で発生する災害を防ぎ、加護を得て地域の安寧に直結すると考えられた。地域の安寧を保証し象徴するモニュメントだからこそ、多大な労力と財力を投入して古墳は造られた。このように有力者の遺体を埋葬する形がヤマト地域で作られ、日本列島の東西で共有され、ヤマト王権を核とする倭国の枠組みが成立した

図12　石山古墳墳頂部の埴輪列復元図

と考えられる。

なお、ここで注意しておきたいのは、前方後円墳が成立する直前、纒向遺跡の中枢部には居館といえる大形の建物が存在しており、三世紀中頃には廃棄されていたという事実である。これは、吉武遺跡群でみた大形建物と墳丘墓の関係と類似する。首長としての人格を持った人物の、生前の居所（大形建物）と死後の居所（墳丘墓）の関係を継承し、大規模に発展させた形態と考えられよう。

宮と御陵　四世紀後半から五世紀前半には、ヤマト王権とかかわる古墳に大きな変化が現れる。中核となる大形古墳は、奈良盆地の南東、纒向遺跡周辺から盆地北部の佐紀盾列古墳群へ、さらに大阪府の古市古墳群・百舌鳥古墳群へと移動する。遺体を納める棺には石棺を採用、前方後円墳の墳丘は大形化して器財・形象埴輪が出現する。この四世紀後半の変化の中で、佐紀盾列古墳群で最古の前方後円墳、佐紀陵山古墳（日葉酢媛命御陵）では墳丘上に家形埴輪を配置し始める（石田、一九六七）。これに続く三重県の石山古墳（前方後円墳）は後円部の墳頂に三基の木棺を埋葬し、その上に複数の家形埴輪を置き、さらに鰭付き円筒埴輪で区画し蓋（きぬがさ）形・靫（ゆぎ）形・甲冑形埴輪を配置していた（小野山他編、一九九三・高橋、一九九六）。このように古墳に家形埴輪を置くのは、弥生時代の墳丘墓と大形建物が対となる関係の延長線上にあり、古墳の家形埴輪は首長の死後の居所「居館」を、より具体的に表現していたのではないだろうか。

一方、生前の居館は、大王の場合、五世紀後半には「宮」と呼ばれていた可能性が高い。埼玉県の稲荷山古墳から出土した金錯銘鉄剣（きんさくめいてつけん）（図3、一六頁）、その「辛亥年（四七一）七月中に記す」で始まる銘文中の「獲加多支鹵（ワカタケル）大王」に続く「斯鬼宮（しきのみや）」が、これに当たる。この「宮」は大王が天下を統治する拠点、象徴として機能したと考えられ、それは、『古事記』が各天皇の事績の冒頭に記す「～宮に坐して、天の下を治めき」の「宮」そのものといってよい。一方、『古事記』は、各天皇の事績の末尾に、一部の例外を除き、「御陵は、～に在り」との一文を加える。このような『古事記』の天皇の事績の冒頭と末尾の表現は、生前の大王の居所（居館・宮）と死後の居所（古墳・陵墓）を対とする意識を反映していた可能性が高いだろう（笹生、二〇一二）。

明確化する祭祀遺跡　古墳の変化とは別に、四世紀後半には、神まつりの場が祭祀遺跡として確認できるようになる。明確な例が福岡県の宗像・沖ノ島祭祀遺跡である。最古段階の一七号・一八号遺跡では、古墳の副葬品と同じ多数の銅鏡、鉄製の刀剣などの武器類、ヒスイ製の勾玉などの玉類といった豊富な品々が沖ノ島の巨岩に納めた状態で出土した。続く五世紀代には、列島内の広範囲で共通する品々を使う祭祀遺跡が確認できるようになる。その品々とは、祭祀用の石製模造品（鏡形・有孔円板・剣形・勾玉・臼玉など）・子持勾玉（こもちまがたま）、小形銅鏡（儀鏡）であり、さらに鉄製の武器（鏃・刀剣）・武具（甲冑など)、農具・工具(鍬先・鎌・穂摘み具、斧・刀子・鉇(やりがんな))と紡織具(糸紡ぎ・機織り道具)、そして大阪府の陶邑(すえむら)窯産の初期須恵器が加わる。鉄製品以下の品々は、五世紀当時の最先端技術を象徴する貴重品であり、ヤマト王権から各地の祭祀の場へと供給された。この先進的な技術で作られた鋭利な鉄製の武器・農具・工具、美しい布帛類は、八世紀以降、天皇から各地の神々へと捧げられた「幣帛」の原形となった(笹生、二〇一二)。

五世紀代の祭祀の広がりをみてみよう。まず九州の最南端、鹿児島県の橋牟礼川(はしむれがわ)遺跡では、子持勾玉、石製模造品、鉄製の鏃、鋤先、斧・刀子・鉇、陶邑窯産の須恵器(高坏・坏・𤭯(はそう))が出土した。年代は五世紀後半から六世紀前半である。明確な祭祀の遺構は残らないものの、本州の祭祀遺跡と共通した品々であり、直接か間接かは不明だが、ヤマト王権の祭祀の影響を受けていたことは間違いない。橋牟礼川遺跡は、噴火を繰り返した開聞岳の影響を直接受ける場所にある。この遺跡の祭祀関係の遺物は、開聞岳の火山活動との関連が推定できる。開聞岳の麓には、この山の神を祀る開聞(ひらきき)神社が鎮座する。『日本三代実録』によると、開聞岳は平安時代の貞観十六年(八七四)に大噴火し、卜占により噴火の原因は、神が封戸(ふこ)(神社に所属する人々)を求め、神社を汚したことの祟りであることが判明、朝廷は封戸二〇戸を奉った。この時の噴火で、橋牟礼川遺跡の集落は壊滅的な被害を受けた。降り積もった火山灰で集落の家屋は倒壊・埋没、耕作地は厚い火山灰層で覆われたことが、発掘調査により明らかとなった(鎌田他、二〇〇九)。九州の火山の神への信仰と祭祀は、七世紀初頭の『隋書』倭国伝の阿蘇山の火山祭祀を経て阿蘇神社へもつながっていく。

図13　建鉾山遠景

一方、本州の北、東北地方でも祭祀遺跡が残り、五世紀の最先端技術を確認できる。阿武隈川の中流域、福島県の清水内遺跡では、垣で区画遮蔽し結界した祭場（斎庭）と考えられる遺構を確認している。ここでは、朝鮮半島に由来する算盤玉形の紡錘車（糸紡ぎの道具）が出土した。近畿地方に導入されていた先進的な紡織技術を逸早く導入し美しい布を織っていたと推定できる（高松他編著、一九九九）。祭祀の場は河川の跡に面して位置するため、灌漑用水などの水源と関係した神の祭場であった可能性が高い。

同じ福島県内、阿武隈川の上流域には東北地方最大規模の祭祀遺跡、建鉾山遺跡がある。そこに隣接する三森遺跡でも垣で区画遮蔽した祭場（斎庭）の跡が発見され、飲食を供えるのに使ったと考えられる多量の土器が出土した。この遺跡では、鋳銅関係の遺物と朝鮮半島伝来の陶質土器が出土している（戸田編、一九九八）。建鉾山・三森遺跡の場所で、関東地方から通じる陸路と阿武隈川水系の水運が結びつく。そこはヤマト地域から東海・関東地方を経へて東北地方へと入る交通路の要衝であり、そこには円錐形で一際目を引く山容の建鉾山が聳える。建鉾山はヤマト地域と東北地方を結ぶ重要な交通路のランドマークとなり、その山の神を祀る場が建鉾山・三森遺跡だったのである。水田の開発や主要な交通路の維持・管理が安寧に行われることを願い、ヤマトから先進的な技術を導入して清水内遺跡や三森遺跡では、神祭りが執行されていたのである。

東北地方のさらに北側、五世紀後半、石製模造品を使った祭祀の北限を示すと考えられるのが、山形県の八幡山遺跡である。最上川支流と鳴瀬川の上流が接する地点、太平洋側の大崎平野から日本海側につながる尾花沢盆地へ通じる場所にあり、奥羽山脈を横断する重要な峠の近くである。ここでは、鏡形・刀子形・斧形・鎌形・剣形といった石製模造品が出土し、峠の交通路の祭祀に係わると考えられる（佐久間、二〇二二）。この祭りの場はヤマトへつながる陸上交通路の要衝とされ、そこに坐す神が、ヤマトの石製模造品を使う祭式で祀られたと解釈できる。

景観と耕地の変化 古墳時代の気候は、ハイマツの花粉や海底堆積物の分析から冷涼で湿潤であったことが明らかになっている（中塚監修、二〇二〇）。また、図4（一八頁）で「年輪による年別降雨量傾向」をみると、四・五世紀の降雨量傾向の変動は小さく、洪水の頻度は少ない穏やかな環境であったと推定できる。そのような五世紀代、集落と耕作地の景観は大きく変化した。北関東の群馬県、榛名山の南麓では有力者（首長）により灌漑用水の再編成、耕作地の開発・拡大が行われ、首長の居館とされる三ツ寺Ⅰ遺跡が成立した（若狭、二〇一五）。

類似した状況は、南関東の千葉県内、東京湾に注ぐ小櫃川と小糸川の流域でも確認できる。小櫃川の中流域、菅生遺跡では六世紀頃に川に通じる大溝が掘削され基幹用水路として機能し、水田区画は四角い大きなものへと変化、奈良・平安時代の水田の基礎が作られた。小糸川の中流域では五世紀代に河川周辺の平地に常代遺跡のような拠点集落が成立し、併せて深い水抜き溝が掘られ、土地の安定化を図る新たな技術導入が行われていた。また、小糸川の支流に面して大形の掘立柱建物が集中し居館としての性格が推定できる郡遺跡が出現する（笹生、二〇二〇A）。

菅生遺跡の大溝や郡遺跡の支流跡（旧河道）からは、木製の形代などの祭祀遺物が出土しており、祭祀の場としての性格を推定できる。そこからは、灌漑用水系の水源や取水堰など重要な場所で、神祭りを行った情景を想像できる。福島県の清水内遺跡も、そのような神祭りの場であったと考えられる。

五世紀、地方の有力者が進めた灌漑用水系の再編成や耕地の開発は、冷涼ではあるが穏やかな降雨環境のなかで、ヤマト王権から供与された最新の農・工具や土木技術に支えられ行われたと考えられる。その農・工具の一端は、五世紀の祭祀遺跡で出土する最新の鉄製農具・工具にみることができる。そして、最新の農・工具と土木技術があったからこそ、小櫃川下流域の長須賀古墳群、小糸川下流域の内裏塚古墳群といった、一〇〇メートル級の前方後円墳を擁する巨大な古墳群を軟弱な地盤の沖積平野に造営できたのではないだろうか。

天下と祭祀　これに加えて、日本列島の南北で共通した祭祀が行われた背景には、日本列島で「天下」という言葉を使用したことが関連していたと考えられる。稲荷山古墳から出土した金錯銘鉄剣の銘文には、遠い祖先を示す「上祖」とともに、「獲加多支鹵大王」「左治天下」の文字があり、銘文冒頭の

「辛亥年」は西暦四七一年に当たる可能性が高い。四世紀後半から五世紀にかけて、倭国が朝鮮半島や中国王朝と活発な交流を行う中で、「大王」称号を採用し、五世紀代後半には「大王」が「治天下」つまり「天下を統治する」という意識がヤマト王権の中に生じていたと考えられる。

この背景には、東アジア情勢の複雑化があった。四世紀に中国の統一帝国、晋が滅亡し、五胡十六国の混乱期を経て、五世紀に中国は南北朝へと分裂する。その求心力は低下し、朝鮮半島では高句麗・百済・新羅が分立抗争する状況となり、大陸・朝鮮半島と倭国との接触・交流は活発化した。その結果もたらされた『礼記』など漢籍の影響を受けて、「天下」「祖」の文字の使用は始まったと考えられる（笹生、二〇一六）。

そして、列島内の祭祀遺跡の分布と出土品の性格を勘案すると、「天下」「大王」と祭祀の関係は、次のように整理できる。国家領域の「天下」を統治するヤマト王権の「大王」は、「天下」の自然環境の働きに由来する各地の「カミ」に先進的な鉄製品や布帛類などを捧げ物として供与する。それらを受け、各地の有力者は地元の「カミ」を祀り、災害を防ぎ地域の平安を祈る祭祀が成立した。この後、「カミ」には、「記紀」編纂までに（もしくは、編纂段階で）、漢籍の「神」の文字が当てられたと考えられる。こう考えると、日本列島の場合、五世紀にはE・フラー・トリー氏が指摘する〔王権や帝国の統治と結びついた「神」「宗教」の成立〕の段階に至っていたと見ることができるだろう。

古代祭祀の成立　七世紀になると、中国大陸には再び強大な統一帝国、唐が成立する。朝鮮半島では高句麗と百済が滅ぼされ、新羅が半島を統一し、東アジアは新たな段階を迎えることとなった。この流れの中で、倭国は七世紀中頃から後半にかけて、唐の法制度「律令」を取り入れた国家体制の整備を進め、七世紀末期から八世紀初頭までには「倭国」は「日本」の国号へ、「大王」は「天皇」の称号へと改められた。こうして、五世紀に形成された「カミ・神」への祭祀の基本的な枠組みは、新たな法制度「律令」に合わせて再編成され、「神祇令」が定める「令制祭祀」などの古代祭祀が成立したのである。

三　古代祭祀の意味と構造

祭祀のメカニズム　ここで日本の古代祭祀の具体的な内容と、その意味するところとは何か、改めて考えてみよう。その際に脳の認知機能の「神の人格化」という特性を踏まえると、祭祀の構成「祭式」の意味はわかりやすい。

人間の認知機能では、自然環境の働きに由来する「カミ・神」を人格化し、祖先・死者の霊は死者の人格にもとづくので人格化して考える。このため神や祖先（祖）・死者霊と人間との間には、何かを提供すれば、必ず「お返し」があるという、人間同士の交換の関係が当てはめられる。貴重な品々を捧げ、美味しい飲食を供え、希望する神の働きや祖の加護を願う。そうすれば、神や祖は返礼として願いを聞き入れ叶えてくれると、人間は直観するのである。

例えば、灌漑用水源の泉に貴重品や御馳走を置くことと、泉の豊富な湧水との間には、物理的な因果関係はない。しかし、人間が現象の行為者（湧水の神）を感じ人格化することで、貴重品や御馳走は、泉に「置く」のではなく「捧げ・供える」となり、それらの返礼として湧水の神は豊かな湧水を保証すると直観するのである。これが、古代日本の神・祖への祭祀で幣帛（奉献品・副葬品）を捧げ、神饌（御饌、飲食）を供えるメカニズムである。

祟りと祭式　また同時に、神・祖に対しては「危険への直観」も働く。神・祖に対し非礼な行為をしたり、所定の品々を捧げなかったりする。さらに穢れた飲食を供えたりする。そうすると、神・祖は、怒り人々が望まない働きを示すに違いないという直観である。望まない働きは「祟り」と表現され、自然災害の原因と考えた。だから自然災害が多い日本列島の祭祀では、非礼にならぬための作法の厳守と、厳格な清浄性の確保が特にもとめられた。古代日本の神祇祭祀で、罪穢れを贖う「祓」を重視し、祭祀の構成「祭式」を細かく定めているのは、このためである。あわせて、祭祀には神の意志判定を行う必要があり、さまざまな卜占が用いられた。

また危険への直観は、祭祀対象の神・祖や祭場へと穢などの悪影響が及ばぬよう、区画・遮蔽して隔離・結界する意識を生じさせ、祭場を区画・遮蔽する「神籬（ひもろき）・瑞垣（みずがき）」が必要となる。古代の「神籬」の実態は、祭祀の場を区画・遮蔽し、周囲から結界する「神の籬（かき）」と考えられ、祭場の清浄性を確保し維持するという意味で、祭祀では重要な働きをもつ。

以上の祭式や祭場の要素を全て備えているのが、皇祖神を祀る神宮の古代祭祀である。その実態は、延暦二十三年（八〇四）にまとめられた『皇太神宮儀式帳』（以下、『内宮儀式帳』）に詳しい。

古代の神宮　『内宮儀式帳』が成立した九世紀初頭、玄界灘の宗像・沖ノ島では、まだ祭祀が行われていた。その祭祀は、四世紀後半から九世紀にかけて継続し、出土品は神宮の御神宝と類似する。そうならば、延暦二十三年に成立した神宮の記録『内宮儀式帳』が記す祭式は、年代が重なることを考えても、古代の沖ノ島祭祀、さらには古代祭祀の基本的な姿を復元する上で直接参考となるはずである。

まず、祭場となる神宮中枢部の構造を確認しておこう。『内宮儀式帳』は、祭神を皇祖神「天照坐皇大神」とし、神を象徴する「御形」は「鏡に坐す（鏡である）」とする。この御形の御鏡は、神宮大宮院の中枢に建つ、高床倉構造の正殿に奉安される。正殿には、中心の御鏡の左側（東）に「霊の御形、弓に坐す」天手力雄神、右側（西）に「霊の御形、剣に坐す」萬幡豊秋津姫命を祀る。そして、神々の御形「鏡・弓・剣」を納めた高床倉構造の正殿は、五重の瑞垣・玉垣で外部からは厳重に区画・遮蔽されていた。これこそ、『日本書紀』崇神天皇紀に神宮の原形として登場する「磯堅城の神籬（堅固な神の籬）」の基本的な構造であったと考えられる。

崇神天皇五年条では疫病の流行という災害を語り、続く六年条では天皇と同じ宮で天照大神を祀ることが畏れ多いので、宮の外に「神籬」を立て祀ったとある。神籬は「神の籬」の意味であり、祭祀の場を垣などで区画・遮蔽し結界したものと考えられる。高床倉構造の建物を厳重に垣で区画・遮蔽する構造は、単に祭祀の場を結界するためだけでなく、対応を間違えると祟り＝災害につながりかねない、畏れ多い神（その象徴である御形の鏡）を安全に奉安し祀る上で不可欠な施設だったのである。

『内宮儀式帳』の祭式　次に祭式を見てみよう。『内宮儀式帳』が記す主要な祭祀の祭式は、①「祭祀の準備」、②「祭祀」、③「祭祀後の対応」の三段階で構成されている。①「祭祀の準備」では、神へと供える神御衣の機織り、御饌（神饌）の食材の調達から調理、神酒の醸造、さらに祭祀で使う道具「祭具」や神饌の調理具まで、祭祀に先立ち製作し準備する。神への捧げ物や食膳を清浄に用意する上で必要な措置である。そこには鍛冶・紡織・窯業・製塩・木工の技術者が祭祀のためだけに携わる。また神宮の重要な祭祀「三節祭」（六月・十二月十六日の月次祭、九月十六日の神嘗祭）では、祭祀の前日の夜、御巫の内人が正殿の南の第二門（蕃垣御門か玉垣御門）で琴を弾き、供える御饌と奉仕する供奉人（神職）が清浄か穢れているか、神の意志を確認する。

②「祭祀」では、御饌を供え奉献品「幣帛」を奉り、告刀（祝詞）を奏上する。三節祭の祭祀の場は主に二ヵ所。一つは正殿の前面「大神の御前」であり、もう一つは正殿の南、玉串御門の前の広い儀礼空間「第三重」である。神宮の中心、正殿の前「大神の御前」では、月次祭と神嘗祭で十六日の夜から翌未明に禰宜・内人が夕・朝の御饌を供え拝礼する。加えて、月次祭では禰宜・宇治大内人・日祈内人が自らの家の蚕の糸を奉り、祝詞を申して「天下の百姓の作り食べる五穀の平らかに助け給え（天下の農作物が平安に豊かに実るようお助けください）」と祈る。これに対し、第三重での祭祀は昼間に行う。神嘗祭の翌日、九月十七日の朝廷幣の奉納では、斎王、大宮司、勅使等が第三重に整列して幣帛を捧げ、祝詞を申し玉串を奉る。このように神宮の祭祀には、暗い深夜・未明に神の近くで禰宜などの限られた祭員が行う祭祀と、明るい昼間に広い儀礼空間で行う祭祀との二つのタイプがある。

③「祭祀後の対応」では、神前からの御饌の撤下、幣帛の正殿・宝殿への収納、祭員の直会が行われる。ここで重要な点は祭祀の場に御饌や幣帛を放置しないという事実である。神前に供えた御饌は、拝

礼の後に下げられ、第三重に並べた幣帛と神馬の馬具（鞍）は、禰宜らの手により正殿と背後の宝殿に納められる。神へ捧げた貴重品は、最終的に神（神宮の場合は、神の御形の御鏡）の近くで収納・保管する。さらにもう一点。祭祀の後の饗宴「直会（なおらい）」を行う場も注意が必要である。直会は神前の大前や第三重では行わず、場を「直会院」に改めて行なっている。ここにも、神と対面する祭祀の場には、祟りにつながる穢や非礼な行為を持ち込まないとの配慮がうかがえる。

祭式と祭祀遺跡・古墳　以上、古代の神宮の祭式からは、祭祀とは、複数の場所・施設とさまざまな所作を組み合わせた複雑な儀礼行為であることがわかる。これは、古代の祭祀遺跡を読み解く上で大きな示唆を与えてくれる。これまで考古学で古代の祭祀を考える時に、祭祀で使ったと考えられる鏡や石製・土製の模造品、多量の土器が出土した遺跡や遺構を、祭祀の場そのものと解釈する傾向が強かった。宗像・沖ノ島祭祀遺跡の変遷に関する解釈も同様である。四世紀後半から九世紀までの祭祀の変遷を、遺物の出土地点をもとに、岩上祭祀→岩陰祭祀→半岩陰・半露天祭祀→露天祭祀の四段階で整理し、それぞれに神観の変化や時代背景を説明する。

しかし、祭式の理解からすると、単純に祭祀の場＝祭祀遺跡（遺構）とは言えない。『内宮儀式帳』の古代祭式を念頭に置くと、祭祀遺跡（遺構）は、祭祀で捧げた幣帛（貴重品）を神霊が坐す場へと最終的に納めたり、神前から撤下した神饌の食器を穢さぬよう特定の場所にまとめたりした状況であった可能性が高い。宗像・沖ノ島祭祀遺跡の中で貴重な品々が巨岩周辺からまとまって出土した十七号遺跡・二十一号遺跡（岩上祭祀）、七号遺跡・二十二号遺跡（岩陰祭祀）は、まさに沖ノ島の神を象徴する

「御形」の巨岩へ幣帛と神宝を納めた形といえる。これに対して、多量の土器が雑然と折り重なるように出土した一号遺跡（露天祭祀）は、神饌の食器類や破損した祭器具をまとめた場所と考えられるだろう（笹生、二〇一六）。

これは、古墳にも当てはまる。古墳に埋葬されるべき人物の死亡から、古墳へ遺体を納めるまでには、遺体を一定期間安置し飲食を供える「殯（もがり）」のような葬送儀礼を推定できる。そうすると、副葬品の出土状況は、「幣帛」に相当する貴重品を最終的に遺体の近くへ収納した状態であり、古墳の墳丘上や横穴式石室内から出土する食器類は、葬送儀礼で遺体へと飲食を供えた食器を撤下しまとめて納めたものとの解釈が可能となる。

古代祭祀の形成過程　『内宮儀式帳』の古代祭祀は、どのように形作られたのか。考古資料と比較して考えてみよう。

『内宮儀式帳』の内容で最も古い時代と関連するのが、神の「御形」として鏡・刀剣を特別視する点である。二世紀後半から三世紀、画文帯神獣鏡や内反素環頭大刀がもたらされ、当時の最先端文化を象徴する新たな宝器としてヤマト王権の成立時に大きな役割を果たした。特に優れた鏡と武器が、神を象徴する器物として扱われる背景には、この記憶が長く伝統として残り影響していたと考えられる。

四世紀には、周囲を垣で区画・遮蔽し、内部に高床倉構造の建物が建つ、神宮の中枢部の構造が確認できるようになる。その最も古い例が、奈良県の秋津遺跡で発見された、板垣の方形区画遺構で、七つの区画が重複して発見された。最大規模の板垣の区画は約五〇メートル×五〇メートル以上で、区画内には複数の高床建物と側柱建物が建ち、井戸が掘られた区画もある。この井戸は、神宮の御饌用の「御井」と同じく、特別な水が汲まれたのだろう。また、区画内の高床建物には、独立棟持ち柱をもつものがあり、神宮の正殿・宝殿の構造と共通する（米川、二〇一八）。五世紀後半には兵庫県の松野遺跡の例がある。柵列で平行四辺形に区画した範囲（最大で約四二メートル×約五〇メートル）の中心に、複数の高床建物が建つ。中心の高床建物は、やはり独立棟持ち柱をもつ（千種編、一九八三）。

五世紀後半から六世紀初頭の東国の事例には、群馬県の金井下新田遺跡がある。ここは榛名山から噴出した火砕流で埋没したため、当時の様子が克明に残されていた。四八・六メートル×五五・八メートルの範囲を高さ約三メートルの網代垣で区画・遮蔽し、内部には高床建物と大型の竪穴建物などが建つ。区画内からは祭祀用の小形銅鏡、石製模造品、外側では子持勾玉、石製模造品、多数の須恵器・土師器がまとまって出土した（小島他編、二〇二一）。このように祭場を区画・遮蔽することは、神宮や住吉大社の瑞垣、大嘗宮の宮垣などに継承された。

五世紀、列島内の広範囲に分布する祭祀遺跡では、神宮の祭式との共通点が明確となる。その一つは、神意判定に使う琴と祭祀との関係である。木製の琴が祭祀遺跡から出土した例には奈良県の南郷大東遺跡、静岡県の山ノ花遺跡がある。土製模造品の琴は、静岡県の明ケ島五号墳の下層から出土しており、年代は五世紀前半まで遡る。島根県の前田遺跡からは六世紀後半の琴が出土し、七世紀後半、宗像・沖ノ島祭祀遺跡五号遺跡の金銅製形代の琴へとつながっていく。

祭祀に先立つ神意判定は、琴のほか『古事記』上巻の天石屋戸の段には、鹿の肩骨を焼く卜占がある。

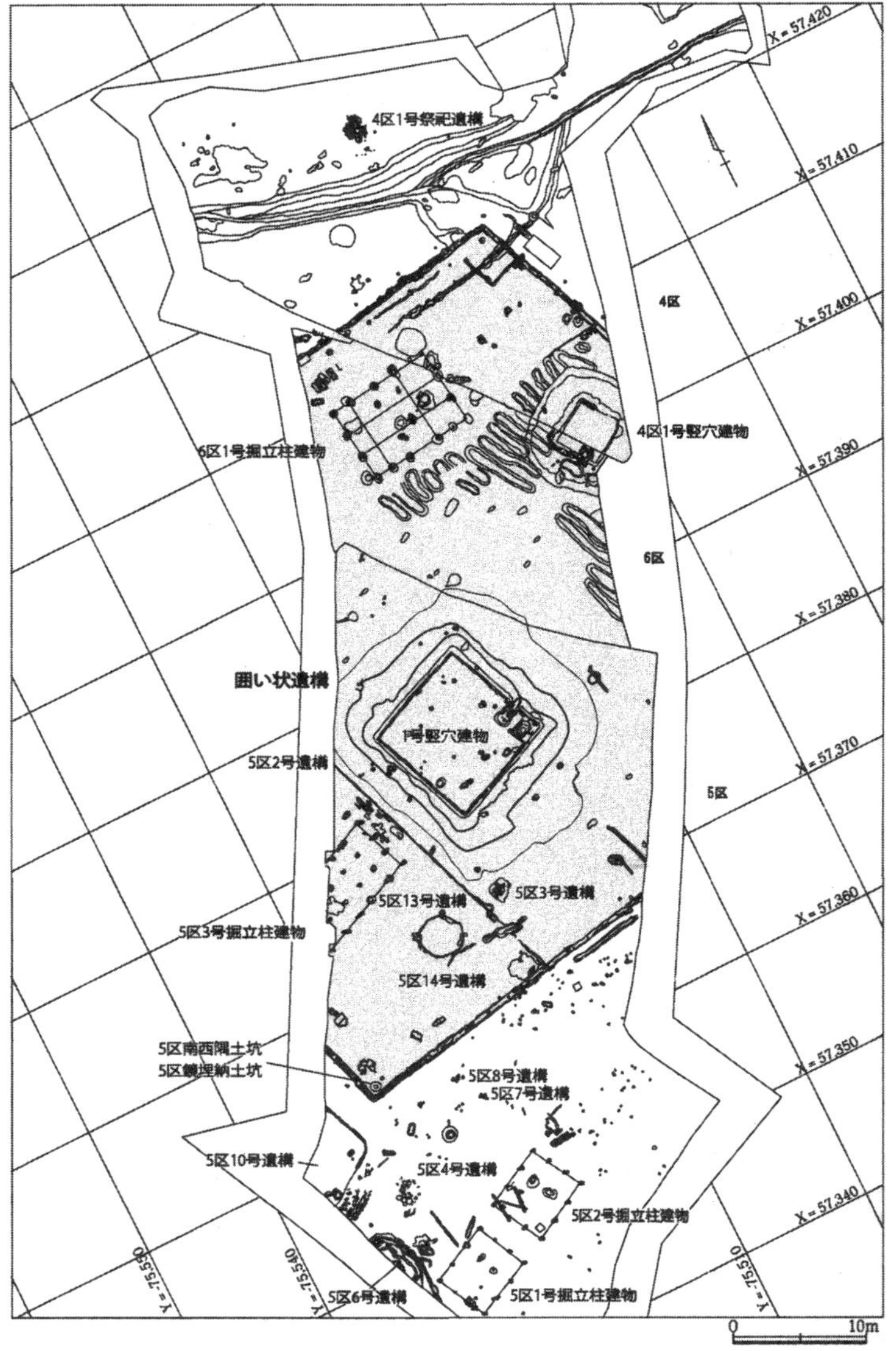

図14 金井下新田遺跡 祭祀関連遺構図

これは日本列島で弥生時代中期以降に普及する卜骨に当たる。祭祀の前提となる神意判定は、神・霊魂の人格化と関連して弥生時代以来の古い伝統を持つと考えられる。六世紀後半になると、長崎県壱岐の串山ミルメ浦遺跡や神奈川県の間口洞穴で出土した卜甲（占い用の亀甲）を確認でき、この時期に亀甲を焼きヒビの入り方で占う「亀卜」が始められたと考えられる。八世紀以降、天皇への祟りなどを占う「御体御卜」、大嘗祭など重要な祭祀に伴う卜定など、国家的に重要な占いと神意判定は、この亀卜で行われた（笹生、二〇〇六）。

また、列島内の五世紀の祭祀遺跡では、奉献品や祭具を製作する紡織具や鍛冶関連の遺構・遺物、製作途中の石製模造品、神饌調理をうかがわせる調理具（杵、瓢、火鑽臼など）が出土し、門穴付きの扉が伴い、奉献品を収納できる高床倉の建築部材も出土する。さらに石製・土製模造品などと、神饌を供えた土器をまとめた土器集積遺構が確認されている。これら祭祀遺跡の遺物・遺構から、①祭具・神饌などの製作・調理、②祭祀、③祭祀後の対応（神饌の撤下、奉献品の収納）という『内宮儀式帳』の祭式の基本形は、五世紀には成立していたと推定できる。

律令制度と古代祭祀　以上、日本列島で古代祭祀が成立する流れを見てきた。そこには三世紀と五世紀に大きな画期があることがわかる。その後、七世紀中頃から後半、律令制度に対応させて整備が行われた。神宮の古代の建物配置は、この時期に整えられたと考えられる。神宮の中枢部は、御鏡を奉安する正殿を瑞垣で区画・遮蔽し、その南に儀礼空間である第三重と斎王侍殿・女孺侍殿を配置する。その構造は、孝徳天皇の白雉三年（六五二）九月に完成した難波長柄豊碕宮（前期難波宮）の建物配置と共

図15 神宮の正殿・東西宝殿と瑞垣

図16 前期難波宮の復元模型

通する。御鏡を奉安する神宮の正殿は、難波長柄豊碕宮で天皇が出御する内裏南殿に相当し、大宮司以下が整列・拝礼を行う第三重は官人が整列し天皇を拝する朝庭、斎王・女孺がひかえる侍殿は、官人の政務・控えの場である朝堂に対応する。この神宮と孝徳天皇の新しい宮殿との対応関係は、祭式が、律令の官人制度と宮廷儀礼に合わせて整備されていたことを示している。

また、七世紀末期の天武天皇・持統天皇の時代には、祭祀の趣旨を神へと申し上げる祝詞の形式が成立した可能性が高い。それを窺わせるのが、同時代の「前白木簡」の存在である。上位者に対して下位の者が申し上げる「～の前に白す」という行政文書の書式を記している（市、二〇一〇）。『延喜式』の祝詞の多くは、「～の神の前に白さく」の定型句で始まる。これは「前白木簡」と共通する。大宝元年（七〇一）の『大宝令』の「公式令」では、上申文書は「解」の書式に改められるので、八世紀以降、古い「前に白す」という上申文書の書式は祝詞に伝統的に残されたことになる。

七世紀後半には、祭祀の内容だけでなく、祭祀を支える組織・体制まで整備された。例えば神饌を盛る土器の生産を宗像・沖ノ島祭祀で見てみよう。宗像・沖ノ島祭祀で使用する土器は、殆どが須恵器であり、この傾向は七世紀後半頃から始まる五号遺跡で顕著となる。出土した須恵器には、特殊な形の鉢や穴をあけた有孔土器といった祭祀用の器種があり、特定の須恵器工人が祭祀用に生産し、沖ノ島の祭祀の場に供給していたと考えられる。これは、神宮の祭祀で御饌・御酒を盛る須恵器・土師器を陶作内人・土師器作物忌が作っていたことと同じである。神宮の土器を伝統的に製作してきた地域（三重県明和町）にある北野遺跡では、六世紀後半に土器焼成土坑（土師器を焼くための穴）が出現し、その頃まで神宮の土器生産の伝統は遡ると考えられる。これに合わせて宗像・沖ノ島祭祀でも、七世紀後半には祭祀用の須恵器の生産体制が整えられていた可能性が高い。この整備は、神宮や宗像神社（大社）のための郡（評）「神郡」の設置と対応した、律令政府の施策として進められたのだろう（笹生、二〇一八）。このように、七世紀後半から八世紀初頭までに国家行政へと内容・組織ともに組み込まれた古代祭祀は完成したのである。

次章では、天皇即位に伴う重要な祭祀「大嘗祭」を取り上げ、古代祭祀と天皇の関係について深く掘り下げてみよう。

第二章　古代大嘗祭の意味と源流

一　平安時代の大嘗祭

大嘗祭の歴史　践祚大嘗祭（以下、大嘗祭）は、新たに即位した天皇が自ら行う最初の新嘗祭であり、最も重要な天皇の祭祀である。大嘗祭の記録は古く、『日本書紀』天武天皇二年（六七三）十一月五日条まで遡る。その後、奈良・平安時代から室町時代まで、鎌倉・南北朝時代に一時的な中断はあったものの長く受け継がれてきた。しかし、多くの祭祀・儀式がそうであったように、十五世紀後半から十六世紀の戦国時代、混乱した社会情勢の中で大嘗祭も長期間の中断を余儀なくされた。文正元年（一四六六）十二月十八日に行われた後土御門天皇の大嘗祭を最後に天武天皇から受け継がれてきた伝統は長く途絶えてしまう。この大嘗祭の翌年、文正二年三月に年号は応仁へと改元、応仁の乱が始まり、世は戦国時代へと入ったのである。

時代は戦国時代から江戸時代に移り世情は落ち着いても、大規模な祭祀である大嘗祭は直ぐには再開

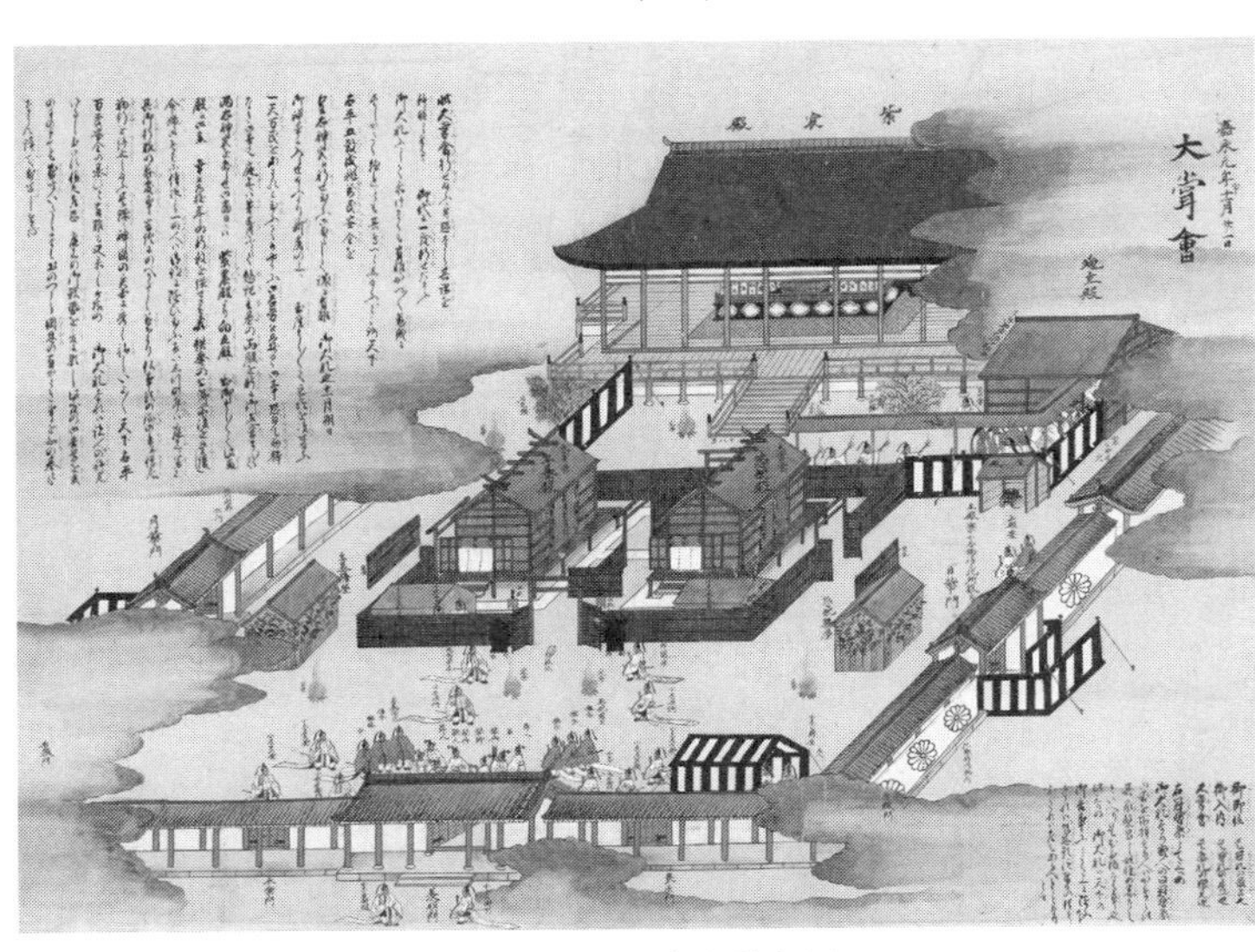

図17　孝明天皇大嘗宮図

されなかった。その中で大嘗祭の再興を強く願われた霊元上皇の熱意と努力が実り、貞享四年（一六八七）、東山天皇の即位に伴い再興された。実に二二一年ぶりの大嘗祭であった。次の中御門天皇の代には中断するものの、元文三年（一七三八）、桜町天皇の大嘗祭が受け継ぎ、以後、孝明天皇まで七代にわたり京都御所で大嘗祭は斎行された。

　世の中が大きく改まった明治時代以後も大嘗祭は存続した。明治四年（一八七一）、明治天皇の大嘗祭は東京の皇居で行われ、大正四年（一九一五）の大正天皇と、昭和三年（一九二八）の昭和天皇の大嘗祭は『登極令（とうきょくれい）』（明治四十二年公布）の規定により、再び京都にもどり仙洞御所で行われた。そして戦後、『登極令』の廃止により、平成二年（一九九〇）と令和元年（二〇一九）、新天皇の大嘗祭は東京の東御苑で斎行された（岡田

〈莊〉、二〇一九）。これは記憶に新しい。

研究の流れ　長く受け継がれてきた大嘗祭の意味とは何か。これを明らかにしようとする研究は、大嘗祭の度に発表された。例えば、昭和の大嘗祭に際して折口信夫は「大嘗祭の本義」を発表し、「天皇霊」を継承して天皇となるため、「日の皇子」（皇太子）が衾に引きこもる「真床襲衾（まどこおふすま）の秘儀」を大嘗祭の中核と考えた（折口、一九七五）。その後、この説は、神道・祭祀学、民俗学のみならず、古代史学から考古学の古墳研究まで多方面の研究で参照され大な影響を与えることとなった。

平成の大嘗祭では岡田莊司氏が新たな説を唱えた。柳田国男は「稲の産屋」で大嘗祭について「祭儀の中心を為すものは神と君と、同時の御食事をなされる、寧ろ単純素朴に過ぎたとも思われる行事であった」と指摘した（柳田、一九六八）。岡田氏は、これに触れた上で、大嘗祭の本質は天皇が皇祖神へ神饌（御膳）を供え召し上がることにあるとした（岡田〈莊〉、一九九〇）。この説は平安時代の大嘗祭の詳細な記録を比較・分析して導き出したものであり、少なくとも平安時代の大嘗祭の実態を示しているのは間違いない。そこには、折口が大嘗祭の核心と考えた「真床襲衾の秘儀」は存在しないのである。

そして、令和元年十一月、新天皇が大嘗祭を執り行われた。そこで改めて、大嘗祭の本質とは何か、祭祀の次第「祭式」と祭祀の舞台「大嘗宮」との関係をもとに、新たな考古資料を加え考えてみることにしよう。

古代の大嘗祭と『貞観儀式』　七世紀後半、天武天皇以来の歴史をもつ大嘗祭。しかし、中断したり、祭場が変化したりして、江戸時代以降の大嘗祭は、古代の大嘗祭とは異なる部分が多い。現在の大嘗祭は古代そのものとはいえないのである。

古代の大嘗祭の次第、祭場である大嘗宮の規模・構造について記した最古の文献が『貞観儀式』（以下、『儀式』）（皇学館大神道研編、二〇一二）である。平安時代、貞観十四年（八七二）から同十九年の間に成立したと考えられる儀式書である。その巻第二・三・四は、大嘗祭で供える稲を納め、祭祀に伴う実務を担当する悠紀・主基の国郡の決定から、使用する物品の内容、大嘗宮の造営、大嘗祭当日の手順、祭祀後の節会まで順を追い詳細に記している。以下、『儀式』を中心に、法律の施行細則『延喜式』（延長五年〈九二七〉成立）（虎尾編、二〇〇〇・二〇〇七・二〇一七）で補いながら、平安時代の大嘗祭の流れを確認しておこう。

悠紀・主基国　その年に大嘗祭を行うことが決まると、八月以前に「国郡卜定（こくぐんぼくじょう）」を行う。大嘗祭で神へと供える新穀（新米）を供出する畿外の二国「悠紀国（ゆきのくに）」「主基国（すきのくに）」と郡「斎郡（いみのこおり）」を決定する。悠紀国・主基国は、『日本書紀』天武天皇五年の新嘗祭の記事では「斎忌（ゆき）」「次（すき）」と表記され、「ゆき」は潔斎の意味、「すき」は次ぎの意味を示してると解釈できる。この両国は、新穀を供出するだけでなく、祭祀の場「大嘗宮（だいじょうきゅう）」の造営など、大嘗祭の実施に当たり主要な役割を果たす。

この決定は、神祇官の卜部（うらべ）（亀卜の専門職）が亀甲に熱を加えヒビの入り方で神意をうかがう「亀卜（きぼく）」で行われた。これを「卜定（ぼくじょう）」という。亀卜は、考古学的には六世紀後半、日本列島に導入された新しい卜占方法であった（笹生、二〇〇六）。大嘗祭は、悠紀・主基の国郡卜定だけでなく、準備段階のさまざまな事柄まで亀卜により神意を伺い慎重にすすめられた。神の意に沿った祭祀を行うには、必要な手続きなのである。

斎場での準備　八月、平安京の北、北野の地に大嘗祭の準備を行う斎場の建設が始まる。その地も、当然、卜部が占い決定した。斎場には悠紀国・主基国それぞれの内院と外院を作るが、まず外院が建てられた（図18「北野斎場配置図・外院」、五八頁）。大嘗祭にかかわる官人の詰所、準備を担当する人々の宿舎などの施設である。また、八月上旬には国内の罪穢れを祓い除く大祓使を諸国に派遣し、八月上旬から九月上旬にかけて、神饌を供える器、神饌となる海産物・野菜・果物、布類の調達が行われる。これらは「由加物(ゆかもの)」と呼ばれる品々である。このうちの布は麻で織る「麁服(あらたえ)」で、『古語拾遺』（忌部氏の伝承を記した書）の由来の通り阿波国から納められた。九月上旬には、神服(かんみそ)の使を三河国に遣わし、神へ供える絹織物「繒服(にぎたえ)」を織る技術者「神服を織る長(おさ)」「織女(おりめ)」「工手(てひと)」を招集した。

稲の収穫時期を迎えると、悠紀国・主基国の斎郡に抜穂使(ぬいほのつかい)が派遣され、神饌とする稲穂を収穫する。収穫に先立ち改めて悠紀・主基国内の大祓を行い、神意を占い決定した六段の大田から稲穂を抜く。最初に穂を抜くのは、「造酒童女(さかつこ)」と呼ばれる未婚の少女である。彼女は、斎郡の郡司の娘から選ばれ、この後、大嘗祭の神饌の準備では中心的な役割を担う。また、斎郡の地元の老人から「稲実君(いなみのきみ)」が選ばれた。彼は、収穫した稲穂の管理責任者であり、稲穂を先導して上京する。

稲穂が京に到着する九月下旬、北野の斎場では悠紀・主基の外院の間に、悠紀・主基の内院が建てられる（図19「北野斎場内院・神服院」、五九頁）。それぞれの内院の神座殿(かみくらとの)には、八神（御歳(みとし)・高御魂(たかみむすび)・庭(にわ)高日(たかつひ)・御食神(みけつかみ)・大宮売(おおみやのめ)・事代主(ことしろぬし)・阿須波(あすは)・波比岐(はひき)）を祀る。稲や生産の神々と、その場を守護する神々で

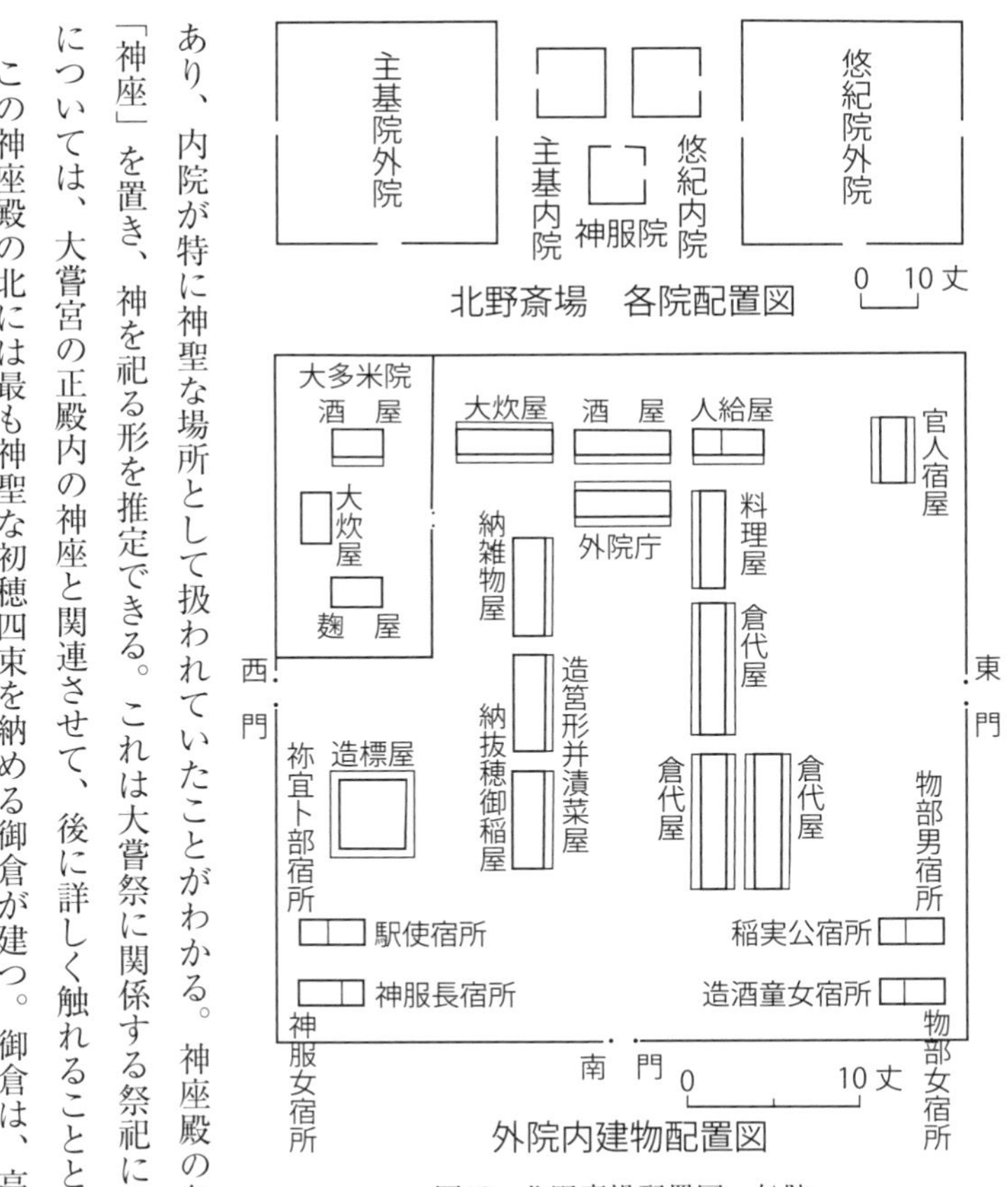

図18　北野斎場配置図・外院

あり、内院が特に神聖な場所として扱われていたことがわかる。神座殿の名称から、そこでの祭祀は「神座」を置き、神を祀る形を推定できる。これは大嘗祭に関係する祭祀に共通するもので、その意味については、大嘗宮の正殿内の神座と関連させて、後に詳しく触れることとしたい。

この神座殿の北には最も神聖な初穂四束を納める御倉が建つ。御倉は、高床で片葺（かたぶき）（片屋根）の建物である。ここに納める初穂こそ御稲であり、大嘗祭で天皇が神へ供える御飯となる。八神を祀る建物（八間八神殿）と御倉は悠紀・主基国の斎郡でも建てられており、一貫して稲穂は神聖なものとして厳重に守られた。また、内院には稲穂を安置する稲実殿、神へと供する御酒「白酒」「黒酒（クサギという樹木の灰を加えた薬酒）」を醸造する白酒殿・黒酒殿、さらに麹室屋、御贄殿、大炊屋、臼殿といった、神饌の準備・調理にかかわる施設群が建てられた。大嘗祭の神饌は、八神を祀る神聖な空間で用意される

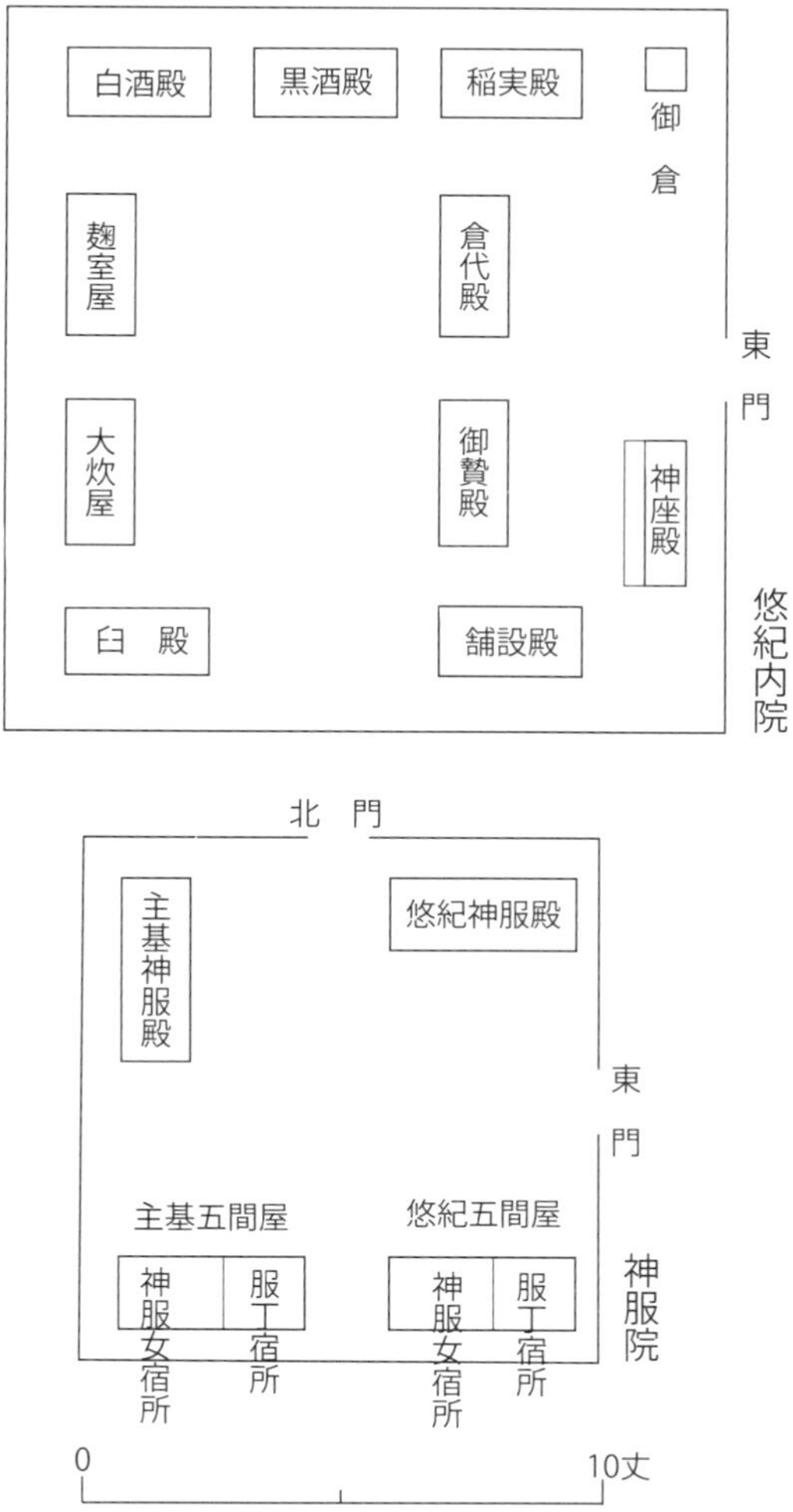

図19　北野斎場内院・神服院

特別な食膳なのである。さらに、神饌の準備や神酒の醸造には、神意に叶った特別な水を使用する必要がある。このため特別な井戸「御井（みい）」を掘った。当然、その場所は、亀卜で神意を卜い決定した。

内院の南には神服院が造られた。ここには悠紀・主基の神服殿を別棟で建て、神へと供える繒服を織った。神服院には織り手である神服女（かんはとりのおみな）（織女）などの宿所となる五間屋も建てられた。このように大嘗祭の神饌と繒服は、厳重な潔斎と管理のもとで準備されたのである。

物忌と鎮魂祭　大嘗祭は、十一月の下の卯の日（二度目の卯の日）が祭祀の当日となる。古代の祭祀には、行動を慎む「散斎（あらいみ）」と「致斎（まいみ）」という物忌の期間がある。散斎は、官人ならば政務をとりながら慎みの生活をおくり、致斎は祭祀のことだけに専念する。『延喜式』によると、大嘗祭は一か月を散斎とする唯一の「大祀」で、祭祀当日の卯の日と、直前の丑・寅の日を含めた三日間は致斎の期間となる。このため、大嘗祭の中心となる天皇は、十一月一日、「忌火」（神聖で清浄な火）で調理した食事「忌火御飯（いみびのごはん）」を召し上がり、大嘗祭まで慎みの生活に入った。

そして大嘗祭の前日、下の寅の日の夕刻（晡（さる）の時、午後三時～五時）に鎮魂（たましずめ）の祭が行われる。『儀式』巻第五によると、宮内省の中心建物、正庁に神祇官で祀る八神（神魂（かみむすひ）・高御魂（たかみむすひ）・生魂（いくむすひ）・足魂（たるむすひ）・魂留魂（たまるむすひ）・大宮女（おおみやのめ）・御膳魂（みけつむすひ）・辞代主（ことしろぬし））と大直日神（おおなおびのかみ）（過ち・悪いことを直す神）の神座を敷いて祀り、御巫（神祇官の女性祭祀者）と猿女（さるめ）（天鈿女命（あめのうずめのみこと）の子孫）が舞を行う。神座を設けて神を祀る形は、先の北野の斎院の神座殿と共通する。鎮魂祭は、大嘗祭に臨む天皇のための祭祀であるが、天皇自身は参加しない。代わりに内侍（ないし）（女官）が天皇の御衣を内裏から持ち込み振動させる所作がある。

北野からの行列と標　祭祀の場となる大嘗宮は、大内裏の中心、朝堂院に臨時に建てられた（図20「朝堂院大嘗宮・幄等位置図」、六三頁）。場所は、大極殿の南の朝庭の中、東西第二堂（東は含章堂、西は含嘉堂）の間である。そこでの祭祀の詳細は次節にゆずり、ここでは祭祀と並行する行事をみておきたい。

十一月の下の卯の日、大嘗祭の当日。午前中に北野の斎場から、神饌の酒食、供える繒服（絹織物）などを大嘗宮に運び込む。運ぶのは悠紀・主基の国の人々で、それぞれに行列を組み大嘗宮の悠紀院（東側区画）と主基院（西側区画）へと運ぶのである。各々の行列の中心には輿に載せた御稲が位置する。それを先導して「標（しるし）」もしくは「標（ひょう）の山」と呼ばれる、北野の斎場で造られた曳山が曳かれた。この標の山について、折口信夫は『大嘗祭の本義』で「神様を此標の山に乗せて、北野から引いて来て、悠紀・主基の御宮にお据（す）え申す」という考え方を述べている。これは、祇園御霊会の鉾や曳山を神の依代とする解釈につながったと考えられる。しかし、標は朝堂院に着くと、朝堂院の中門、会昌門の外の朝集院内に置かれ、大嘗宮が建つ朝堂院内に運び込まれることはなかった。標の山は、あくまでも行列の中心となる御稲の位置を示す「標」つまり目印であり、その役割りは祭場の外までであったと理解すべきだろう。ちなみに大嘗祭が終わり、大嘗宮が撤去されると、標は節会の場となる豊楽院（ぶらくいん）の中庭に運ばれ、節会の場を飾っている。祭祀と直結する大嘗宮とは異なった扱いを受けており、標は大嘗祭の祭祀には直接関係しなかったと、この点からも推測できる。

祭員・参列者の座　大嘗祭当日の戌の刻（午後七時頃）、天皇は内裏から朝堂院の廻立殿に移られる。

廻立殿は大嘗宮の北に隣接して建ち、ここで天皇は潔斎し祭服に改められる。天皇が廻立殿から大嘗宮の悠紀院（東側の区画）の正殿に出御すると、小斎人と大斎人の官人が朝堂院に入る。小斎人の座は、大嘗宮の南、朝堂院の東西第三堂（東は承光堂、西は顕章堂）の間に東西に分けて設営した幄舎（幕で囲んだ仮屋）に設けられた。小斎人は、祭祀に直接かかわる人々で、卜定により選ばれ、厳重な潔斎を行い、役割によっては大嘗宮内に入った。一方の大斎人は、大嘗宮内に立入ることは禁じられていた。

天皇による大嘗宮での祭祀は、悠紀院（大嘗宮の東区画）で亥の一刻（午後九時頃）から、主基院（西区画）で寅の一刻（午前三時頃）から、都合二度行われる。これに先立ち、皇太子・親王、大臣以下の官人が朝堂院に入る。皇太子の幄舎と座は、小斎人の幄舎より少し南側、朝堂院・大嘗宮の南北中心線から東にずらして設け、親王と大臣など五位以上の官人の幄舎と座は、さらに南側、朝堂院の東西の第五堂（東は暉章堂、西は修式堂）の前面（北側）に設けられた（図20「朝堂院の大嘗宮・幄等位置図」）。

芸能と拝礼　つづいて、朝堂院では芸能や語りの披露が行われた。まず、宮内省の官人に率いられた吉野の国栖、楢の笛工の人々が古風の奏楽を行う。次に、悠紀国の国司が率いて歌人が入り、悠紀国の国風（地方の風俗歌）を披露。さらに武人系の氏族、伴・佐伯が率いた語部は古語（古い伝承）を語る。最後に隼人司が隼人（南九州の人々）を率いて入り風俗の歌舞を披露した。

この後、参列する皇太子以下、五位以上の官人は、朝庭の版（所定の位置を示す目印）につき跪いて拍手を四度、度ごとに手を八回打つ「八開手」を行った。ただし、小斎人は、拍手はしない。小斎人は参列者ではなく、祭祀に奉仕する祭員としての性格を持っていたからだろう。これら一連の流れは、未明の主基院における祭祀に先立っても行われた。その時の国風は、主基国の国司が率いた歌人が主基国の国風を披露した。

このように、『儀式』が成立した九世紀代、大嘗宮の南の空間は、皇太子・大臣・官人の幄舎・座を設け、芸能の披露や拍手による拝礼などを行う重要な儀礼空間となっていたのである。大嘗宮の南に作

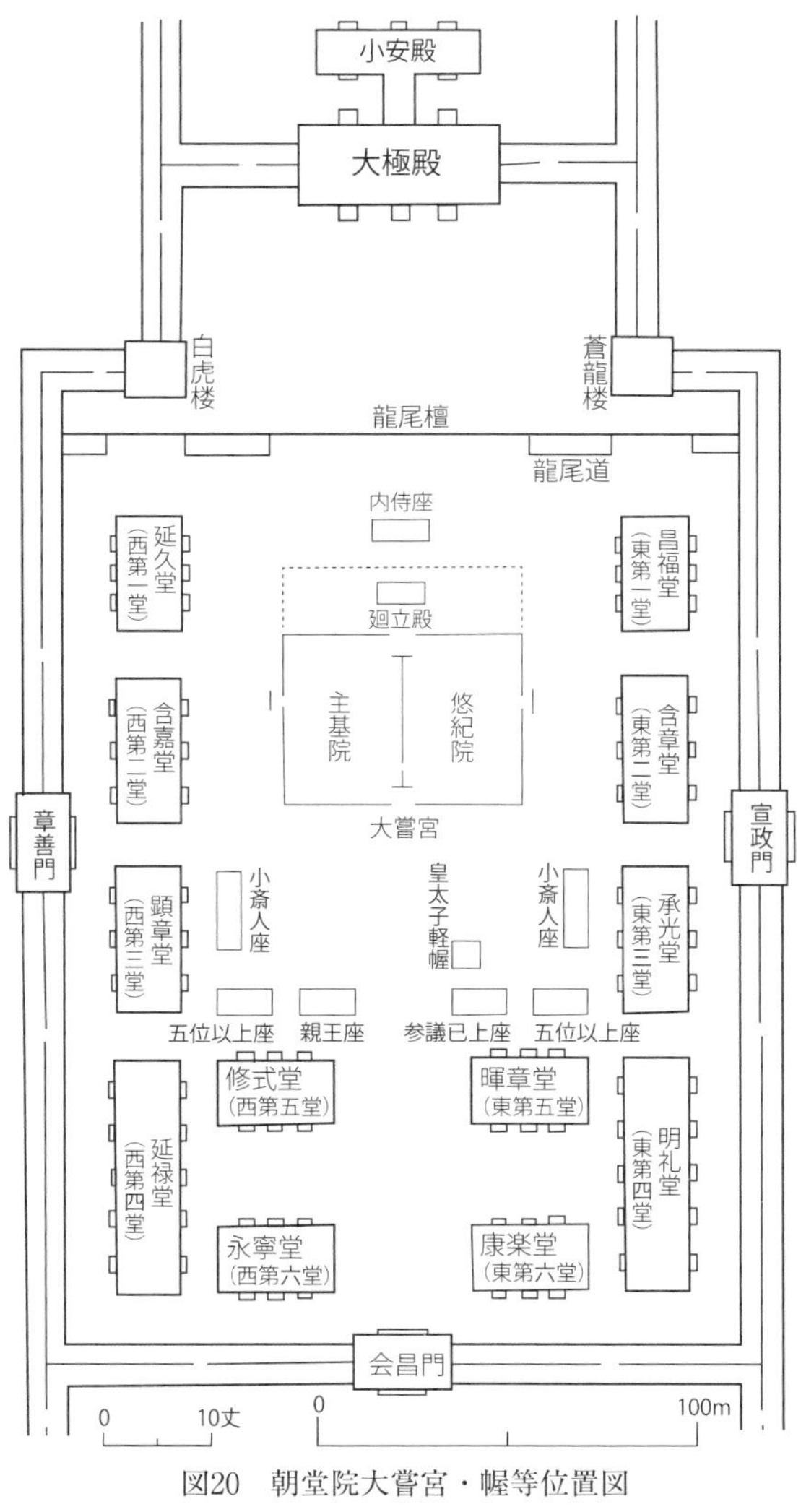

図20　朝堂院大嘗宮・幄等位置図

られた儀礼空間の歴史的な意味は、奈良時代の大嘗宮が天皇ごとに移動したことと関連させて後に改めて考えたい。

節　会　寅の一刻（午前三時頃）から始まる主基院での祭祀が終わり、卯の一刻（午前五時頃）に天皇が廻立殿にもどられると、大嘗宮は直ちに解体・撤去され、大嘗祭の祭祀は終了する。ひきつづき、祭祀の後の饗宴「節会」が始まる。祭祀の終了直後の辰日、翌日の巳日、翌々日の午日まで、節会は三日間にわたる。国家的な饗宴の場、豊楽院が会場となった。朝堂院の西に隣接する建物群で、朝堂院とともに平安宮のほぼ中央に位置する。

まず、天皇は、辰の日の辰の二刻（午前七時三十分頃）、豊楽院に出御され、御帳台（天皇の座）に着かれると、中臣氏が「天神寿詞」を奏上する。これは新天皇の御世を祝福する内容で、「中臣寿詞」とも呼ばれる。なお、平安時代の初期以前、ここで新天皇へ皇位の象徴である鏡・剣が奉上されていた。しかし、天長年間（八二四～八三四年）以後は行われなくなり、嵯峨天皇の時代に節会には変化があったようである。『弘仁式』『内裏式』の成立と関連していたのだろうか。

辰日の節会では、天神寿詞の後、悠紀・主基国から天皇や臣下に対して食膳・物品の献上があり、ここでも国風の披露が行われた。そして、悠紀国に対して褒美・給与に当たる「禄」を賜った。続く巳日の節会では、悠紀国が大和舞（大和地方の歌舞）を、主基国が田舞（農耕に伴う歌舞）を披露、この日は主基国に禄を賜った。

最終日の午日の節会では、悠紀国・主基国の国司に対し大嘗祭での功績を慰労する天皇のお言葉「宣命（みょう）」が読まれた。そして、伴・佐伯氏の剣舞「久米舞（くめまい）」、安倍氏が舞い朝鮮半島に由来する「吉志舞（きしまい）」、国司・公卿の子女から選ばれた舞姫による「五節舞（ごせちのまい）」が、それぞれ披露された。午日の節会は「豊明節会（とよあかりのせちえ）」と呼ばれ、大嘗祭の無事な終了を祝う楽しい饗宴という性格がうかがえる。

全体の構成　古代の大嘗祭は、①「八月以前の悠紀・主基国の卜定から始まる準備期間」、②「大嘗宮での祭祀」、③「大嘗宮の徹去と豊楽院での節会」という三段階で行われた。これは準備、祭祀、祭祀後の対応という古代祭祀の基本的な構成と同じであり、大嘗祭も古代祭祀の基本的な構成に則して行われていたのである。特に、厳重な潔斎と、亀卜による度重なる神意の確認（卜定）により、慎重に準備が進められた点は特徴的である。ではなぜ、ここまで慎重に準備し祭祀を行わなければならなかったのか。その答えは、大嘗祭の祭祀そのものを細かく見ることで明らかになる。そこで、次に大嘗宮の構造と祭祀の構成「祭式」に焦点をあてて、古代の大嘗祭の意味について考えてみたい。

二　古代の大嘗宮と祭祀の意味

大嘗宮の造営　大嘗祭の祭祀を行うためだけの建物群が大嘗宮である。既存の施設を使わない点からは大嘗祭が特別な祭祀であることがわかる。また一方で、大嘗祭のためだけに造られる大嘗宮の特徴は、大嘗祭という祭祀の特徴や本質と直結しているともいえる。つまり大嘗祭の中心となる祭場、大嘗宮の構造を細かく見ることで、大嘗祭の性格を読みとれるのである。

『儀式』によると、大嘗宮は祭祀に先立つ七日前に着工、五日間で完成させ、祭祀の終了後ただちに撤去された。建てる場所は、平安宮の政務や儀式の中心となる朝堂院である。ここの中心建物は天皇が出御する大極殿（だいごくでん）。その前庭「朝庭」の中の、東西第二堂（東は含章堂、西は含嘉堂）の間に大嘗宮は建てられた（図20「朝堂院大嘗宮・幄等位置図」、六三頁）。

宮　垣　大嘗宮は、周囲を柴垣の「宮垣」で区画し内部を外から遮蔽する。範囲は、東西二一四尺（二一丈四尺、一尺＝二九・六センチ〈古代の小尺〉の換算で六三・四四メートル）、南北一五〇尺（一五丈、四四・四メートル）で、東西南北に出入り口の門を作る。『儀式』は、南門は幅・高さともに一丈二尺とし、『延喜式』では、諸門の高さは九尺、幅八尺とする。この門に取りつく宮垣は、門よりやや低いと考えられるので、高さは一丈（約三メートル）から七尺（約二・一メートル）ほどと推定できる。外から内部を窺うことはできない高さである。

宮垣の内部は、中央に南北方向の中籬（なかがき）を作り東西に区画、東を「悠紀院（ゆきいん）」、西を「主基院（すきいん）」とし、それぞれ悠紀・主基の国郡が建設に当たった（図21「『儀式』大嘗宮図」、六七頁）。

正殿・御厠　悠紀・主基の両院内には東西方向の垣を建て、南北の二区画に分割する。南の区画には正殿と御厠を建てる。正殿は棟を南北方向とし、柱間は桁行（棟方向）が五間（四丈、一一・八四メートル）、梁間（妻側）が二間（一丈六尺、四・七四メートル）。『儀式』は、柱の高さ一丈、梁で棟を支える材の高さ四尺とし、正殿の高さは約一丈四尺（四・一四メートル）となる。屋根は草で葺き、棟の両端に千木、その間に八本の鰹木を置く。柱は黒木（樹皮が付いた木）で、床は地面に草束を敷き詰めた上に簀の子を敷く。内部は

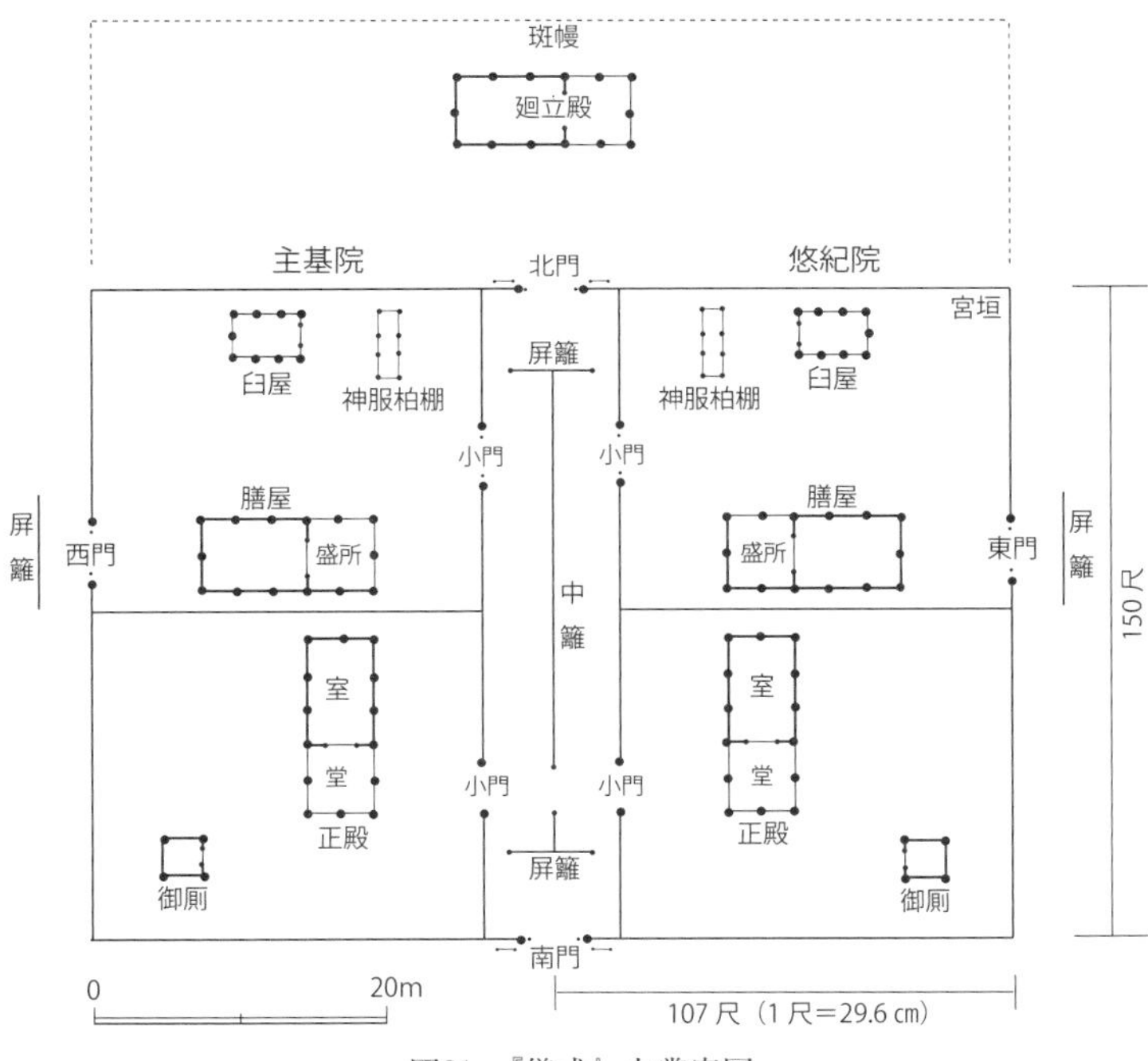

図21　『儀式』大嘗宮図

北側の長さ三間と、南側の長さ二間の二部屋とする。北の部屋を「室(しつ)」と呼び、天皇が祭祀を行う場所とする。室の床面は簀の子の上に席(むしろ)（藺草・藁などで編んだ敷物、薦）を敷く。南の部屋は「堂(どう)」と呼び、天皇を介添えする采女らの控えの間とする。正殿の壁は草を芯として、表に伊勢の斑席(まだらむしろ)、裏に小町席(こまちむしろ)を使う。特に伊勢の斑席を使うことから、伊勢の神宮に祀る皇祖神との密接な関係がうかがえる。

悠紀院の正殿の南東（主基院は南西）に御厠を建てる。東西に一間（一丈）、南北に一間（八尺）、高さ七尺の建物で、西側（主基院は東側）に扉が付く。内部には折薦(おりこも)八枚を置く。壁は正殿と同じく表に伊勢の斑席を使う。このため御厠は、すでに岡田荘司氏が指摘するように、正殿と同様、伊勢の皇祖神と関係する建物と考えられる（岡田〈荘〉、二〇一九）。神のための厠とするのが妥当だろう。

膳屋・臼屋　悠紀・主基院の北の区画には南に膳屋、北に臼屋を建てる。膳屋は、神饌となる御膳を調理・準備する建物である。棟を東西方向とし、柱間は桁行が五間、梁間が二間。規模は正殿と同様である。内部は三間と二間に仕切り棚を設け、壁は柴等で作る。悠紀院では西側の二間（主基院では東側二間）を、御膳の盛り付けを行う「盛所」とする。膳屋に隣接して神服柏棚（かんみそのかしわだな）を作る。正殿に供える繒服（絹織物）と麁服（麻織物）を仮置きする棚である。臼屋は、御膳の米を搗く建物で、棟は東西方向、桁行は三間（一丈六尺）、梁間は一間（一丈）の規模である。

膳屋と臼屋は悠紀・主基の国郡の斎田で収穫した御稲を、北野の斎場から運び込み、大嘗祭の御膳として最終的に炊飯・調理する施設である。大嘗祭の翌日、辰の日の節会で奏上される「中臣寿詞」の主題は、御膳の水の「天つ水」の由来と、膳屋・臼屋を舞台とした米搗きや炊飯の情景描写である。大嘗祭では、天皇が神に供え召し上がる御膳は重要な存在であり、それを調理・準備する膳屋・臼屋を大嘗宮の宮垣内に建て、さらに宮垣内でも垣で区画・遮蔽する。これは、御膳の清浄性を厳格に確保するため必要不可欠な構造だった。

大嘗宮の全体を外から眺めると、宮垣は高さ一丈から七尺程度と推定でき、正殿と膳屋の屋根の高さは一丈四尺、御厠の高さは七尺なので、宮垣の上に正殿と膳屋の屋根が見える程度であったと考えられる。祭祀の場を厳重に結界した様子を視覚的に強調した構造といえるだろう。

楯・戟の設置　宮垣がもつ結界の機能を強化したのが、南・北門への楯と戟の設置である。大嘗祭の当日、武人系氏族の石上氏と榎井氏の各二人が内物部四〇人を率いて南・北門に配置され、南・北門に各二枚の神の楯と各四竿の戟を立てていた。内物部は南・北門ごとに二〇人、東西に五人二列で配置についた。また、武人系氏族の伴氏と佐伯氏が一人ずつ南門の内側に配置された。宮垣の出入り口を武人と楯・戟で厳重に固めた状態を視覚的に表現している。

武人系氏族が大嘗祭で楯・戟を立てるのは、七世紀末期までさかのぼる。『続日本紀』文武天皇二年（六九八）十一月己卯（二十三日）の文武天皇の大嘗祭では榎井朝臣倭麻呂が大楯を立て、大伴宿禰手拍が楯・桙を立てている。また、神亀元年十一月己卯（二十三日）、聖武天皇の大嘗祭では、石上朝臣乙麻呂と榎井朝臣大嶋らが内物部を率いて「神楯を斎宮（大嘗宮）の南北二門に立つ」とある。武人と楯戟で大嘗宮の門を固めることは、七世紀末期以来の長い伝統となっていたのである。

廻立殿　この宮垣の外、北側に廻立殿は建てられた。規模は正殿・膳屋と同じで、棟を東西方向とする。卜定された悠紀・主基の国郡ではなく木工寮（木工を担当する役所）が宮垣の外に建て斑幔で囲む。このため廻立殿の性格は、大嘗宮の宮垣内、祭祀と直接関係する建物群とは一線を画し、あくまでも天皇の潔斎と控えの建物であったと考えられる。

正殿内の鋪設　次に大嘗宮で行われる祭祀の流れをたどってみたい。『儀式』によると、大嘗祭の当日、十一月第二の卯の日の巳の刻（午前十時頃）、北野の斎場から御稲を始めとした食材と御酒、さらに卜定して掘った「御井」から汲んだ「御水」を、大嘗宮内の膳屋と臼屋へと運び、御膳の炊飯と調理が始まる。その後、酉の刻（午後五時頃）、夕日が落ち正殿の「室」に二つの燈火がともされると、室の中央に神座（第一の神座、寝座）になる白端の御畳（御帖・敷物）と坂枕、打払布が置かれた。寝座の上には籠に入れた繪服（絹織物）と麁服（麻織物）を供える。

天皇の祭祀と直接かかわる、さらに詳細な室の鋪設について『儀式』は記していない。これを知るには、六月と十二月の月次祭の夜、宮中の神嘉殿で行う「神今食」が手かがりとなる。神今食は、基本的に毎年十一月の新嘗祭と同じ構成であり、新嘗祭と大嘗祭も同じ祭祀の構成だからである。そして、古代の神今食の内容については、十世紀の『新儀式』（『清涼御記』）逸文の「神今食次第」（西本、二〇一二）と『延喜式』から知ることができる。

これらを参考に、神嘉殿の内部を大嘗宮の正殿に当てはめると、正殿の北の部屋「室」の様子は次のように復元できる。まず、正殿の室の中央に置かれた寝座（第一の神座）の東に、神宮の方向、東に向け天皇の座「御の座」を設ける。この東に御の座と対面（西面）する形で、短帖（第二の神座）を置いたと考えられる。

天皇の作法　神座などの鋪設が整った正殿の室で天皇は、どのように祭祀を行われたのか。正殿内での天皇の作法については、岡田荘司氏らが、『天仁大嘗会記』（『江記』〈大江匡房の日記〉逸文、天仁元年〈一一〇八〉鳥羽天皇大嘗祭の記録）、『大嘗会卯日御記』（保安四年〈一一二三〉崇徳天皇大嘗祭で幼帝を補佐した藤原忠通の記録）、『後鳥羽院宸記』（後鳥羽上皇の日記、建暦二年〈一二一二〉十月二十一日条）などをもとに詳細に復元している（岡田〈荘〉、二〇一九、塩川・木村、二〇一九）。これらをもとに祭祀の流れをみてみよう。

夜がふけた亥の一刻（午後九時頃）には、膳屋で調理・準備した御膳を、悠紀院の正殿の「堂」（南側の部屋）へ運び込む「神饌行立」となる。『儀式』によると、その行列は、膳夫の伴造、采女の朝臣、卜部の宮主（卜部の上位職）が先導。次に天皇の手水の用具が続く。海老鰭の盥槽を水取（宮中の飲料水などを管理）、多志良加（水を注ぐ容器）を水部、巾の筥・刀子の筥を典水（後宮の女官）二人が、それぞれ持ち従う。次に御膳。まず、采女八人が各種の御膳や祭具などを持ち、次に内膳司（天皇の食膳を司る）の高橋朝臣が鰒の汁漬（汁に浸した鰒）、同じく安曇の宿禰が海藻の汁漬を持って続く。その後に、御膳などを持った膳部六人が続き、最後尾は、酒部四人が、酒の案（酒器をのせた机）と黒酒・白酒の案を持ち運んだ。

図22　大嘗宮正殿，室内部の推定模型

神饌行立に合わせて、潔斎され祭服を着した天皇は、廻立殿から正殿の室に入られる。『後鳥羽院宸記』には、天皇は正殿の堂で暫く佇み、神饌行立の警蹕（注意を促す先払いの声）を聴いて室に入る、とある。天皇は、室に入ると中央の寝座（第一の神座）の西から北を巡り、東の「御の座」（天皇の座）に東面、つまり「短帖」（第二の神座）に対面して着座される。ここには介添え役の陪膳の采女が伴う。

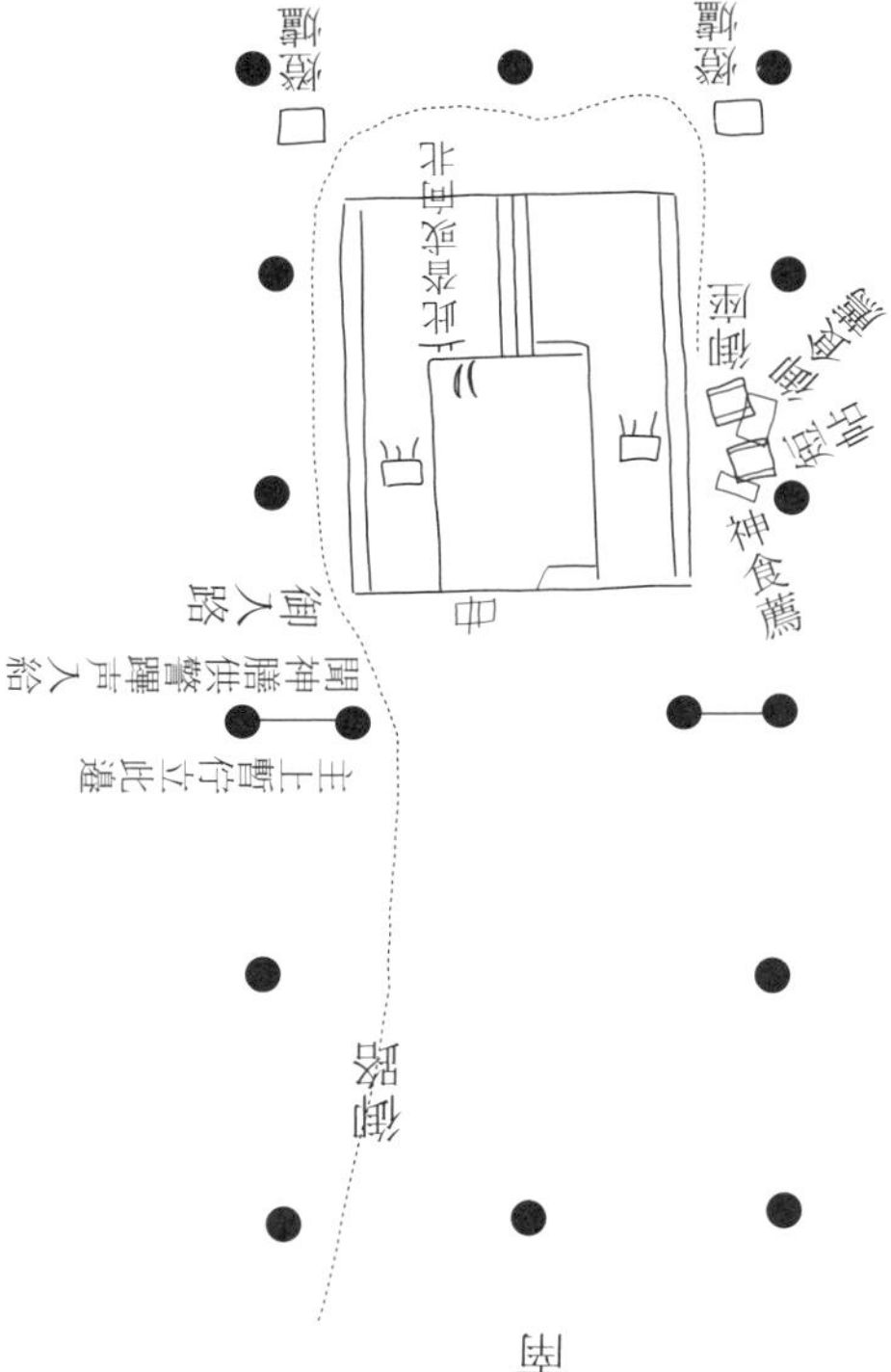

図23　後鳥羽院宸記指図
●：正殿の柱位置，破線：天皇経路

窪手に入れた御飯

窪手に入れた鰒

図24　大嘗祭神饌模型

天皇は御の座に着かれると、最初に手水を行う。その後、陪膳の采女が短帖（第二の神座）の上に「神食薦」を敷き、御の座に接して「御食薦」を敷く。『後鳥羽院宸記』には、大嘗宮の正殿内の指図がある（大野校註、一九八五）。寝座の東の御の座は、南東方向を向いて置き、対面して短帖を置く。短帖の上に一部を重ねて、御食薦と神食薦を敷いている。同じく鎌倉時代、十三世紀前半の『建保大祀神饌記』（順徳天皇の大嘗祭記録カ）でも御の座・短帖と御食薦・神食薦を図で示している（図25「大嘗祭の献饌作法」、七四頁）（大野校註、一九八五）。やはり御の座は、辰巳（南東）に向けて置き、対面して短帖

（第二の神座）を置く。御食薦は御の座と並行に短帖の北に接して東西方向で敷き、神食薦は短帖の西に接して南北方向で敷く。十二世紀から十三世紀前半には、平安京から神宮（伊勢）方面を正確に向く形で御の座を置き、その前面の短帖（第二の神座）に重ねて、もしくは接して神食薦・御食薦が敷かれていたことは間違いないだろう。

次に祭具や御膳・御酒を正殿の「堂」から運ぶ後取（しんどり）の采女が、窪手（くぼて）（柏葉で作る箱状の器）に入れた神饌の御膳（神膳）を運び込むと、御食薦へと並べる。続いて、天皇は御膳を平手（ひらて）（柏葉の皿状の器）にピンセット状の竹の箸で取り分け、陪膳の采女へ渡す。采女は、これを受け神食薦に並べ供えていく。

神饌を供える　神饌の御膳は、御飯・御酒と海産物を中心とした豊富な食膳である。はじめに、米飯と粟飯を供え、続いて生魚四種（甘塩の鯛・鮓鰒（すしのあわび）・雑魚（ざこ）の腊（すし）・醤鮒（ひしおふな））、干し魚四種（蒸し鰒・干し鯛・鰹・干し鯵）、鰒（あわび）・海藻（め）の汁漬（しるひち）（汁に浸した鰒・海藻）、さらに菓子（干し棗（なつめ）・搗栗（かちくり）・生栗・干し柿）を供える。天皇が神饌を供える作法は、先に示した平安時代末期から鎌倉時代の記録で細かく知ることができる。ここでは主に『建保大祀神饌記』を参考に確認してみたい。

天皇は、陪膳の采女が差し出す平手を受け取り、天皇の御前の御食薦に並べた神饌を箸で取り分けて平手に盛り付ける。まず、御飯。小さな団子状に丸めた米と粟の御飯を三箸ずつ取り平手一皿に盛り合わせ、陪膳の采女に授ける。采女は、これを神食薦に供える。御飯だけで十皿作り、神食薦に南北方向で五皿ずつ二列に並べる。生魚四種と干魚四種は三箸ずつ平手一皿に盛り合わせ十皿作り、陪膳の采女へ。采女は鰒と海藻の汁漬を三箸ずつ加え、五皿二列に重ねて供える（陪膳の采女の作法は、記録により

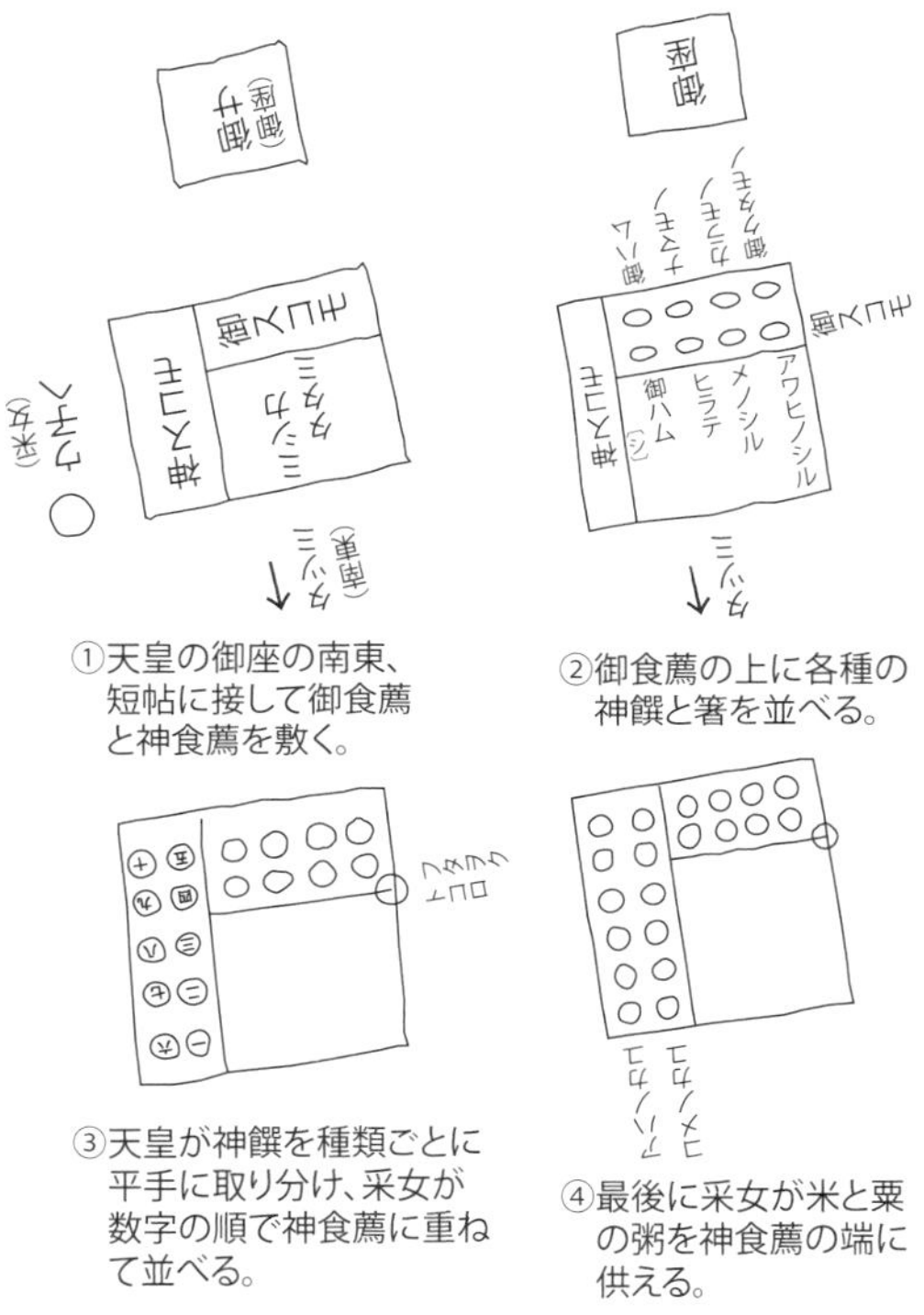

異なる）。菓子（御クタモノ）は三箸ずつ盛り十二皿を作り、十皿は五皿二列に重ねて供え、残りの二皿のうち第六の皿は神食薦の東はし、短帖にかけて第三にならべて、第十二の皿は第六の皿にかさねて（『後鳥羽院宸記』では五皿二列の中心に）供える。箸は、御膳の種類ごとに取り替え、ここまでで五本を使う。

御膳の菓子まで供え終わると、後取の采女は御酒の瓶子（平居瓶、白酒・黒酒を入れる）を運び込み、

①天皇の御座の南東、短帖に接して御食薦と神食薦を敷く。

②御食薦の上に各種の神饌と箸を並べる。

③天皇が神饌を種類ごとに平手に取り分け、采女が数字の順で神食薦に重ねて並べる。

④最後に采女が米と粟の粥を神食薦の端に供える。

図25　大嘗祭の献饌作法

図26　宮中新嘗祭祭具

陪膳の采女に授ける。陪膳の采女は本柏（もとかしわ）（柏の葉）に御酒を注ぎ天皇に手渡す。天皇は、これを取り、神食薦の上に重ね並べて供えた神饌の上に、白酒を二回、黒酒を二回注がれる。最後に、陪膳の采女が神食薦に米と粟のお粥各二杯を供え、神へのお供えは終わる。采女は五本の箸を箸箱に戻す。

続いて陪膳の采女は、六本目の箸を取り、天皇が召し上がる御飯の窪手（やや小形）に立てる。天皇は三度拍手され、米と粟の御飯をそれぞれ三度召上がり、箸を采女に返される。次に、白酒・黒酒を注いだ小カワラケを高杯に置いたものを、後取の采女が運び込み、陪膳の采女に渡し、陪膳の采女は、一杯ずつ天皇に奉る。天皇は三度拍手、称唯（いしょう）（目上の方〈皇祖神カ〉からの指示に「おお」と応答）され、少し頭を下げて御酒を召上がる。白酒四度、黒酒四度、合計で八度。大嘗祭で祀る神から指示を受け、御飯と御酒を召し上がる形となる。以上で大嘗祭の中核となる供饌の儀は終了する。

天皇が御膳を取り分けられる所作は、単純に計算しても数百回におよび、灯が二つだけの薄暗い大嘗宮正殿の「室」では大変に根気が必要な作法である。その意味で、大嘗祭の供饌は最も丁重な神饌の作法であり、神への最上のお持てなしと言ってよいだろう。

ここまでで悠紀院の正殿での祭祀は終了。天皇は廻立殿に戻られ、供えた御膳は亥の四刻（午後十一時頃まで）には撤下される。廻立殿で、天皇は潔斎し祭服を全て改めた後、翌日未明、寅の一刻（午前三時頃）に主基院の正殿へ入られ、悠紀院と同じ流れで供膳の祭祀を行う。

祭神の性格　では、なぜ、厳重な潔斎を重ね、ここまで丁重な作法で祭祀を行う必要があるのか。それは、大嘗祭で祀る神と祭祀の目的から明らかになる。

古代の大嘗祭の祭神について明確に記した文献はない。しかし、藤森馨氏は、九世紀の法律注釈書『令集解』の神衣祭（かんみそのまつり）の注釈に着目し、大嘗祭の祭神は皇祖神の天照大神であったと推定する。伊勢の神宮の神衣祭で奉る御衣について『令集解』では「神服部（かんはとりら）等、斎戒潔清し、三河国の神調の赤引糸をもって御衣、織り作る」とし、「古記に別なし」と加えている。「古記」とは、奈良時代の天平十一年（七三八）に成立した古い法律注釈で、『令集解』のこの解釈は「古記」を踏襲していることになる。ところが、神衣祭の御衣には三河国の糸を使用していない。この注釈の齟齬は、神衣祭の御衣と大嘗祭の繪服とを混同したためで、その原因は、大嘗祭も神宮と同様に、皇祖神の天照大神を祭神としていたからであると、藤森氏は指摘する。さらに、この注釈は「古記」を踏襲するので、すでに八世紀前半には、大嘗祭の祭神を天照大神としていたことになる（藤森、二〇一五）。

大嘗祭の主祭神が、伊勢の皇祖神であることは、大嘗宮の正殿と御厠の壁に伊勢の斑蓆を使うことと関連する。また、天皇が正殿内の室で、中央に置かれた寝座（第一の神座）には背を向け、東を向き供膳と称唯の作法を行われる点とも一致する。大嘗祭の祭神を皇祖神、天照大神とする考え方は、平安時代を通じて受け継がれたのである。

皇祖神の天照大神は、『日本書紀』では畏れ多い神として語られる場面がある。崇神天皇五年と六年の記事は、その典型である。五年に疫病が蔓延し、一般の人々の半数以上が死亡。六年になると前年の疫病や災害によるのだろうか、人々は流離して反乱も発生、天皇の統治が的確に行われなくなる。これに続けて天照大神と倭大国魂（やまとのおおくにたま）（ヤマトの土地の神）の二神を、天皇の宮殿で並び祀るのは「その神の勢を畏りて、共に住みたまうに安からず」と記している。天照大神を、宮殿で祀るのは畏れ多く安心できないと天皇は感じていた。そして宮殿の外の「磯堅城の神籬」で天照大神を祀った、としている。これは、第一章で触れた、堅固な籬で厳重に区画・遮蔽し結界した祭祀の場である。崇神天皇五・六年の記事では、国内の混乱の原因と天照大神とを明確には結びつけてはいない。しかし、天照大神は、対応や祭祀に不都合があれば疫病や災害につながる祟りを招きかねない畏れ多い神だからこそ、結界された神籬で祀らなければならない、という文脈で、この記事は理解すべきだろう。「磯堅城の神籬」は神宮の原形であり、高い垣（籬）で区画・遮蔽した祭祀の場、大嘗宮とも共通する。

『日本書紀』の仲哀天皇崩御の場面でも天照大神の性格を示す記事がある。仲哀天皇九年二月、天皇は崩御された。神の教えに従わず祟りを受けた結果であった。祟った神は、何れの神か。神功皇后は、武内宿禰に琴を弾かせ、中臣烏賊津使主を審神者（神託を判断する人）として尋ねたところ、「神風の伊勢国の、百伝う度逢県の、拆鈴五十鈴宮に居す神、名は撞賢木厳之御魂天疎向津媛命なり」との答えがあった。「伊勢国の五十鈴宮に居られる女神」なので、この神は天照大神と考えるべきだろう。天照大神は、もし不都合な対応があれば、天皇の身にさえも祟る神として認識されていたのである。

申し詞の意味　一方、鎌倉時代の初期、『後鳥羽院宸記』の建暦二年（一二一二）十月二十五日の項に、大嘗祭で天皇が申し上げる「申し詞」を、後鳥羽上皇は書き残された。上皇は「此の事、最も秘蔵の事なり」とされており、天皇・上皇のみが語り伝えた秘事といえる内容だ。その全文は次のとおりである。

> 伊勢の五十鈴の河上に坐す天照大神。また天神地祇、諸々の神明に明らけく曰さく。朕、皇祖の廣き護りにより、國中は平安に、年穀は豊稔に、壽は上下を覆い、諸民を救済す。仍って、今年新たに得る所の飯を供え奉ること此の如し。また、朕の躬に於ては、犯すべき諸々の災難を未萠に攘除し、不祥の悪事、遂に犯し来たる莫れ。また、高山・深谷・所々の社々・大海・小川に出て名を記し厭い祭るは、皆盡く銷滅するのみ（國學院大學図書館所蔵本〈江戸時代後期の写本〉による）。

冒頭に「伊勢の五十鈴の河上に坐す天照大神」とあり、大嘗祭の主祭神は伊勢に坐す皇祖神、天照大神であることは間違いない。つづく前段は、国内の平安を祈り、年穀の豊稔と人々の救済を願い、神へと新穀を供え奉る、との内容である。「また、朕の躬に於ては」で始まる後段では、天皇の過ちなどによる祟り・災害を未然に防ぎ、天皇の身に呪詛（名を記し厭い祭る）などの危害が及ばぬように祈っている。時代は鎌倉時代まで降るため、後段の呪詛を思わせる部分のように、その表現は平安時代後期の影響を受けている可能性は高い。それでも、国内と人々の平安を祈り、天皇の過ちを防ぎ身の安全を願う内容は、先に見た『日本書紀』の記事と対応関係にあると考えられる。

大嘗祭の最も重要な目的は、新天皇が霊威の強い皇祖神へと新穀などの食膳を供え、国内の平安と、それを裏打ちする天皇の身の保全を願い祈ることにあった。これは逆の見方をすると、もし祭祀に穢れ・非礼などの不都合があれば、国内で祟り＝災害が発生し天皇の身に危険が及びかねない、ということになる。そのような極めて強い危機意識と緊張感の中で大嘗祭は行われていたのである。ここにこそ、大嘗祭が慎重に神意を確認し、厳重な潔斎を経て行われる理由はある。大嘗祭は、大規模な収穫感謝の祭祀という性格だけでは理解できない。

二院構成の理由　これは大嘗宮が東西の二区画、悠紀・主基院の二院構成であることとも直接関係する。大嘗祭の最初の記録、『日本書紀』天武天皇二年（六七三）十二月五日の条には、「大嘗に奉仕した中臣・忌部と神官の人など、播磨・丹波の二つの国の郡司、また以下の人夫などの人々には、悉く禄をたまう」とあり、播磨・丹波国の二国の郡司が大嘗祭に奉仕していたことがわかる。また、天武天皇五年九月二十一日には新嘗のため「斎忌」と「次」の国郡の卜定をした記事がある。「斎忌」「次」には、それぞれ「踰既＝ユキ」「須伎＝スキ」の読みを加えている。天武天皇時代、七世紀末期には、まだ大嘗祭と新嘗祭の形式が定まらず、毎年の新嘗祭も大嘗祭と同様に実施されてた様子がうかがえる。ただ、この記事で重要な点は、大嘗・新嘗に奉仕する二ヵ所の国郡が、すでに斎忌（ゆき）・次（すき）と呼ばれていたことで、この段階で大嘗宮も東西二区画、「ユキ・スキ」の二院構成となっていたと考えられる。そして、本章の冒頭で述べたように、ユキは「斎忌」の文字から「潔斎が必要な祭祀」、スキは「次」の文字から「次の祭祀」を意味すると考えられる。

大嘗祭では、天皇は悠紀院での祭祀の後、廻立殿に戻られ潔斎し、祭服を一切改め主基院での祭祀に臨まれる。厳重な潔斎が必要な大嘗祭では、祭服・祭具・神饌だけでなく、祭祀の場も改めなければならなかった。だから、次の祭祀の場として、悠紀院と全く同じ構造の主基院を用意しなければならなかったのである。

なお、「ユキ・スキ」の表記は、奈良時代の正史『続日本紀』では、ユキは「由機・由紀」、スキは

「須機・須岐・須伎」を使っており、平安時代に入った平城天皇の大同三年（八〇八）の大嘗祭で「由貴・主基」、嵯峨天皇の弘仁元年（八一〇）の大嘗祭から「悠紀・主基」の表記となり、九世紀後半の『儀式』へと連続する。「悠紀・主基」の表記は、嵯峨天皇の段階で定着したことになる。

神座・短帖の性格　大嘗祭の主祭神が天照大神であることは、大嘗宮の正殿での天皇の作法と密接に関係する。天皇は、正殿の室（北側の部屋）の中央に置かれた寝座（第一の神座）には背を向けて東を向き着座される。東は平城京・平安京からみると、皇祖神の天照大神が坐す伊勢の神宮の方向である。その方向には短帖（第二の神座）を敷いて、天皇は神饌を供え御飯を食べられ、称唯を行い、御酒を召し上がる。ただ、ここで十分に注意しなければならないのは、主祭神の天照大神を伊勢の神宮から大嘗宮の悠紀院へ迎えたり、天照大神が悠紀院から主基院へと移動したりすることを示す天皇や采女の所作・作法は一切確認できない点である。これについて、岡田莊司氏は、神宮の外宮で日ごとに天照大神へと大御饌（御神饌）を供える「御饌殿祭祀」との類似性を指摘する（岡田〈莊〉、二〇一九）。大嘗宮から神宮の方向へと神饌を供え、遠くから拝礼する「遥拝」の形で大嘗祭は行われたとの理解である。これに加えて、大嘗祭の「神座」についても考えておく必要があるだろう。

大嘗祭では準備段階から、いくつかの神祭りの場を設定した。御稲を収穫する斎郡の斎場には八神殿を建て、北野の斎場では神座殿を建て、御歳・高御魂以下の八神を祀った。斎郡の八神殿では竹で棚を作り、席を敷き、北野の斎場の神座殿では木の細枝で棚を作り席と絁（太い絹糸で織った絹）を敷いて、それぞれ神座（神坐）としている。また、大嘗祭の前日の鎮魂祭は宮内省の正庁に神座を敷き神祇官の八神と大直日神を祀る。これらに共通するのは、神座を敷き設けて、他の場所に坐す神を祀る祭祀の形式である。

大嘗宮の正殿では伊勢の方向（東もしくは南東）に短帖（第二の神座）を置き、天皇はその方向に向き、短帖を通じて伊勢の神宮に坐す皇祖神へと供膳を行う。これが大嘗祭の中核となる作法であり、ここにおいても短帖（第二の神座）が重要な意味をもつ。斎郡の八神殿と北野斎場の神座殿、また宮内省の鎮魂祭では、神座を設置し、他の場所に坐す神を祀る形であり、大嘗宮の正殿内の祭祀も基本的には同じ形で行われたといってよい。少なくとも、後鳥羽上皇が書き残された「申し詞」は、大嘗宮の正殿から「五十鈴の河上に坐す天照大神」へと神座を通して申し上げる内容である。これは祭祀にあたり神霊を招くという神観とは異なる。そこからは、特定の場所に「坐す」神と、神の存在を象徴的に示す「神座」を重視する、古代祭祀の姿を垣間見ることができる。

神宮祭祀との共通点　では、もう一つの神座、正殿の室に置かれる御帖の性格は、どう考えられるか。これも神宮祭祀との関係から推測できる。大嘗宮正殿の室の中央には、第一の神座（寝座）として白端の御帖、さらに坂枕と打払布がおかれた。『皇太神宮儀式帳』（延暦二十三年〈八〇四〉成立）を見ると、これらに対応する品々が、神宮の遷宮時に内宮の正殿へ納める装束物（装束）にある。細布の御巾などの布類、寝具の被、錦の枕が、それである。また、これら品々を正殿内に運び込む手順も共通する。神宮の遷宮は神嘗祭の日に行われるが、新たな正殿内へ神宝と装束を運び込むのは、当日の亥の刻、正殿内に燈火を灯す時点である。大嘗宮の正殿の御帖（寝座）と打ち払い布が設置されるのは、当日の酉の刻、やはり室に燈火を灯す時点である。共通する品々を含み、設置の手順も共通する。このため、大嘗宮の正殿内に設置される寝座や打ち払い布などは、神宮の装束と同じ、祭祀の場に用意すべき神の御料としての性格を推定できる。こう考えると、天皇が寝座（第一の神座）に全く手を触れないことは、当然なのである。

さらに、もう一つ、大嘗祭と神宮祭祀には重要な共通点がある。御膳と御饌の準備・調理の仕方である。大嘗祭では、御膳の準備・調理には、造酒童女（さかつこ）が中心的な役割をはたす。また、大嘗祭で使用する御水（みもい）は、卜定して掘った特別な「御井」で汲むこととなっている。これは、外宮の「御饌殿祭祀」に関わる未成年の「御炊物忌（みかしぎものいみ）」、そこで供える「御水」、これを汲む「御井」の関係に、そのまま当てはまる。大嘗祭は、皇祖神の天照大神を主祭神とするため、神宮と共通した形式で行われたのである。

三　発掘された奈良時代の大嘗宮

平城宮の大嘗宮　九世紀後半の『儀式』が記す大嘗祭、その舞台となる大嘗宮の姿は、九世紀以前では、何時までさかのぼるのか。結論からいうと、八世紀前半までは確実にさかのぼる。これを裏付けるのが、奈良県の平城宮跡で発見された大嘗宮の遺構である。平城宮跡では、朝堂院が中央区と東区の二ヵ所あり、中央区朝堂院で一時期、東区朝堂院で五時期の大嘗宮の遺構が発掘調査により確認されている。ただし、いずれも原則として東側区画（悠紀院）を中心に発掘調査が行われている。このうち中央区朝堂院の遺構は、柱穴から出土した瓦の型式により、天平神護元年（七六五）に斎行された称徳天皇の大嘗祭の大嘗宮と推定されている（清永他、二〇〇五）。

東区朝堂院では、これまでの発掘調査により、A・B・C期の三時期の遺構が発見されていた（橋本、一九八五・舘野、一九八六）。その後、上野邦一氏による遺構の分析で、A期に先行する二時期（01・02期）の大嘗宮の遺構の存在が明らかとなった（上野、一九九三）。これら五時期の遺構は、重複する遺構の前後関係と柱穴から出土した土器の型式をもとに、平城宮で即位した各天皇の大嘗祭との対応関係が次のように推定されている。

01期＝元正天皇（霊亀二年〈七一六〉斎行。以下同じ）、02期＝聖武天皇（神亀元年〈七二四〉）、A期＝淳仁天皇（天平宝字二年〈七五八〉）、B期＝光仁天皇（宝亀二年〈七七一〉）、C期＝桓武天皇（天応元年〈七八一〉）。

以上、六時期の大嘗宮遺構にもとづき、奈良時代の大嘗宮の移り変わりを見ていこう。

初期の大嘗宮　最も古い01期、霊亀二年の大嘗宮の遺構は、南北の門、由機（ゆき）（悠紀）院の膳屋と正殿、須機（すき）（主基）院の膳屋の一部を確認している。南門と北門の距離は四〇・五メートル、

図27　平城宮東区朝堂院大嘗宮跡

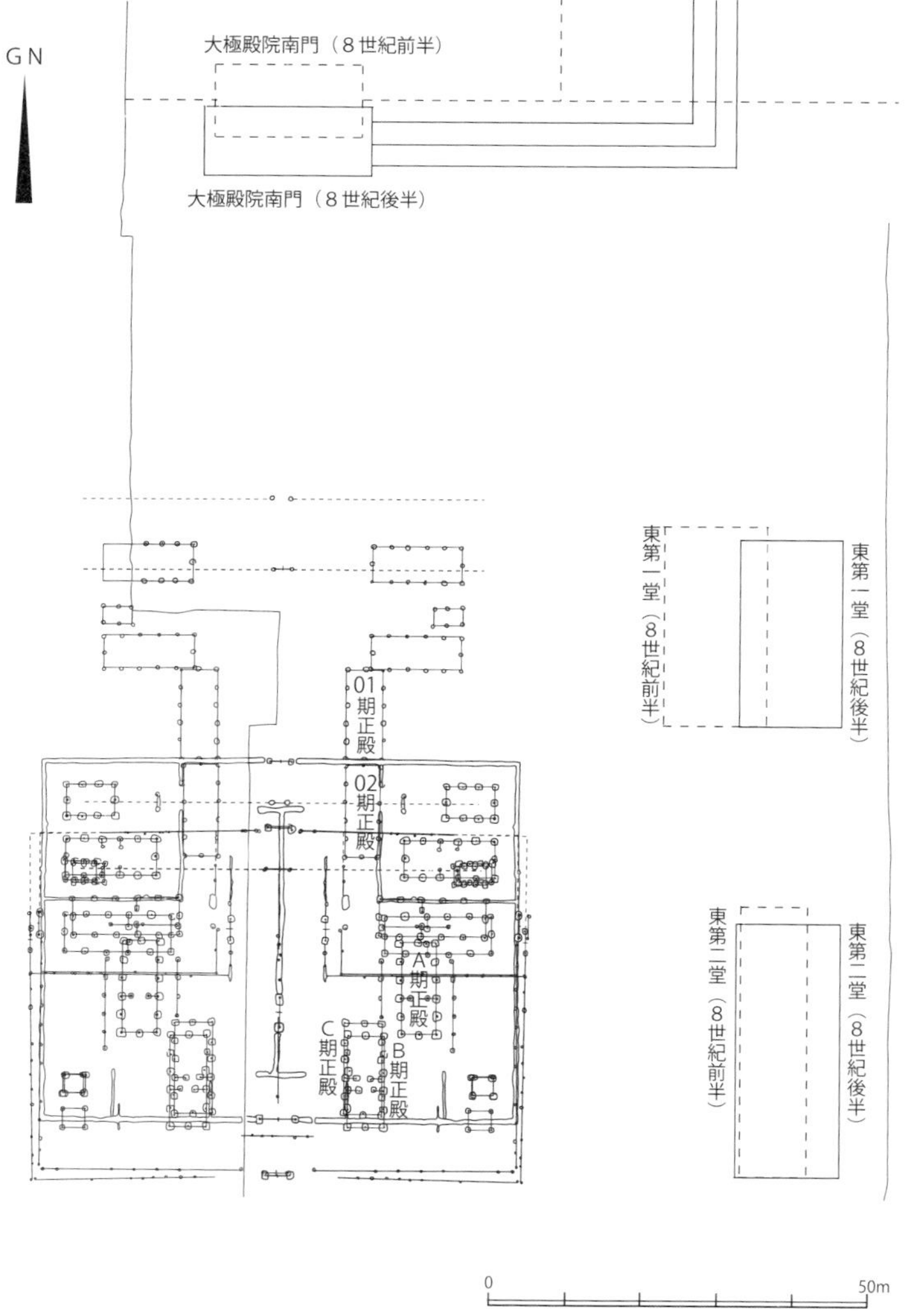

図28　東区朝堂院大嘗宮移動状況図
大嘗宮の西側区画は東側区画を反転して推定。

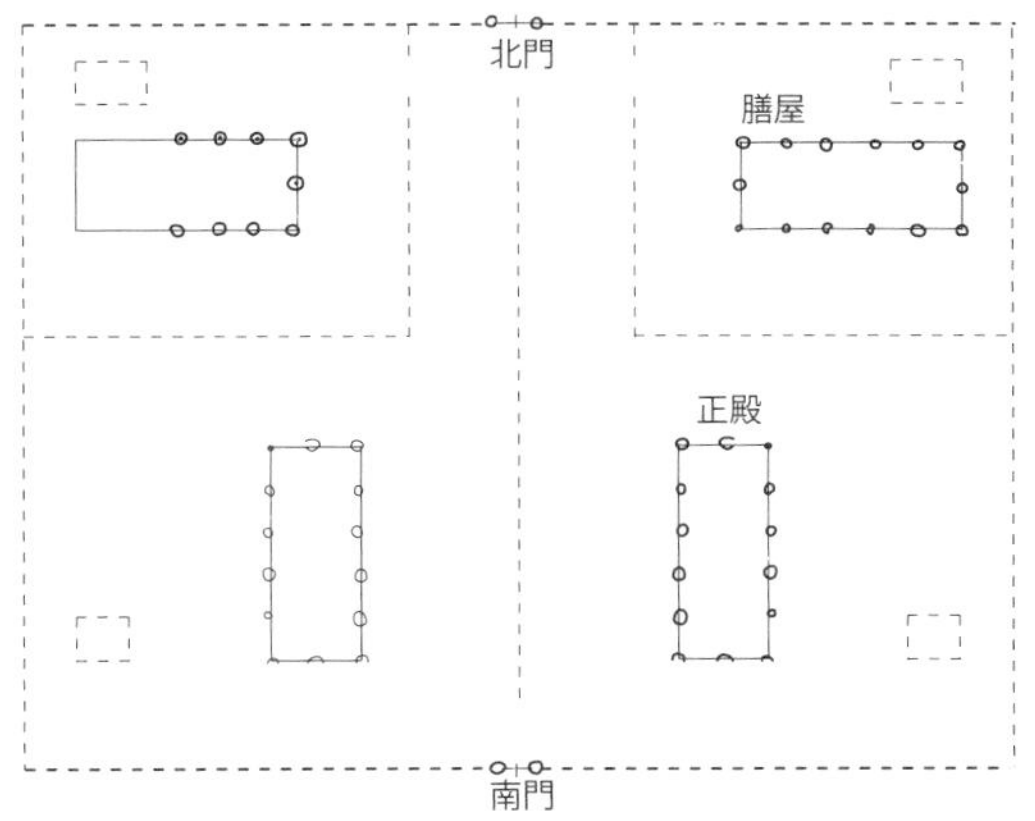

東区朝堂院 01 期（元正天皇）、西側区画の正殿は東側区画を反転して推定。
宮垣の東西幅は、東区朝堂院 A 期の南北幅に対する東西幅の比率から推定。

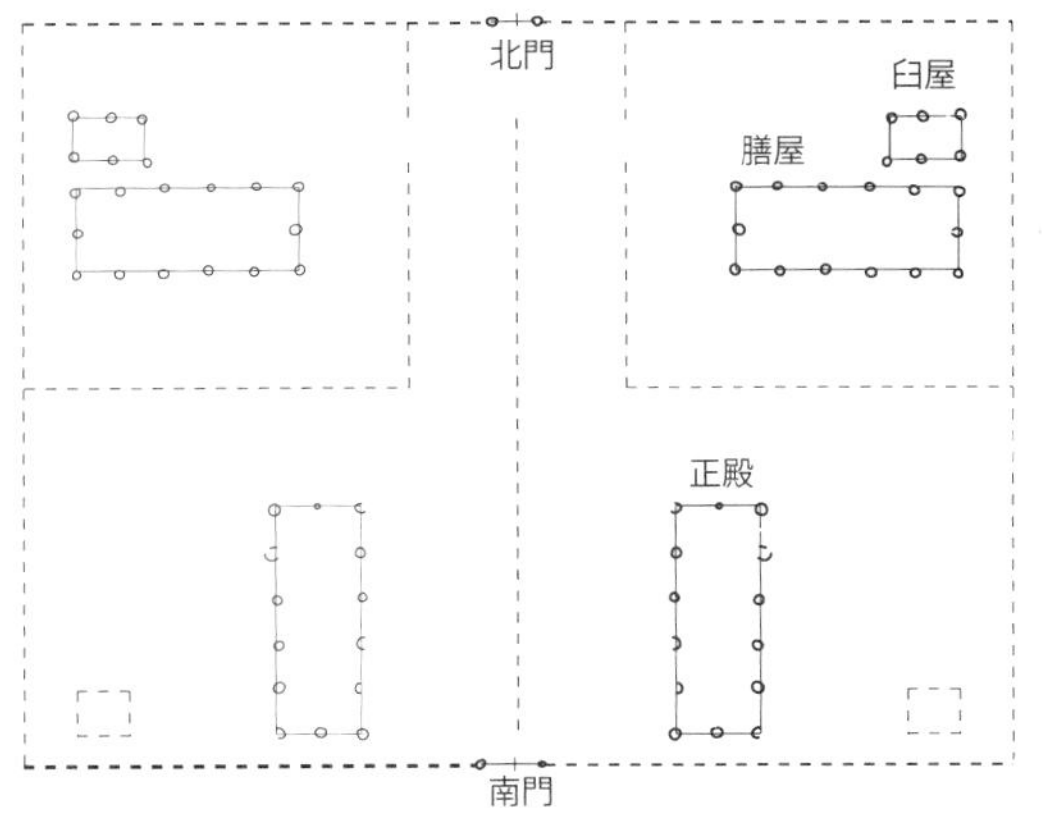

東区朝堂院 02 期（聖武天皇）、西側区画は東側区画を反転して推定。
宮垣の東西幅は、東区朝堂院 A 期の南北幅に対する東西幅の比率から推定。

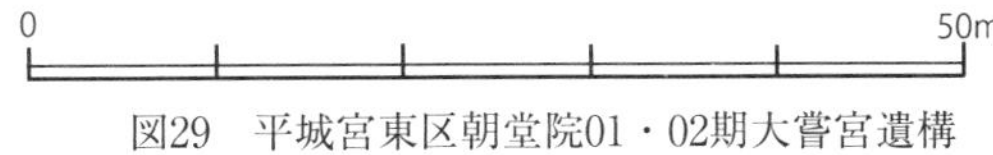

図29　平城宮東区朝堂院01・02期大嘗宮遺構

古代の小尺に換算すると一三七尺となる。北門は東側朝堂院の中心軸上、朝堂院の東第一堂の北端近くに建てられており、この大嘗宮が最も北に位置していた。02期、神亀元年の大嘗宮の遺構は、南北門と由機院の臼屋・膳屋と正殿を確認している。02期の正殿は、01期の正殿の南に、一棟分移動させ建てられている（図28「東区朝堂院大嘗宮移動状況図」）。

01期・02期ともに南門と北門の柱穴を特定している。門があるので、これに取りつく形で宮垣がめぐっていたと推定できる。ちなみに、02期の大嘗宮の南北門は、『続日本紀』神亀元年十一月二十三日の記事で、石上乙麻呂と榎井大嶋が神楯を立てた門そのものである。

また、01期では臼屋は未確認であり、01・02期ともに御厠も未確認である。しかし、01期の北門と膳屋・正殿の位置関係は、02期とほぼ一致するため、01期も02期と同様、膳屋の北に臼屋が建っていたと推定できる。さらに、01・02期の正殿と大嘗宮・朝堂院の中心線との距離は、B期（光仁天皇）・C期（桓武天皇）の大嘗宮とほぼ一致し、ともに由機院では正殿の東側に広い空間を確保できる。このため、01期（元正天皇）・02期（聖武天皇）の大嘗宮においても、B・C期と同様、正殿と並んで御厠が建てられていたと考えられる。

01・02期の建物遺構は、柱穴の掘り込みの形（掘り形）は円形で細く、正殿の「室」「堂」を区切る間仕切りの柱や、膳屋の内部の間仕切りも確認できない。これら特徴からは、初期の大嘗宮は仮設建物としての性格が顕著であったといえるだろう。しかし、01・02期の段階で、宮垣が区画遮蔽したなかに、正殿・御厠と膳屋・臼屋を配置する構造は成立しており、これは大嘗宮の基本的な構造として長く後まで維持され受け継がれている。この構造が、大嘗祭の本質と直結していたと考えられる。

規模の拡大　次の東側朝堂院A期の大嘗宮遺構は、天平宝字二年の淳仁天皇のものである。発掘調査では、南北門と宮垣・中垣、由機（悠紀）院の正殿・御厠、膳屋と臼屋が明らかとなっている。特に宮

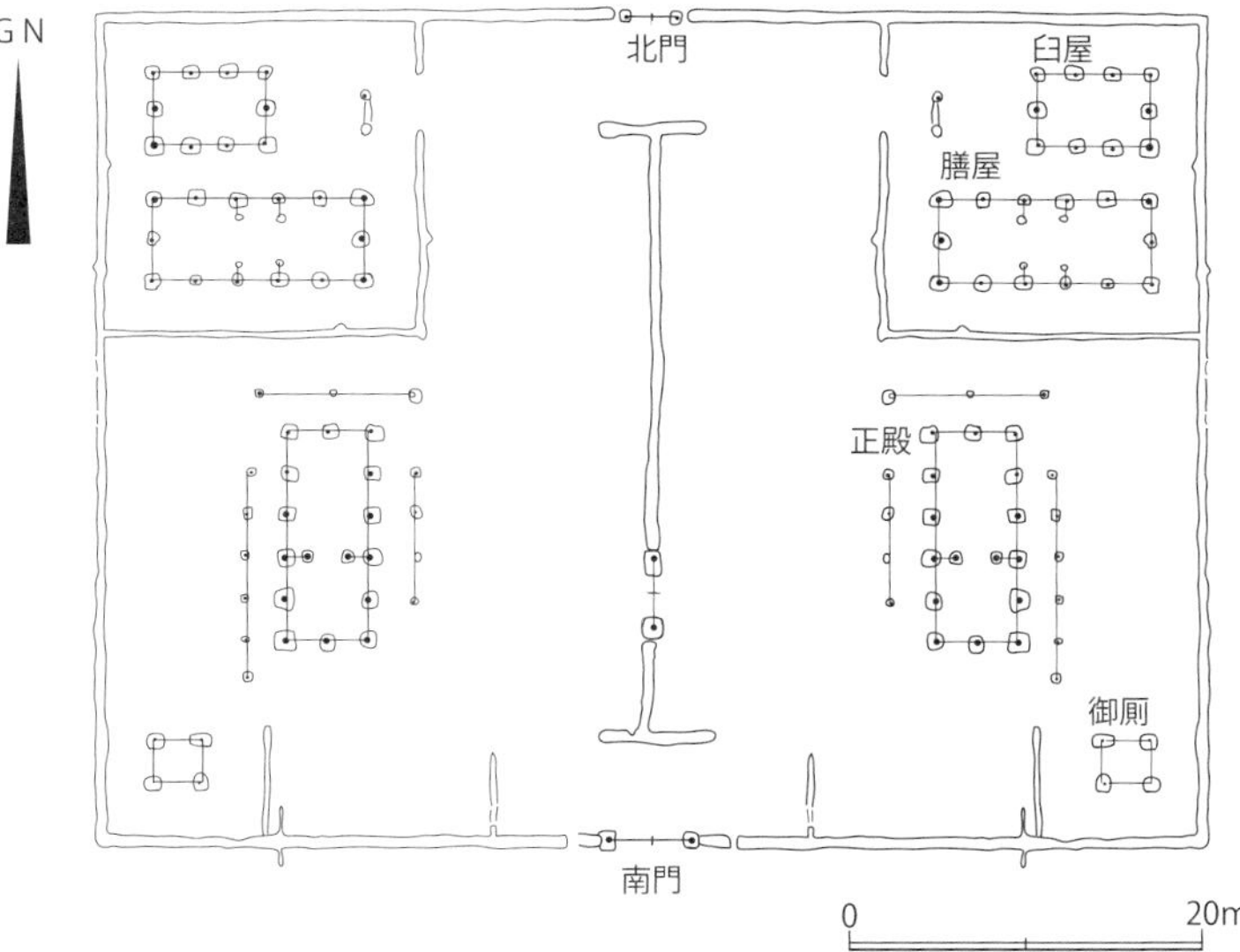

図30　平城宮東区朝堂院A期（淳仁天皇）大嘗宮遺構
西側区画は東側区画を反転して推定。

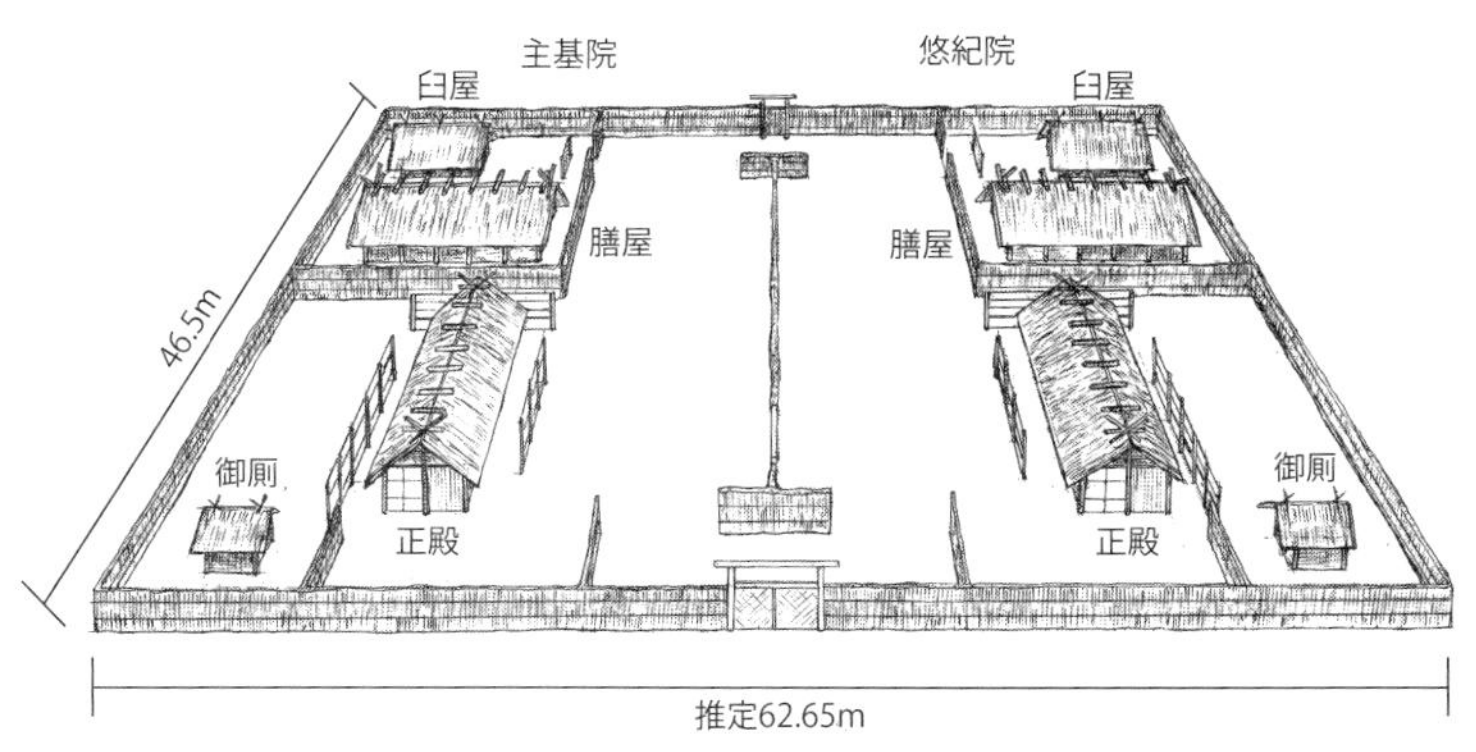

図31　A期（淳仁天皇）大嘗宮復元図

垣と中垣は、発掘調査の範囲で細い溝状の痕跡として残されており、全容を把握できる。これで確認できる宮垣の規模は、南北で四六・五メートル、古代の小尺に換算して一五七尺、確認できた由機院の東西幅は三一・三二五メートル、一〇六尺、須伎（主基）院を含めた東西幅は二一二尺に復元できる。01・02期より宮垣は拡張され、『儀式』の宮垣の規模、南北一五〇尺、東西二一四尺にほぼ一致する規模となっている。

また、この大嘗宮遺構では宮垣の内部、正殿と膳屋・臼屋を区画する垣の痕跡が残されていた。それは由機院の東北角の南と西に垣を設けて区画するものである。この形状は、『延喜式』巻第七、践祚大嘗祭の「この院（愈紀院＝悠紀院）の東北の角に膳屋一宇を造れ、（中略）膳屋より北に臼屋一宇を造り、（中略）二屋の南西にみな籬を樹て、別に一院となし」との記載と一致する。この部分については、『延喜式』が八世紀の大嘗宮の実態を反映していたことになる。

正殿の位置は、02期の正殿から、正殿一棟分の幅を空けて南へ移動、さらに宮垣全体が拡張したため、由機院の正殿は東へと移動している。正殿と膳屋は、基本的に01・02期の規模を踏襲する。ところが、柱穴の掘り込みは方形で大きくなり、内部の間仕切りの柱が明確に加わっている。特に、正殿では室と堂を仕切る構造ができ、この後に長く受け継がれていく。柱穴からうかがえる建物の建て方は、仮設の域を超えた立派なものであり、宮垣の規模拡大とともに、淳仁天皇の大嘗宮は、直接、『儀式』や『延喜式』に連続する大嘗宮の姿が成立するという意味で、一つの画期をなすといってよいだろう。この大嘗宮が変化した背景には、東区朝堂院の建物群が、基壇・瓦葺き建物へと装いを一変させたこととの関連が指摘されている（上野、一九九三）。

東・西門の新設　天平神護元年、称徳天皇の大嘗宮は中央区朝堂院に建てられた。これは大きな変化ではあるが、大嘗宮は構造面でも変化した。称徳天皇の大嘗宮は、南北門と宮垣、由紀(ゆき)（悠紀）院の正殿・御厠、膳屋・臼屋と、須伎（主基）院の膳屋の一部を確認している。さらに東門の柱穴が発見された。保存状態がよい淳仁天皇の大嘗宮でも東門はなく、この大嘗宮で東・西門が新設されていた可能性が高い（図32「称徳天皇大嘗宮遺構」）。

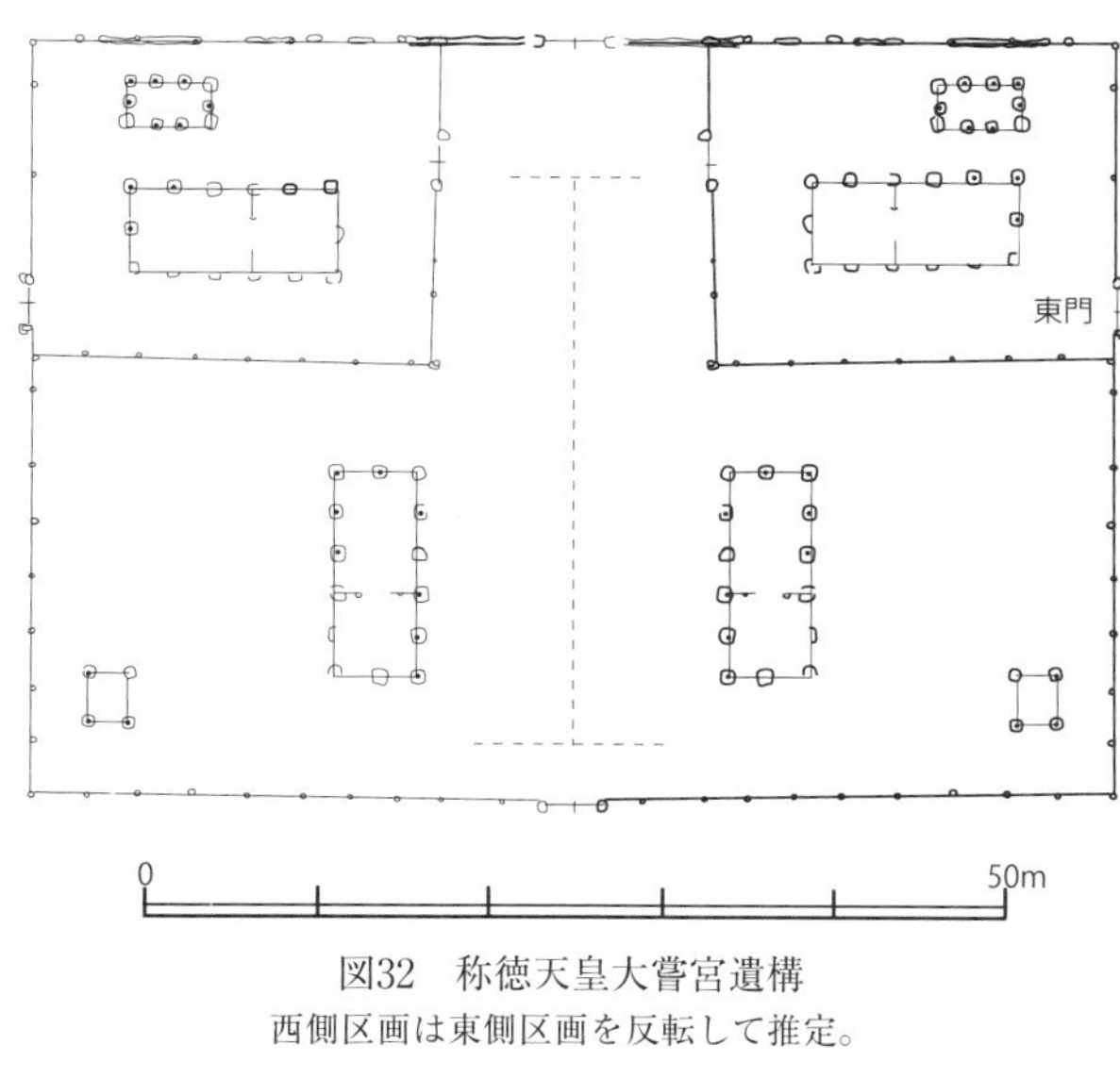

図32　称徳天皇大嘗宮遺構
西側区画は東側区画を反転して推定。

膳屋・臼屋が建つ区画は、天皇が供える神饌を最終的に調理・準備する場所であり、そこは特別な潔斎が求められる空間である。だからこそ、宮垣の内部で重ねて区画遮蔽されていた。しかし、東・西門を通れば、膳屋の区画内へ宮垣の外から直接入ることが可能となる。その設置は、神饌に対する潔斎意識だけでなく、称徳天皇の大嘗祭を機に、大嘗祭の祭祀の潔斎意識そのものが変化したことを示していると考えられる。

これと関連するように、称徳天皇の大嘗祭では大きな事件が起こっていた。それを示すのが、称徳天皇の大嘗祭の宣命である。そこでは、菩薩戒を受け仏弟子となった天皇が大嘗祭を行う問題を取り上げている。伊勢の神宮では、仏教の仏・寺などは、そのまま話すのを憚り、「中子」「瓦葺」といった忌詞で表現した。当然、大嘗祭においても仏教は憚られたはずである。しかし、この宣命では独特な論理を展開する。経典によれば仏法を護り貴ぶのは神々である。だから、仏教に帰依した者が大嘗祭を行っても問題ないとする。そして、「本忌みしが如くは忌まずして此の大嘗は聞し行すと宣りたまう」とあり、これは、それまでとは異なった「忌」、つまり潔斎で大嘗祭は行うと読み取れる。明らかに大嘗祭を行うにあたっての潔斎の意識に変化が表れていたことを示している。神饌の食材を、すぐに膳屋・臼屋に搬入できる東・西門は確かに利便性には優れている。しかし、外部からの影響を厳格に遮断し潔斎して神饌を準備するという点では問題がある。東・西門の新設は、称徳天皇の大嘗祭における潔斎意識の変化に対応していたのかもしれない。しかし、東・西門を設けた大嘗宮は、そのまま受け継がれ九世紀後半の『儀式』へと連続していく。

大嘗宮の移動と固定　奈良時代の末期に行われた光仁天皇と桓武天皇の大嘗宮は、再び東区朝堂院に建てられた（図33「B・C期大嘗宮遺構」）。ここで、また大嘗宮は変化する。

東側朝堂院の大嘗宮と正殿は規則的に南へ移動していたことが、岩永省三氏の細かな遺構の分析で明らかとなっている（岩永、二〇一九）。元正天皇の01期以来、正殿の位置を、正確に一棟分ずつ南へずらして建てられていたのである。聖武天皇の正殿は、元正天皇の南に接する形で建つ。次の天平勝宝元年（七四九）、孝謙天皇の大嘗祭は、上野邦一氏が指摘するように朝堂院改修の影響か、「南の薬園の新宮」

という場所で行われたため、東区朝堂院には大嘗宮の遺構は残されなかった。それでも、その正殿一棟分を空けた形で淳仁天皇の正殿は建てられた。東側朝堂院にもどった光仁天皇の大嘗宮の正殿は、淳仁

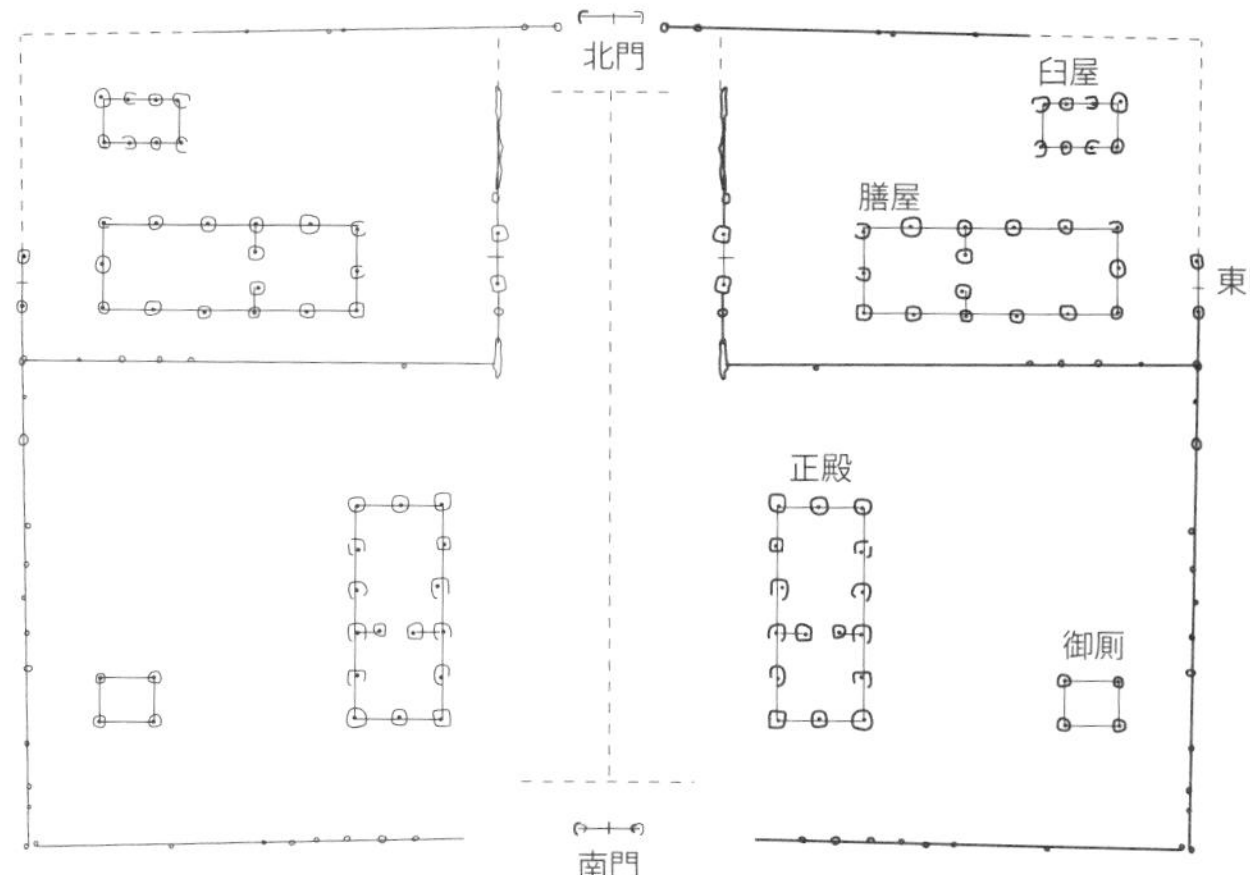

東区朝堂院Ｂ期（光仁天皇）大嘗宮、西側区画は東側区画を反転して推定。

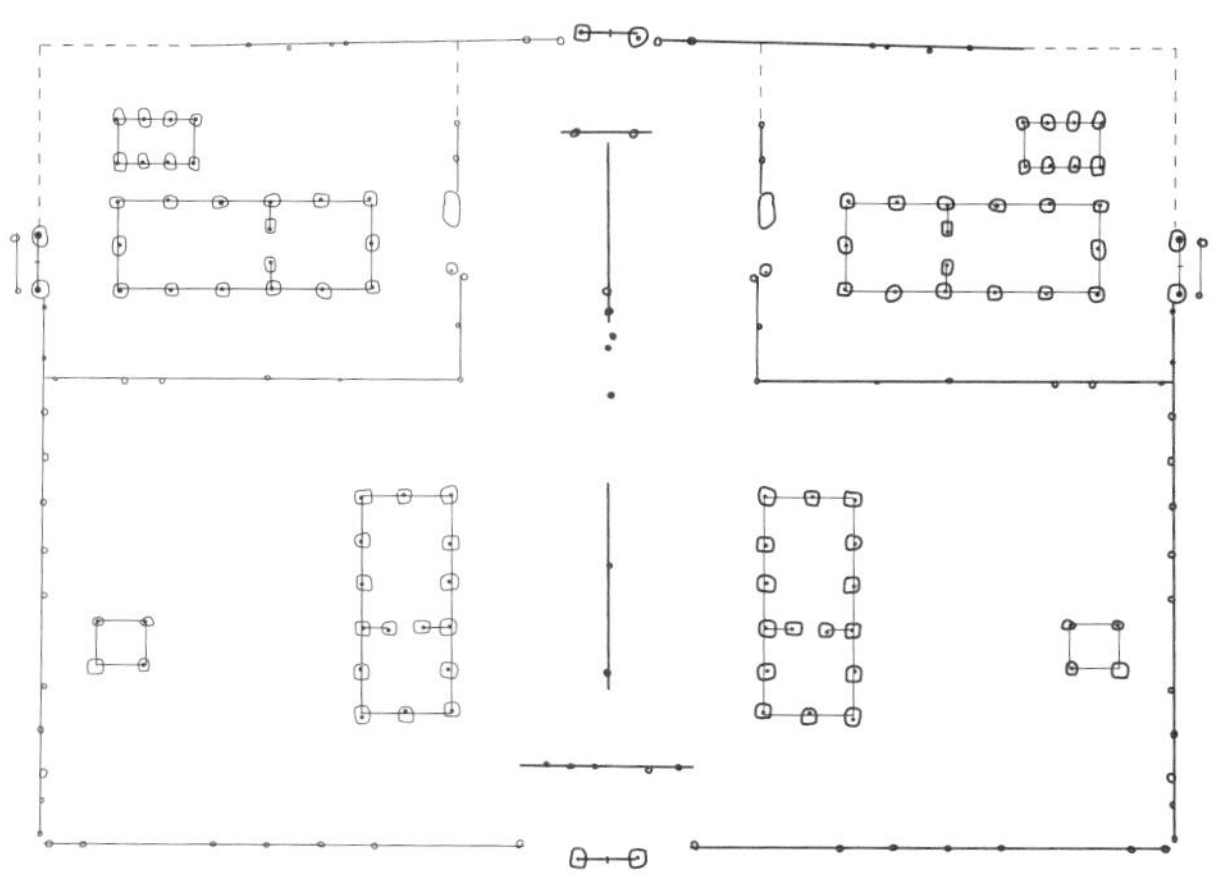

東区朝堂院Ｃ期（桓武天皇）大嘗宮、西側区画は東側区画を反転して推定。

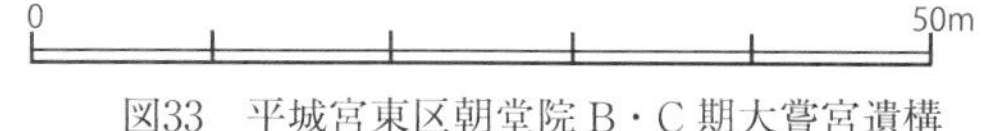

図33　平城宮東区朝堂院Ｂ・Ｃ期大嘗宮遺構

天皇の正殿の南西に接した形で建てられている（図28「東区朝堂院大嘗宮移動状況図」、八四頁）。

このような移動は、なぜ必要なのか。そこには、大嘗祭に対する強い潔斎の意識が働いていたと、私は考えている。一度祭祀を行った場では、再び行わないという意識。それは大嘗宮が悠紀・主基の二院からなる理由である。この原則が、次代の天皇の大嘗宮にも当てはめられた結果、正殿の位置は正確に南へと移動したと考えられる。

ところが、桓武天皇の大嘗宮の正殿は、父、光仁天皇の正殿にほぼ重ねて建てられた。つまり、桓武天皇の段階で大嘗宮は移動を止め、朝堂院の東西第二堂の間で固定された。そこは『儀式』が大嘗宮を建てる位置として規定した場所である。そして、大嘗宮の固定化は潔斎意識の後退を表しているといってよいだろう。そこで問題となるのが、潔斎の意識を後退させてまで、移動を止めた理由である。これについては、大嘗宮の周辺施設との関係が影響していた可能性が高い。

光仁天皇の大嘗宮では、隣接する部分に特徴的な建物群が成立する。光仁天皇と桓武天皇の大嘗宮（B期・C期）の時期に、大嘗宮の南側、朝堂院・大嘗宮の中心軸から東側で、棟の方向を東西とし、桁行（棟方向）が十三間、梁間は二間という細長い建物が確認できるようになる。『儀式』によると、朝堂院の東西第三堂の間に小斎人の幄舎、その少し南に皇太子の幄舎、さらに南、東西第五堂の前面（北側）に親王と大臣など五位以上の官人の幄舎が設営された。光仁天皇の段階（B期）から大嘗宮の南で確認できる東西に細長い建物遺構は、その位置関係から皇族や多数の官人の座となる幄舎の原形である可能性が高い。八世紀後半から大嘗祭に多数の皇族・官人が組織的に参列するようになり、座と幄舎を設営する空間を恒常的に確保するため、大嘗宮は移動を止め場所を固定化させたのではないだろうか。

祖先祭祀と公祭　この変化は、単に潔斎意識の後退という面だけではなく、古代祭祀全体の変化の中で考える必要がある。皇祖神を主祭神とする大嘗祭・新嘗祭は、本来、天皇家の内廷的（プライベート）な祖先祭祀としての性格をもつ。

古代、各氏族の祖先祭祀・氏神祭祀は、氏族ごとに個別に行われてきた。そのような中、称徳天皇の神護景雲二年（七六八）、天皇の母方の氏族、藤原氏の氏神・祖先神を祀る春日社の春日祭が「公祭」となる。これは、特定の氏族の氏神祭祀に天皇の意志のもと官人が参画するもので、その氏神祭祀が公的な性格を持つことを意味する。桓武天皇の時代には、やはり母方の氏神を祀る平野社の平野祭が公祭となる（岡田〈荘〉、一九九四）。このような八世紀後半の祭祀をめぐる、氏神・祖先祭祀の公祭化という趨勢の中で、大嘗祭への組織的な皇族・官人の参列は考える必要があるだろう。

廻立殿と内侍座　一方、大嘗宮遺構の北側でも建物遺構は確認されている。それらの遺構にも岩永氏は細かな整理・分析を加え、淳仁天皇のA期以降、光仁・桓武天皇のB・C期まで、中心軸上の東西棟建物一棟と東側の南北棟建物一棟、もしくは二棟の建物が継続して建てられていたと推定している（岩永、二〇一九）。『儀式』では、大嘗宮のすぐ北側、中心軸上に東西棟で廻立殿を建て斑幔で囲み、その北側に内侍の座となる、東西棟で長さ五丈の幄舎を設けることとなっている。おそらく、淳仁天皇のA期以降、明らかとなる北側の建物群のうち、中心軸上の東西棟の建物が廻立殿、東側の南北棟の建物群は廻立殿の付属施設か内侍座の機能を持つと考えられる。ただし、廻立殿と想定できる建物の規模・構造は各時期で区々で、それぞれの状況に合わせ規模・構造は柔軟に変更されていたようだ。廻立殿が『儀式』の規定通りとなるのは、早くとも平安宮に移った、平城・嵯峨天皇の大嘗祭であったと考えざるをえない。祭祀に直結するがゆえに基本的な構造を維持した大嘗宮とは異なり、あくまでも廻立殿は天皇の潔斎と控えの間として機能したので、奈良時代、八世紀においても、その構造・規模を状況に合わせて柔軟に変化させていたと考えてよいだろう。

大嘗宮は、八世紀中頃、淳仁天皇の段階で規模・構造を拡充させた後、称徳天皇から桓武天皇までの間で、周辺施設も含め段階的に整備を進め『儀式』が規定した内容に近づいていったのである。そして、大嘗宮と周辺遺構の変遷から推測すると、『儀式』が定める大嘗宮が確立するのは、『弘仁式』が編纂された嵯峨天皇の時代が画期となっていた可能性が高いだろう。「ユキ・スキ」の表記が「悠紀・主基」となるのが、嵯峨天皇からであることも偶然ではないだろう。

「記紀」との関係　神饌を最終的に調理・準備する臼屋と膳屋。その神饌を天皇自らが、主祭神の皇祖神へと供える正殿。これらの建物を高い宮垣で厳重に区画遮蔽し、東西対称の二院からなる大嘗宮。その基本的な構造は、これまで見てきたように八世紀前半の元正天皇・聖武天皇の大嘗宮まで遡る。このため、そこで行なわれた祭祀の性格、祭祀の構成「祭式」、天皇の所作・作法も基本的な部分は八世紀前半までは遡ると考えられる。そこには、天皇が正殿の寝座（第一の神座）に臥すという、折口信夫が考えた「真床襲衾の秘儀」が存在する余地はないのである。

加えて、『日本書紀』天武天皇二年（六七三）の最初の大嘗祭の記事から、『続日本紀』神亀元年の聖武天皇まで大嘗祭は、ユキ（斎忌・由機）とスキ（次・須機）の二国郡で実施する形で連続しており、祭祀の内容も代々継承されていたと推測できる。そして、元正天皇と聖武天皇の大嘗宮遺構は発掘調査で明らかとなっており、後につながる基本構造は、その時点で既に成立していた。こう考えると、大嘗祭の基本的な性格と内容は、天武天皇の時代まで遡るとみてよい。

大嘗祭が確立する天武天皇の時代、大忌祭・風神祭といった国家の祭祀が整えられ、同時に『古事記』『日本書紀』の編纂が始まった。このため大嘗祭と「記紀」神話との対応関係も考えることができる。例えば『儀式』によると、大嘗祭に先立ち、神祇官は神服社の神主を三河国に派遣し神服の長・織女などを決め、北野の齋場で神服院を建て絹の神服を織る。この神服は神服宿禰により繒服として大嘗宮正殿の神座（寝座）上に供えられた。また、阿波国の忌部氏が麁妙服を織り、忌部氏の官人が、同じく寝座に供えた。これらは、いずれも『日本書紀』天石窟神話と対応する。神服・繒服は『日本書紀』第七段の斎服殿で織る神衣（本書）や神之御服（一書第一）に当たる。第七段一書第三では、粟（阿波）国の忌部の遠祖「天日鷲」が作った木綿を榊に付けて天石窟で日神（天照大神）へと捧げている。

また、天石窟（天石屋戸）の前段で、『古事記』は「大嘗を聞看す殿」について、『日本書紀』（第七段一書第二）は「新嘗きこしめす新宮」について、それぞれエピソードを挿入する。いずも大嘗・新嘗のための建物を指しており、大嘗宮との対応関係がうかがえる。

『日本書紀』の「新嘗」は、大嘗祭と新嘗祭の原形と考えられ、それは天皇家に限った祭祀ではなかった。『常陸国風土記』筑波郡条は、厳重な物忌をおこなう新粟嘗の夜、神祖尊（祖先神）を飲食で持てなす筑波山の神の説話をのせ、『万葉集』巻十四には新嘗の情景を詠みこんだ東歌（三三八六・三四六〇）がある。厳重な物忌・潔斎を行い祖先神を新穀で持てなす新嘗の習俗は、東国を含め日本列島内の広い範囲で古くから行われていたのである。大嘗祭と大嘗宮は、大化前代からの古い新嘗を基礎として、皇祖神を祀る神宮祭祀と、「記紀」の天石窟神話との対応関係をとりながら、七世紀後半、天武天皇の時代に祭祀の内容と祭場の基本的な構造が整えられた。このように古代祭祀の大嘗祭の成立は考えることができるだろう。

四　大嘗祭・大嘗宮の源流

大嘗宮の原形　大嘗祭・新嘗祭の源流について話を進めよう。そこには、大化前代の新嘗があると考えられるが、その実態を知るには、大嘗宮の構造と、「記紀」が記す「大嘗をきこしめす殿」や「新嘗きこしめす新宮」が手がかりになる。大嘗宮の基本的な構造は、先にみたとおり八世紀前半まで確実にさかのぼり、さらに天武天皇の時代まで遡及する可能性は高い。大嘗祭の本質は、厳重な潔斎を行い、高い宮垣で区画遮蔽し結界された空間で神饌を調理・準備し、祖先神へと供える点にある。大嘗祭のためだけに建てられる大嘗宮の構造は、この大嘗祭の祭祀の本質と直結する。「大嘗・新嘗きこしめす殿・新宮」も大嘗宮と類似する構造でイメージされていたのではないだろうか。

大嘗宮のように周囲を塀や垣で区画・遮蔽し、内部で食膳を供える祭祀の場は、すでに古墳時代には

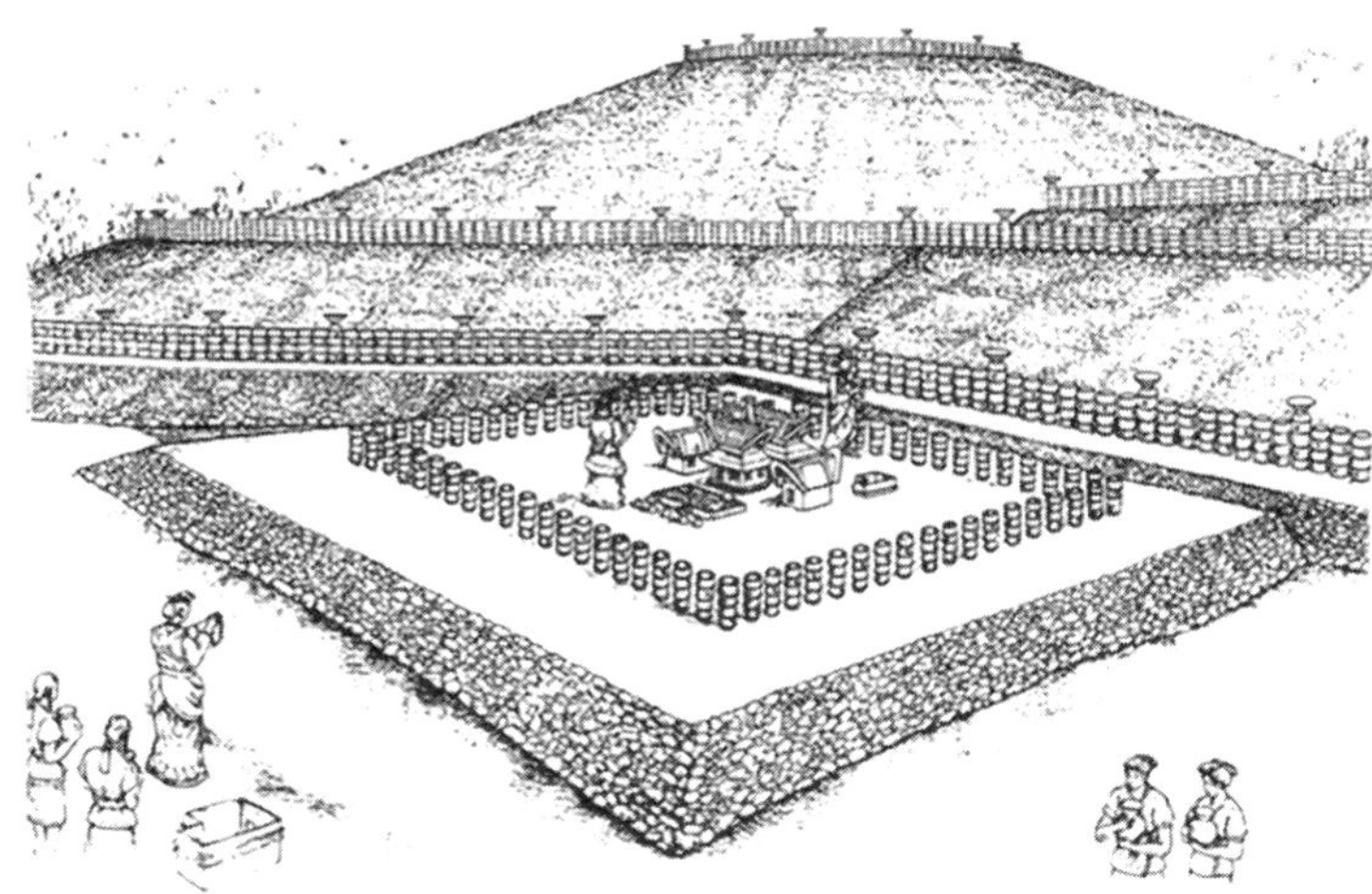

図34　行者塚古墳埴輪群復元図

存在していた。それを表現したと考えられるのが兵庫県の行者塚古墳の埴輪群である（加古川市教育委員会、一九九七）（図34「行者塚古墳埴輪群復元図」・図35「行者塚古墳土製模造品」）。この古墳は五世紀初頭の前方後円墳で、四ヵ所の造り出し（古墳から突出する方形で台状の部分）がある。特に保存状態が良い西側括れ部の造り出しでは、複数の家形埴輪を置き周囲を円筒埴輪で区画する。中心となる入母屋屋根の家形埴輪の前には食膳を供えていた。食膳は、

図35　行者塚古墳土製模造品

笊形土器や高坏のミニチュア土器へと鳥・魚・餅・菱の実などを粘土でかたどった土製模造品を盛ったもので、腐らない食品サンプルで豪華な食膳を再現し供えた状態である。

西側造り出しに接する括れ部には、垣を表現する囲形埴輪が置かれていた。多くの場合、囲形埴輪の中には導水施設をかたどった土製品が置かれている。その実際の遺構は、奈良県の南郷大東遺跡で発見されている。水を通す木樋と溜める槽を組み合わせ、木樋を通した水を槽に溜め不純物を沈殿させて除き、浄水を得る構造で、周囲を垣で区画・遮蔽することで内部の清浄性を確保していたと考えられる（青柳編、二〇〇三）。

では、行者塚古墳の西側造り出しの埴輪群は全体で何を意味していたのか。これを考える上で鍵となるのが、中心の家形埴輪の性格である。行者塚古墳では、遺体を納めた後円部の墳頂に家形埴輪を置き、埋葬が確認できる北東の造り出しでも遺体の上に入母屋屋根の家形埴輪を置いていた。このことから、西側造り出しの中心にある入母屋屋根の家形埴輪は、この古墳に葬られた特別な死者の居所を象徴・表現していたと考えられる。これを受けて、埴輪群については次のような解釈ができる。まず、括れ部を谷に見立てて、そこを流れる水を囲形埴輪の導水施設を通し浄水を得る。その浄水と餅・魚・鳥などの食材を使用し食膳を調理する。この食膳を円筒埴輪の方形区画のなかで、中心の家形埴輪が象徴する特別な死者へと供えた。

各氏族の特別な死者は、重要な先祖であり、「記紀」や「古風土記」の表現をかりれば「祖（おや）」に含まれる。こう考えると、造り出しに埴輪で再現された情景は、特別な死者「祖」への供膳の祭祀を具体的に表現していることになる。そうすると、中心の入母屋屋根の家形埴輪は正殿、付属する切妻屋根の家形埴輪は膳屋・臼屋、囲形埴輪は御水を汲む御井に、それぞれ対応させることができ、周囲を区画する方形の円筒埴輪列は大嘗宮の宮垣に対応する。ここに大嘗宮の原形の一端をみることができるだろう。

家・盾・甲冑・片屋根建物　家形埴輪を古墳の墳丘に並べるのは、四世紀後半、奈良県の佐紀陵山古墳で始まり、盾形埴輪の使用も確認できるようになる。四世紀末期頃の前方後円墳、三重県の石山古墳では家形埴輪の配置が明確となる。後円部の墳頂部、三基の木棺を埋葬した上を、盾・靫（ゆぎ）（矢を入れる武具）・甲冑・蓋（きぬがさ）の器財埴輪と円筒埴輪で区画し、内部に複数の家形埴輪を置いている。

また、墳丘の東側に「東方外区」の区画を設け、そこにも高床建物を含めた複数の家形埴輪を置いている。高床建物には片屋根のものが含まれる（小野山他編、一九九四）。片屋根の高床構造の家形埴輪は、五世紀初頭の行者塚古墳の「北東造り出し」からも出土している。片屋根の建物は、形象埴輪群で共通した役割をもつ建物と考えられていたようだ。

形象埴輪の群像　区画された家形埴輪に食膳を供える様子は、五世紀代には人物埴輪等の群像で表現され、日本列島内の各地の古墳へと普及していく。五世紀後半の東国の例では群馬県の保渡田八幡塚古墳がある。前方後円墳の外側の堤上を円筒埴輪で区画して、中心には椅子に座り盛装した男子像と、対面し坏を捧げ饗応する女子像を置く。周辺には弾琴の男子像、武装した男子、馬などがあり、周囲を区画する円筒埴輪列には盾持ち人の埴輪を配置していた（若狭編、二〇〇〇）。

塚田良道氏は、人物埴輪群を構成する共通の要素として、①「盛装する被葬者・近侍者」、②「盛装

図36　今城塚古墳埴輪群

する被葬者に対座し坏を捧げる女性像」、③「盛装・武装した近侍・警護者」、④「馬と馬子」、⑤「盾持ち人の警護者」の五ゾーンの存在を指摘する（塚田、二〇〇七）。家形埴輪が象徴していた古墳の被葬者は、①の盛装する人物像となり、②の女性像は、家形埴輪への供膳を具体的な人物の所作として表現するといってよいだろう。また、③の武装の警護者、⑤の盾持ち人は、甲冑形と盾形の器財埴輪の発展形である。

区画された埴輪群像は、六世紀前半、大阪府の今城塚古墳で最も発達した姿を見せる。今城塚古墳は、継体天皇の陵墓の可能性が指摘されている前方後円墳である。堀の堤の上に塀形埴輪を置き東西方向にならぶ四つの区画を作る。西端の四区には、主に武装した警護の武人・鷹飼・馬形の埴輪を配置。東側の三区に入る門の左右・前後に盾形埴輪を配置する。三区は、この埴輪群像の中核と考えられ、千木・鰹木を屋根に付けた大型の家形埴輪があり、その前面に饗応などを行う複数の女性群像を置く。周囲に冠を付けた男子像、靫・大刀形の埴輪などを配置している。また、東端の四区は、屋根に千木を付けた大型の家形埴輪を置くとともに、供える食膳と関連する器台形の埴輪が多数配置されている。また、四世紀末期の石山古墳以来の伝統をもつ片屋根の家形埴輪も置かれていた（森田、二〇一一）。

大王家の死者「祖（おや）」に対する祭祀の姿を模ったと考えられる。ここで饗応する女性像は大嘗祭で供膳の介添え役の采女に、武人像や盾・大刀形の埴輪は大嘗宮の南・北門に配置される武人系氏族の石上・榎井氏と盾・鉾とに対応させることができる。さらに、片屋根の建物は、大嘗祭の北野の斎場で御稲を保管する片屋根の御倉と類似する。

塀・垣で区画遮蔽された祭祀のための施設は、第一章でふれた、秋津遺跡や金井下新田遺跡の塀・垣で区画した建物群があり、古墳時代の居館遺跡として著名な群馬県の三ツ寺Ｉ遺跡も、多数の石製模造品など祭祀遺物が出土しているため、これに含めて考えてよいかもしれない。このような祭祀施設が、区画された家形埴輪や形象埴輪群像のモデルとなっていた可能性が考えられ、その施設を二院の形で再編成して大嘗宮は成立していたのではないだろうか。

首長霊継承と祭祀　古墳・埴輪と大嘗祭との関係は早くから指摘されてきた。そこで用いられるのが、「首長霊の継承」という考え方である。近藤義郎は、古墳の壺形埴輪・円筒埴輪の原型を、弥生時代後期の墳丘墓で使われた特殊壺と特殊器台にもとめ、古墳の墳頂部から出土する高坏・埦・台付き坩（小型壺）などと関連させ、遺体を埋葬する時、飲食を共にする「食物共食儀礼」の存在を推定。その儀礼は、前方後円墳（古墳）における「首長霊祭祀型式」に継承されたとし、首長霊祭祀とは「首長霊継承祭祀」であり、壺形埴輪・円筒埴輪は、首長霊との共飲・共食を形式化したものと考えた（近藤、一九八三）。

また水野正好は、保渡田八幡塚古墳の形象埴輪群像が王（首長）権継承儀礼を示すと解釈。「死した天皇から、天皇霊を継承して新しく天皇として復活即位するにあたって、朝廷では、まったく埴輪祭式と同じような儀礼をおこなっている」とし（水野、一九七一）、形象埴輪群と大嘗祭との密接な関係を指摘した。

近藤と水野の解釈で共通するのが、古墳は「首長霊の継承」儀礼の舞台であり、それと埴輪は深く関係するとの考え方である。水野の「埴輪祭式」論には、若狭徹氏が批判を加え、保渡田八幡塚古墳の形象埴輪群は儀礼や狩猟、財物など権威・財力を象徴する場面の集合体との解釈を示している（若狭、二〇〇〇）。それでも、古墳の解釈においては、現在まで「首長霊の継承」という考え方は根強く影響を与えている。この「首長霊の継承」論の基礎には、折口信夫が「大嘗祭の本義」で示した「天皇霊の継承」があり、また折口の影響を受けた西郷信綱などの説がある。さらに、寺沢薫氏は天皇霊を継承するという折口の大嘗祭論と結びつけ前方後円墳の成立を考えている（寺沢、二〇〇〇）。

しかし、「天皇霊の継承」のもととなる「真床襲衾の秘儀」は、すでにみたとおり、平城宮の大嘗宮遺構を含めた研究から、奈良時代までさかのぼっても存在しないことは明らかで、これを前提とした

「首長霊の継承」論そのものの成立はむずかしいと言わざるをえない。

これに対して高橋克壽氏は、前方後円墳の墳頂や造り出しの家形埴輪、周堤や墳丘上の形象・人物埴輪群について、家形埴輪を古墳に葬られた死者霊の「依り代」、形象・人物埴輪群を、死者への「供養・マツリ」の姿を具体的に表現するとした（高橋、一九九六）。死者への祭祀という点では妥当な見解と考えられる。しかし、ここでは歴史資料による検証を経ていない「依代」を、そのまま当てはめており、そこでの死者や祖先、また「供養・マツリ」の考え方は、古墳時代の実態を表しているのか断定はできない。

むしろ、形象埴輪群の祭祀の表現は、大嘗祭の「神座の祭祀」を当てはめたほうが理解しやすいように思われる。行者塚古墳の場合、西側造り出しの中心の家形埴輪を、「神座殿」ならぬ「祖(おや)の座(くら)の殿(との)」と考え、これを通して古墳の墳頂部に遺体として坐す「祖」に対して供膳の祭祀を行う。また付属建物では御膳の準備と調理を行う。このように古墳の造り出しの埴輪群と祭祀のイメージを考えてはどうだろうか。そして、主に人物埴輪からなる埴輪群像は、祭祀の所作まで具体的に表現した発展形としてとらえることができるだろう。

神酒と𤭯　さらに古墳や埴輪と大嘗祭との関係を、従来とは異なる視点、特に正殿の祭祀で神酒を供える作法・所作と酒器に焦点を当て考えてみたい。

大嘗祭の祭具について『延喜式』造酒司の践祚大嘗祭供神料は、次のように書いている。

酉の刻、愈紀(ゆき)（悠紀）の神殿（大嘗宮）の盛所（膳屋内）に入りて、干柏十把、刀子二枚、小坏四口、

> 匜（はそう）四口、竹二株、白筥二合、白木別足の案二脚、木綿（ゆう）一両、手巾（たのごい）の料の調布一丈二尺（人別に三尺）、食薦一枚、長畳一枚を受け取り、各職掌により儲（もう）け備えよ。亥の一刻を以て神祇官の宮主に随い諸司とともに引きて神殿に入り供奉し、訖（おわ）らば退出（まか）れ。

「亥の一刻、宮主に随い……神殿に入り供奉し」とあるので、これらの品々は、神饌行立で正殿へ持ち込まれ、祭祀で使用したと判断できる。その中に「匜四口」が含まれる。匜は壺の胴に穴を開け竹筒を差し込み、液体を注ぐ容器で、『延喜式』では「𤭯（はそう）」の文字も使われる。この匜が、神酒を供える酒器として使用されたと考えられる。

そこで御酒を供える作法を十二世紀の記録で確認してみよう。天仁元年（一一〇八）、鳥羽天皇大嘗祭の「天仁大嘗会記」（大野校註、一九八五）の神酒の供え方は、「酒を平居瓶に納れ」、後取の采女が正殿の室に運び、陪膳の采女が受けて御酒を本柏（柏の葉）に注ぎ、天皇に奉る。天皇は、これを受け供えた神饌の上に注ぎ、その上に本柏を置く。「此の如く四度（度別に瓶を易う）」とあるので、御酒の白酒を二度、黒酒を二度、計四度供える度に瓶を替えている。また、保安四年（一一二三）、幼帝の崇徳天皇を補佐し大嘗祭に参加した藤原忠通の「大嘗会卯日御記」（宮内庁書陵部編、一九八九）には、「白酒・黒酒を供う（白二度、黒二度、合せて四度なり。度ごとに瓶を易う）。後取の采女、瓶子参入。陪膳、本柏を取り御酒を入らしめ、之を献ず」とあり、鳥羽天皇の大嘗祭とほぼ同じ作法を記している。これらと比較すると、『延喜式』の匜四口は、白酒・黒酒を入れ本柏に注ぎ平居瓶や瓶子に対応すると考えられる。

『儀式』では、黒・白酒を北野の斎場から運び込む容器として「瓼（さらけ）」（瓶）を使う。また、『延喜式』践祚大嘗祭では、甕と瓼を使い黒・白酒を醸造している。『延喜式』には、瓼は「口ごとに酒一斛五斗（一五斗＝一五〇升、約一八〇リットル）」ともあるので、甕と同様、液体を容れる大形の容器と考えられる。いずれも尾張国などで作り、大嘗祭の由加物（ゆかもの）（神に供える容器など）として納められており、須恵器の甕に類似した酒器と考えてよい。

以上をまとめると、白酒・黒酒の神酒を供える作法は、甕・瓼（大きな酒器）から匜へと取り分け本柏に注ぐという形に復元できる。酒を甕から酒器に取り分け手ずから注ぐという所作は、酒器が匜から平居瓶や瓶子へと変化しても変わらない、丁重な神への供膳の作法であった。その作法では、酒を注ぐ「匜」などの酒器は不可欠であったと考えられる。

須恵器の瓼・甕と酒　『延喜式』が定める大嘗祭の由加物には、河内・和泉・尾張・三河・備前といった国々で焼かれた各種の容器が多数を占め、そこに匜・甕・瓼が含まれる。その河内と和泉の国の境、大阪府の泉北丘陵には陶邑窯跡群がある。日本列島で最古段階、四世紀末期（栂二三二号窯式）から五世紀初頭（高蔵寺七三号窯式）には窯で焼成する須恵器の生産が始まっており、平安時代に続いていた。また尾張国には猿投窯があり、そのうちの東山古窯跡群は、五世紀中頃前後（陶邑窯の高蔵寺二一六号窯式～大野池四六号窯式）には生産を開始していたと考えられる（山田・鈴木、二〇一一）。つまり、和泉・河内・尾張の由加物の生産と供出は、少なくとも五世紀の中頃以来の伝統を受け継いでいたのである。

日本列島では須恵器生産が始まった初期の段階から、小形壺の胴部に穴を開けた「𤭯」と大形の甕を焼成しており、この器種は継続的に生産され続けた。大形の須恵器甕は、多量の酒の醸造・貯蔵を可能とし、𤭯は甕の酒を取り分け注ぐ作法を可能とした。須恵器の導入により、大嘗祭の核心部分で行われる御酒を供える作法は可能となったといってよいだろう。

また、須恵器の導入は、大形の甕で醸造し、𤭯で注げる「新たな酒」の導入と関係していた可能性が考えられ、それを窺わせる次の説話が『古事記』中巻、応神天皇の百済朝貢の段にある。

> 故、命を受けて（百済国から）貢上りし人、名は和邇吉師。即ち論語十巻・千字文一巻、幷せて十一巻を是の人に付けて即ち貢進りき（此の和邇吉師は、文首等が祖ぞ）。又、手人韓鍛、名は卓素、亦、呉服の西素の二人を貢上りき。又、秦造の祖・漢直が祖と、酒を醸むことを知れる人、名は仁番、亦の名は須須許理等、参い渡り来たり。故、是の須須許理、大御酒を醸みて献りき。是に、天皇、是の献りし大御酒にうらげて、御歌に曰わく、「須須許理が、醸みし御酒に、我酔いにけり、事無酒、笑酒に、我酔いにけり」。

新たな方法で須須許理（ススコリ）が醸造した酒に応神天皇は酔い上機嫌となり、ススコリの酒を「平安と笑顔をもたらす酒」と称えたという。ここで重要なのは、鍛冶と紡織の最新技術を伝える技術者とともに、新しい酒の醸造方法を知る人物が日本列島に来ているという点だ。五世紀代、鍛冶・紡織の最新技術が列島内に渡来していた事実は、すでに考古学資料の研究から明らかになっている。そうすると、ススコリによる新たな酒の醸造法の伝来も、同じ時代の出来事として『古事記』編纂の段階には伝えられていたと考えられる。

これと符号するのが、五世紀初頭頃の本格的な須恵器生産の開始である。須恵器の生産と新たな酒の醸造とは、相互に密接に関連しており、五世紀代には、新たな酒と酒器を加えた神饌とともに祭祀の改変が進んだのではないか。実際、五世紀代の祭祀遺跡からは、初期須恵器の大甕と𤭯（樽形𤭯を含む）が、列島内の東西で共通して多数出土している。五世紀の鍛冶・紡織技術の革新を受けて神々への捧げ物「幣帛」の原形が成立する。これに対応するように、新たな焼成技術で焼かれた須恵器、それを使い新たな醸造法により、𤭯で注げる酒が生産され、後の神饌の重要な品目として加わる。このようにして、五世紀代、後につながる神饌の原形も成立したのではないだろうか。これは、古墳の「祖」に対する祭祀でも同様で、実際に𤭯を捧げ持つ姿を表現した埴輪の女性像は複数発見されている。

図37　𤭯を捧げる埴輪（静岡県郷ヶ平6号古墳採集）

大嘗祭における神酒を捧げる作法の基本は、五世紀代の新たな酒の醸造と酒器の導入を画期として成立したといってよいだろう。

高橋氏と供物　大嘗祭の原形を考えるには、供物の系譜も参考となる。古代の大嘗祭では、正殿の「室」以外に多くの食物を供えた。その一つが、朝堂院の東第一堂（昌福堂）以南と大嘗宮の正殿「堂」に供えた「神御に供ずる雑の物」である（塩川、二〇二〇）。これは、大膳職と造酒司が準備した。『延喜式』によると、鰹・鮭・烏賊・干海鼠、海藻類から干柿・栗・橘・柚など果物、さらに各種の餅などを筥に盛り、鰒の鮨などの発酵食品や油は壺・瓶類に、酒は甕類に入れて並べ供えた。また、鰒・海鼠・魚の腊・海藻・塩を窪手に入れて盛った多加須伎・比良須伎は高橋氏と安曇氏が正殿の「堂」に供えた。

　多加須伎・比良須伎は足が付いた須恵器の食器で、木綿を垂らして飾り、盛った食材の神聖性を強調している。高橋氏の氏族伝承をまとめた『高橋氏文』（延暦年間〈七八二～八〇六〉成立）は、高橋氏の祖、磐鹿六狩命が、安房の海で弓の弭を擬餌針として鰹を釣り、白蛤を捕って調理し、その食膳を景行天皇へと奉った故事を載せる（沖森他編著、二〇一二）。その食膳を盛る食器として「高次・タカスキ」と「枚次・ヒラスキ」が登場する。「神御に供ずる雑の物」は、内膳司の奉膳（長官）として安曇氏とともに天皇の食膳調理を担当した高橋（膳）氏の氏族伝承とも密接に関係していた。

　そして、房総半島の先端、安房地域の沢辺遺跡からは多量のカツオの骨や鱗とともに骨製擬餌針が出土している。年代は六世紀後半頃から七世紀前半まで遡り、当時、擬餌針でカツオ漁を行っていた証である。カツオの脊椎骨には身を三枚におろした刃物の痕跡が残り、ここで集中的にカツオを捌き加工していたと考えられる（笹生、二〇〇四）。このことから、『高橋氏文』が語る安房での鰹の擬餌針漁は、少なくとも古墳時代後期以来の伝統があったと推測でき、タカスキ・ヒラスキを使った海産物の供献も同じ伝統を持っていたと考えられる。

由加物の成立時期　もう一つは、大嘗宮の膳屋に供えた「由加物」である（塩川、二〇二〇）。紀伊・淡路・阿波の国が供進した、布帛類（麁妙）と多種・多量の海産物・農作物・果物などである。由加物の海産物は、紀伊国賀多（海部郡賀太郷）と阿波国の那賀（那賀郡）の潜女（海女）が採り加工して納めることとされている。その品々は、『儀式』によると、賀多の潜女が薄鰒（熨斗鰒）四連、生鰒と生螺（栄螺）各六籠、都志毛（ヒジキカ）と古毛（小甘藻）各六籠、螺貝の焼塩十顆、那賀の潜女が鰒四十五編、鰒の鮨十五坩、細螺（巻貝）・棘甲蠃・石華（カメノテかカキ）など合わせて二十坩である。鮑やサザエなど磯で捕れる豊富な海の幸である。これに加えて賀多の潜女が納める螺貝の焼塩は、栄螺の貝殻に塩を盛ったものと考えられる。賀多の潜女は漁撈活動とともに製塩を行なっていたのである。

これと関連する興味深い遺跡が、賀多の潜女の本拠地、和歌山県の加太湾に近い西庄遺跡である（冨加見編、一九九五・二〇〇三）。この遺跡は、加太湾の南、紀の川河口周辺の浜堤上にあり、発掘調査により古墳時代の漁撈活動の痕跡が明らかとなった。ここでは、五世紀後半（陶邑窯の高蔵寺二三号窯式の段階）を境に多量の製塩土器と製塩炉が確認できるようになり、漁具（釣針、疑似餌、土錘）、魚骨（マグロ、カツオ、サメ、マダイ、クロダイなど）、貝類（サザエ、アカガイ、ハマグリなど）が出土した。製塩土器・製塩炉とサザエ殻の出土は、そのまま螺貝の焼塩を彷彿とさせる（図38「西庄遺跡製塩炉と製塩土器」）。ここで五世紀後半を画期として、大規模な製塩と活発な漁撈が始まっている事実は重要で、西庄遺跡からは、石製模造品のほか、紀氏の墓域と考えられる岩橋千塚古墳群と共通した須恵器が出土している。このため、ここでの活動の背景には、紀氏などの有力者やヤマト王権が関与していた可能性は高

図38　西庄遺跡製塩炉と製塩土器

い。この発掘調査成果からは、紀伊国の由加物の供進は、やはり五世紀以来の伝統にもとづき行われていたと考えてよいだろう。

由加物として大嘗祭で供えられる食材・酒、それを盛り容れる須恵器などの生産は五世紀代を画期として成立し、七世紀以降も受け継がれた。大嘗祭の祭式とともに供える神饌の供給体制が成立する上で、五世紀代が大きな画期となっていたのである。

御膳の起源　米・粟と海産物を中心とした豊富な食材からなる大嘗祭の御膳。その起源は、五世紀以前へと、さらに遡る可能性がある。これをうかがわせる資料が、ヤマト王権誕生の舞台となった奈良県の纒向遺跡で発見された。遺跡の中枢部、大形の掘立柱建物に接して残されていた「祭祀土坑」である。三世紀中頃、大形建物が廃絶するのに前後して掘られ、祭祀・儀礼で供え使用した多量の食材と祭具・土器を埋め納めたと考えられる（橋本〈輝〉編、二〇一三・橋本〈輝〉、二〇一八）。供え物と考えられる食材としては、穀物では稲・粟、魚類の骨にはタイ科・アジ科・サバ科・イワシ類といった海の魚のものがある。鳥・獣骨はカモ科・ニホンジカ・イノシシ属の骨である。さらに、栽培種としては桃の種が二七五九個と多量に出土し、ウリ類とヒョウタン類の種も確認されている。

祭具としては黒漆塗りの弓、剣形の木製品、ミニチュア土器があり、土師器の甕・壺形土器も多く出土した。その中には口の部分の断面が

図39　纒向遺跡祭祀土坑出土ミニチュア土器

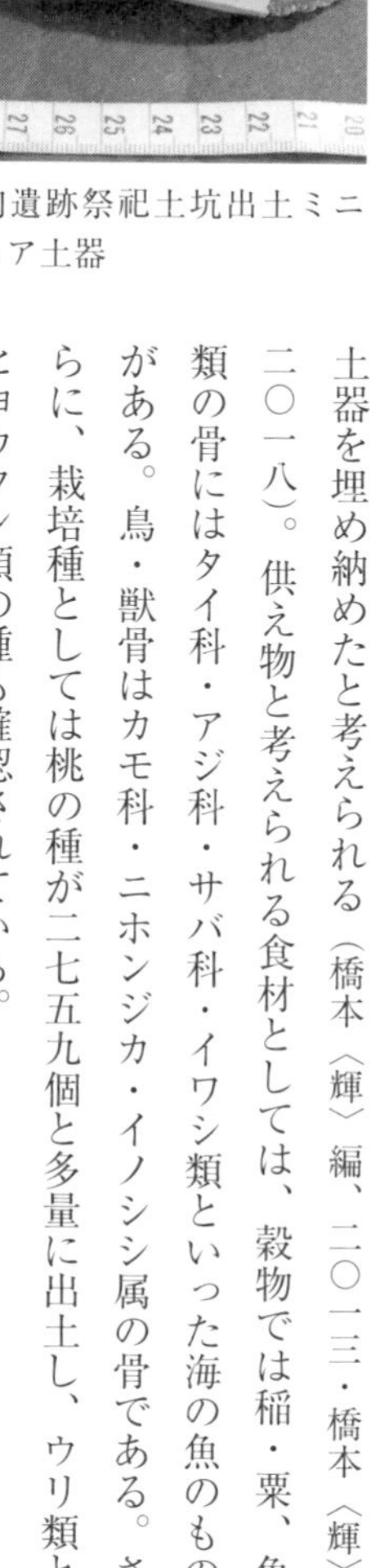

「S」字状で器壁が薄いという特徴から、伊勢湾沿岸の地域で作られたと判断できる祭祀用のミニチュア土器（煮沸用の台付き甕）があった。多数の海の魚とともに、伊勢湾沿岸から纏向遺跡の祭祀の場に持ち込まれたのだろう。稲・粟に始まり、タイ・アジといった海の魚、さらに果物の桃まである食材の組み合わせは、鳥・獣類を除けば、大嘗祭の多様な御膳の内容と通じあう。

祭祀土坑が掘られた三世紀中頃は、纏向遺跡の南側に最初期の前方後円墳、箸墓古墳が築かれた年代である。本格的な前方後円墳の築造と並行して、ヤマト王権が成立した舞台、纏向遺跡の中心部では伊勢湾沿岸地域と交流して多量の海産物を持ち込み、祭祀が行なわれていた。箸墓古墳と祭祀土坑の年代的な一致は単なる偶然ではなく、両者は密接に関係していたのではないだろうか。そして、伊勢湾沿岸と結びついた祭祀の伝統は、古墳とともにヤマト王権の祖先祭祀「新嘗」として受け継がれ、五世紀代に新たな要素を加え、七世紀後半の天武天皇の時代、大嘗祭として最終的に整備されたのではないだろうか。

なぜ伊勢なのか　ではなぜ、三世紀にヤマト王権は伊勢湾沿岸の地域とつながる必要があったのか。これを考えるうえで参考となる遺跡がある。太平洋に面した房総半島の海蝕洞穴、千葉県の「こうもり穴洞穴遺跡」である。この遺跡の発掘調査では、洞穴内で約五メートルにわたり多量のアワビ殻が集中する地点を確認し、一緒に約四〇点の卜骨と土器が出土した（岡本、二〇〇三）。卜骨は、焼きを加え亀裂を入れ神意・吉凶を卜った獣骨で、卜甲よりも古い弥生時代以来の卜占の道具である。出土々器には、口の断面が「S」字状で器壁が薄い、明らかに伊勢湾沿岸で作られた甕形土器があり、年代は三世紀後半で

出土甕形土器

出土卜骨

出土アワビ殻

図40　こうもり穴洞穴遺跡出土遺物

ある。古墳時代初頭、東国の房総の海辺では、伊勢湾沿岸の地域と関係しながら、卜骨で神意を卜い、集中的にアワビ漁を行なっていたことになる。この直前の三世紀中頃、ヤマト地域の纏向遺跡では、やはり伊勢湾岸地域の土器と豊富な海産物を用いて祭祀を行なっていた。この事実から考えると、三世紀代、ヤマト地域は伊勢湾岸地域を中継して東国のアワビ漁とつながっていた可能性は否定できない。そして、『延喜式』は大嘗祭の「神御に供ずる雑の物」に「東鰒（あずまあわび）」（東国産のアワビ）を加えている。

『日本書紀』垂仁紀の天照大神の御誨（みおしえ）に「神風の伊勢国は、常世（とこよ）の浪の重浪帰（しきなみよ）する国なり。傍国（かたくに）の可怜（うま）し国なり」との讃辞ある。この背景には、海産物を始め天然資源が豊かな東国とヤマトとを結ぶうえで、伊勢湾沿岸の地域が重要な役割を果したという、ヤマト王権の成立期、三世紀以来の古い記憶があるように思われる。日本列島の東西を結び、ヤマトを中心に一つの国としてまとまっていく。これを実現するには、伊勢を含む伊勢湾沿岸の地域とヤマト地域の関係は極めて重要であった。その古い記憶が伊勢で皇祖神を祀る神宮の祭祀と、古代の大嘗祭の中には受け継がれていたのではないだろうか。

五　中世の大嘗祭へ

狭い正殿　『儀式』と『延喜式』が記す古代の大嘗祭は、そのまま平安時代の後期を経て鎌倉・室町時代へと継承されたのかというと、そう単純ではなかった。奈良時代の大嘗宮が中心部分の構造は維持しながら部分的に変化し続けたように、平安時代においても大嘗宮の変化は続いていた。早い段階で変化し始めたと考えられるのは、正殿の規模と構造である。

十三世紀初頭の正殿の柱配置は、『後鳥羽院宸記』の指図で知ることができ、それは天平宝字二年（七五八）の淳仁天皇の正殿と同じで、柱の配置や「室」と「堂」の間仕切りの構造は、八世紀中頃以来の構造を踏襲していた。しかし、平安時代の末期、正殿の規模に変化が生じていたことが記録からうかがえる。

まず、天仁元年（一一〇八）の鳥羽天皇大嘗祭の記録『天仁大嘗会記』には次の記載がある。

> 其の神座の体、八重帖（やえだたみ）三行なり。延喜式ならびに一條大将抄、小野宮右大臣抄、清涼新儀式等、近代行う所と大いに相違す。掃部寮の古老の説と称し、二行に之を敷く。

ここで問題となっているのは、正殿の「室」中央に置く第一の神座（寝座）の設置方法である。十世紀の『延喜式』などでは第一の神座となる帖は三行に並べることとなっているが、最近では、その通りにできず、掃部寮（帖の設置を担当する）の古老の説ということで二行に置いている。その原因は、「大嘗宮径狭」つまり大嘗宮が狭いからだとしている。

保安四年（一一二三）、崇徳天皇の大嘗祭記録『大嘗会卯日御記』にも、次のような類似する内容がある。

> 神座は西北に迫りて供すべきか。東南の狭少、神膳を供ずるの間（あいだ）、甚だ便宜（びんぎ）無きなり。

これは、幼帝の崇徳天皇を補佐して悠紀院での祭祀に参加した藤原忠通が、主基院の祭祀に臨む直前に指示した言葉である。幼帝とともに供膳祭祀を行なった忠通は、その狭さを実感したのだろう。本来はたのである。

正殿「室」の中央に設置すべき第一の神座を、主基院の正殿では室の西北へ寄せて置き直すよう指示したのである。

『儀式』が定める正殿の規模、桁行が四〇尺、梁間十六尺は、平城宮で発見された八世紀前半の正殿から、ほぼ変化はない。それでも帖を横三行に並べるには幅が狭い。それに加えて、十二世紀前半の鳥羽天皇と崇徳天皇の正殿では、十世紀とは異なった状況、具体的には正殿が狭く、それまでのように神座の設置ができなくなっていたのである。

平安宮の荒廃　ここで問題になるのが、大嘗宮を建てた平安宮朝堂院の状態である。天徳四年（九六〇）、内裏が焼失して以降、内裏の荒廃がすすみ、里内裏へと移行したことはよく知られている。実際、鳥羽天皇と崇徳天皇は内裏に常住していない。あわせて、発掘調査により平安宮全域における殿舎・官衙の変遷傾向が明らかになってきた。それによると、平安宮内では十一世紀後半から十二世紀にかけて急速に遺構数が減少する。宮の中枢の朝堂院は、十一世紀後半以降も修造を行い維持されてはいた。しかし、十二世紀前半には、宮内の遺構数がさらに減少、宮城内の荒廃が進んでいたと考えられる。この時期、すでに豊楽院は廃絶しており、保安元年（一一二〇）頃に成立する『今昔物語』には、朝堂院の会昌門と応天門の間を横切る道路「内野通り」の描写がある。十二世紀前半には、宮城内と朝堂院の周辺は一般人が自由に出入りできる状態で荒廃が進んでいたのである（上村、二〇〇七）。まさに、鳥羽天皇・崇徳天皇の大嘗祭が斎行された年代にあたる。

この時期、朝堂院や周辺施設が荒廃・廃絶したことで、『儀式』『延喜式』の規定通りに大嘗宮を造営するのは難しくなり、結果として大嘗宮の規模・構造に変化が起きていたのではないか。古代宮都の衰退・変質とともに、大嘗宮は変化を余儀なくされていたのである。

正殿の階　大嘗宮の正殿の建物構造は、この時期、確かに変化していた。それを示すのが、『大嘗会卯日御記』の次の表現である。

筵道（えんどう）に任せて渡御。大嘗宮の南の階（きざはし）を昇り給う。諸司等は皆階下に留まる。

これは、崇徳天皇が廻立殿から悠紀院へ渡御し正殿に入られる場面である。この中で「天皇は南の階を昇る」と表現する。正殿の床は、地面から高い位置にあり、そこへと階で昇ったと解釈できる。そもそも、『儀式』が定める大嘗宮正殿の床は、直接、地面に草束を敷く構造である。しかし、近世の大嘗宮の絵画資料をみると、正殿は床下に床束を入れ、床は地面より一段高く階を描いている（図17「孝明天皇大嘗宮図」、五四頁）。この構造は、十二世紀前半までに大嘗宮が変化した結果なのである。この構造の正殿は中世から近世へと受け継がれ、令和の大嘗宮も踏襲した。床束と床を伴う構造が成立する背景には、古代末期から中世にかけて、床をはる形で住居建築が変化したことが影響していた可能性が考えられる。

供膳作法の混乱　すでに触れたとおり、十一世紀末期には豊楽院は廃絶し、少なくとも大嘗祭の節会は、十二世紀初頭の時点で『儀式』『延喜式』が定めるとおりには開けなくなっていた。このような平安宮の荒廃は、大嘗宮を変化させ、そこでの祭祀の祭式・作法に変化と混乱をもたらした。大嘗祭の中核、天皇と采女が御膳を供える作法そのものにも混乱が生じていた。

十三世紀初頭の『後鳥羽院宸記』には、御膳を盛った平手を、どのように神食薦の上に並べるかについて、白河院の御説と陪膳の采女、安芸の説の二通りを記している。白川院の御説は「二行様」と名付けられ、御飯などの平手五枚を二列平行に並べ重ね、中央に菓子の平手を置く。一方の安芸の説は「五出様」とされ、御飯などの平手を五角形に置き、中心に菓子の平手を置く。後鳥羽上皇は、この二説のうち、白河院の御説を上説として尊重している。

藤原忠通の『大嘗会卯日御記』には、大嘗祭が進行するなか、直接、白河法皇に指示や助言を仰ぐ場面がたびたび出てくる。十一世紀後半から十二世紀前半、平安宮が荒廃し従来通りに大嘗祭が行えなくなるなかで、その再編成と継承に白河法皇が果たした役割は大きかったと考えられる（木村、二〇二〇）。だからこそ、この時期に、大嘗祭の詳細な祭式・作法の記録が続けて残されたのである。

神観の変化　祭場と祭式に、十世紀以前とは断絶が生じたり、異なる要素が入ってきたりすると、そこで祀る神の解釈にも新たな要素が入る余地が生じ、神観そのものが変質していくこととなる。

室町時代の十五世紀、祭祀対象の主祭神について、一条経嗣の『応永大嘗会記』には「神座・神服をまうけて、まさしくあまてる大神（天照大神）を勧請し申されて」とあり、一条兼良『代始和抄』は「まさしく天てるおほん神（天照大神）をおろし奉りて」と書いている。祭神の天照大神が「勧請」し「おろし奉る」対象として認識されていることは明らかである。「勧請」とは、東大寺二月堂の十一面悔過「お水取り」の「諸神勧請」（堀池他編著、一九九六）のように仏教法会で使用する用語であり、神名を唱えることで神霊を招くという意味で使用し、伝統的な神祇祭祀とは異なる、仏教的な神仏の解釈が基礎となっている。この解釈が、大嘗祭の祭神に直接当てはめられているのである。それは、古代の「神座」を通して他所に「坐す」神を祀るのとは異なる神の考え方である。これは、見方を変えれば、『日本書紀』を仏教で再解釈した「中世日本紀」と同じであるといってもよい。

柳田国男が「稲の産屋」で「大嘗の日の神殿の奥に、迎えたまう大神はただ一座、それも御褥御枕を備へ、御沓杖等を用意して」と表現した祭神のイメージは、「迎えたまう大神」という表現から明らかなとおり、十五世紀の一条経嗣・兼良の解釈の延長線上にある。さらには、折口信夫が祭祀対象の神霊を憑依させるとした、祭祀の場に設ける「依代」の考え方にまで連続してくるように思われる。

十一世紀後半以降、朝堂院の荒廃と大嘗宮の変化が、祭式・作法の混乱・変化を招き、それは最終的に、祀る神の考え方、神観の変質へとつながっていたのである。「神を迎える」というような神観や「依代」を歴史的に考える場合、このような歴史的な流れと変化を視野に入れておく必要はあるだろう。そこで次章では、古代の祭祀が変化し始める十世紀の状況を細かくみていくこととしよう。

第三章　平安時代の災害と神々の変貌

一　九世紀後半から十世紀の災害

大嘗祭の詳細を記す『儀式』が編纂された九世紀後半の貞観年間（八五九〜八七七）、清和天皇の治世は、日本列島の各地で多くの自然災害が発生した。それは十世紀までつづき、古代の社会に深刻な影響を与えることになった。まずは、貞観の災害の様子を正史『日本三代実録』でみてみよう。

貞観の噴火・地震　貞観の災害を特徴づけるものに、大規模な火山噴火がある。その兆候は、すでに貞観以前からあった。八世紀末期の天応元年（七八一）、延暦十九年（八〇〇）・二十一年に富士山が噴火。承和七年（八四〇）には伊豆諸島の神津島近海で海中火山が噴火し、日本列島の火山活動は活発化していた。そして貞観六年（八六四）に富士山の側火山が大噴火する。大量の溶岩が流出して甲斐国では「百姓の居宅、海（湖）と共に埋もれ、或いは宅有りて人無きもの、其の数記し難し」という甚大な被害が発生した。同年、肥後国の阿蘇山が噴火、貞観九年にも噴火した。火山の噴火は続き、貞観十三年に出羽国の鳥海山、貞観十六年に薩摩国の開門岳が噴火し、周辺の農業生産に深刻な被害を与えている。この時、朝廷は火山噴火を火山の神の意志の発現とみて、富士山の浅間大神、鳥海山の大物忌神には鎮謝の祭祀を行い、開聞岳の開聞神へと封二〇戸を奉った。火山活動に行為者を直観し、それを神として、その意志に応えて祭祀を行なったのである。

火山活動の活発化と連動するように、貞観十一年五月二十六日に陸奥国で大地震が発生した。その震動で人々は「伏して起きる能わず。或は屋仆れ壓死し、或は地裂け埋殪す」とあり、地震による家屋倒壊や地割れで犠牲者が出ていた。また「城郭・倉庫、門櫓・墻壁、頽落し顛覆する、その数を知らず」とし、陸奥国の軍事・行政の拠点、多賀城では大きな被害が発生した。加えて津波の勢いは凄まじく、『日本三代実録』は次のように描写する。

> 海口は哮吼し、聲は雷霆に似る。驚涛・涌潮、泝洄漲長し、忽ち城下に至る。海を去ること数十百里。浩々として、その涯涘を弁ぜず。原野道路、惣て蒼溟となす。船に乗るに遑あらず、山に登るに及び難し。溺死者千ばかり。資産苗稼は殆ど孑遺する無し（一つも遺らない）。

海は雷鳴のような音をたて、逆巻く怒濤は海から溢れ、津波となり内陸の多賀城の直下まで押し寄せ約一〇〇〇人が犠牲となった。平成二十三年（二〇一一）三月の東日本大震災を彷彿とさせる凄惨な事態が起きていた。これを機に日本列島の地殻活動は活発化したのだろうか、この後、十世紀にかけて地震が頻繁に発生した。

旱魃・洪水・疫病　また、『日本三代実録』の貞観年間には水害・洪水・旱魃の記録が多い。貞観元年は、四月七日に陸奥国で洪水、二十四日に大雨。六月は霖雨（長雨）となる。翌二年の六月三日には「五月より霖雨、大水」とあり、夏季の長雨に苦しんだ。貞観三年は雨が降らなかったが、貞観四年は一転して四月に洪水が発生、「河水汎溢し、行路は通じ難し」とあり、貞観五年六月にも霖雨で「人民愁う」とある。九世紀後半の貞観年間には、長雨と旱魃が繰り返す不安定な状況となっていた。

そのなかで貞観九年の長雨は特に深刻だった。四月から雨が続き、五月三日には霖雨（長雨）が止むことを神に祈る告文が出された。そこには「方今、百姓の耕種の時なり。しかして去んぬる四月より霖雨止まずして、農業流損すべし」とあり、農作業への影響が危惧されている。しかし、告文の祈りは通じず、五月四日には「大雨洪水。往還通じ難し」とあり、洪水で京中には賀茂川の水が流入、道路は通行困難となった。五月二十九日には「宮城京邑に病苦死喪する者衆し、（中略）去んぬる月より此の月まで霖雨。人すこぶる之に苦しむ」とあり、長雨に加えて疫病の犠牲者が増えていた。

多くの人間が集住する平安京へ洪水で泥水が流入すれば、生活空間で衛生状況は一気に悪化し、感染症が流行する。このような災害の連鎖が発生していたことは、容易に想像できる。古代都市、平安京での洪水は、都市インフラへのダメージに留まらず、その後の感染症（疫病）の流行を準備することになったと考えられる。そのようななか、貞観五年五月に疫病の沈静化を祈り行われたのが、平安京神泉苑での御霊会であった。

寛平から延喜・延長　九世紀末期から十世紀は、さらに災害は頻発し激しくなった。平安時代の歴史書『日本紀略』で主だった災害記事をたどってみよう。

宇多天皇の治世、寛平八年（八九六）は五月に洪水が発生。翌年八月には祈雨奉幣（雨を祈るために神社へ幣帛を奉ること）が行われており、旱魃となった。醍醐天皇が即位する寛平九年には既に「疫癘」（疫病）の記事がある。翌年の昌泰元年（八九八）五月八日、朝廷が特に重要とする十六ヵ所の神社（十六社）に祈雨奉幣、六月二十二日、天下の疾疫により、宣命使を御霊会で祀られた藤原夫人（吉子）の墳墓に遣わしており、疫病はおさまっていなかった。七月三日、今度は二十二社に祈雨奉幣、二十三日は大地震とあり、洪水・旱魃につづき疫病蔓延・大地震が発生していた。

十世紀に入った延喜二年（九〇二）は閏三月に天下疾疫、七・八月に旱魃、延喜八年の夏は旱魃。翌九年の夏は洪水と霖雨となり、疾疫は前年の夏から継続していた。この年の六月には右大臣が諸卿を率いて鴨川の堤を実見している。洪水対策だろう。延喜十年の六月は霖雨が止まず、洪水・氾濫が発生。しかし、七月は旱魃に転じている。目まぐるしく旱魃と長雨を繰り返す激しい気象変化の影響は、ほどなく農業生産に現れ始める。延喜十三年九月には諸国で水田耕作が難しいことを示す「諸国不堪」と、風水害の損害が朝廷へと報告されている。延喜十五年になると疱瘡が流行。翌十六年は「雨が降らず、井泉枯渇す」との状態となり、神泉苑の泉水を京の人々に開放した。十八年は一転して洪水、二十年・二十一年になると、新たな感染症「咳病」が流行し始め、「不堪」の記事が続く。二十二年は「病厄」「旱魃」「諸国不堪」（諸国で耕作不可能な状況）が連鎖する状態となった。

延喜二十三年も咳病が蔓延するなか、三月二十一日、皇太子の保明親王が二十一歳の若さで薨去する。これについて京の人々は「菅帥（かんのそち）（菅原道真）の霊魂の宿忿の為す所なり」と噂したという。貞観年間の御霊に続き、ここに政争に敗れ怨みを残して死んだ菅原道真の霊魂が登場する。この年の閏四月十一日、水潦・疾疫（大雨と疫病）のため延長へ改元する。しかし、延長年間も三年は炎旱（炎暑の旱魃）、七年は大風・洪水。八年は春に疫病が流行、五・六月は雨が降らなかった。このため、六月二十六日、殿上で諸卿が請雨について議していたところ、清涼殿の坤（ひつじさる）（南西）の第一柱に落雷、大納言以下の要人が死亡・負傷する惨事が発生した。著名な清涼殿への落雷事件である。このため醍醐天皇は不豫（ふよ）（病気）となり、ついに崩御された。

承平・天慶から天暦　つづく、朱雀天皇の承平・天慶年間は、平将門と藤原純友が大規模な内乱を起したことで知られているが、大雨、旱魃に加えて地震の記録が多い。承平八年四月十五日に京で大地震が発生、余震は十五日間継続した。また、陰陽寮は占で「東西に兵乱の事あり」と報告し、五月二十二日には天慶に改元。五月二十六日は大雨で、河川が溢れ、六月三日には再び大地震が発生。二十日は地震の発生とともに鴨川が氾濫、京中の家屋が流出した。天慶四年（九四一）の八月は炎旱、九月は霖雨。翌五年の六月十四日は、藤原通憲（信西）が編纂した歴史書『本朝世紀』に「近来、疾疫の事、多く閭（りょ）里（り）（市内や村里）に聴こえ、餓死の輩すでに街衢に満つ」とあり、旱魃と疫病の蔓延で多数の犠牲者が出て遺体が都市内に放置されるという凄惨な状態となっていた。

「天暦の治」として知られる村上天皇の天暦年間（九四七〜九五七）は、元年の六月が霖雨、七月は大風で京中の家屋に被害が発生。閏七月には「日来の天変・物恠（ぶっかい）、世間の妖言、事に触れて甚だ多し」とある。連続する災害のため都市内では不穏で不確実な噂が飛び交い社会不安が広がっていた。この頃から疱瘡が流行し天皇・上皇ともに罹患、赤痢も流行、朝廷は米百斛（こく）、塩三十籠を京の人々へ救済のため支給した。天暦二年は、さらに不安定な天候となる。五月から七月までは炎旱で、祈雨のための諸社奉幣、神泉苑の請雨経法、東大寺などでの仁王経転読といった祭祀・儀礼が盛んに実施された。ところが、九月は霖雨となり、「天変・恠異・霖雨を祈らんがため」石清水八幡宮以下の五社に奉幣使を発遣している。

天徳・応和から寛和　十世紀後半も不安定な気候はつづいた。天徳二年（九五八）、夏を迎えた四月三日は「寒気、冬のごとし。氷雪間降す。世以て恠（かい）となす」とあり、明らかに異常気象で、翌五月五日には長雨（霖雨）に関して御卜を行っているので、五月まで長雨がつづいたのだろう。七月二十九日の「相撲召合はせ」では「音楽なし」とし、その理由を「春夏の間、飢饉疾疫の故なり」としている。夏の異常気象は飢饉と疫病を発生させていたのである。

そして、翌月の閏七月九日には次の記事がある。

> 一狂女あり。待賢門前において死人の頭を取り、これを喰（く）らう。此の後、往々、諸門に臥す病者、生きながらに啖（く）わる。世もって女鬼となす。

平安宮の待賢門前に、飢饉・疫病の犠牲者だろう、死体が放置されており、一人の女性が、その頭をとって食べていた。この後、彼女は、平安宮の複数の門に身を寄せていた疫病の罹患者を、生きながら食べるようになり、世間では、彼女を「女鬼」と呼んだ。飢饉による食糧不足と疫病が生んだ悲惨な状況である。

天徳四年も「天下病患。炎旱」の記事があり、事態は収束していない。六月は天下疾疫を除くため内裏で百僧が大般若経を転読。七月は旱魃に対処する目的で龍穴で読経。神泉苑の池水を給水。陰陽寮が神泉苑で雩祭（雨乞の祭祀）を行った。また、山階陵（天智天皇）、柏原（桓武天皇）、深草（仁明天皇）などの陵墓へ山陵使が派遣された。これも炎旱（旱魃）のためである。なお、この年の九月二十三日夜、内裏が焼亡するという大事件が発生している。

応和二年（九六二）は五月二十九日に「洪水汎溢し、京路通ぜず。鴨河の堤破壊す」とあり、鴨川の堤防が洪水で決壊。六月になると、伊勢、石清水、賀茂以下の十六社などに、霖雨を止めるため奉幣。十七日には田邑山陵（文徳天皇陵）に使者を遣わした。「霖雨の祟に依るなり」としており、長雨は祟りと認識されていた。翌三年は炎旱。康保二年（九六五）は、八月二十八日に大風で京中の家屋に被害が出ており、三十日は大風のため洪水。九月二十一日には大地震があり、翌日から十月一日にかけて余震と思われる地震が続いている。翌三年の七月は天下疾疫となり、七大寺、延暦寺、東寺、西寺、御霊堂、上出雲寺、祇園などの諸寺で読経が行われた。翌々月の閏八月、今度は洪水が発生した。

冷泉天皇の治世は、旱魃が続いたのだろう。安和二年（九六九）の六月・七月、天禄二年（九七一）の六月と祈雨奉幣が行われている。また、天禄三年六月には神泉苑で請雨経法を実施している。次の円融天皇の治世、天延年間は天変地震により改元されて始まった。天延二年（九七四）は疱瘡が蔓延し、八月二十八日には天暦元年の例に倣い、疱瘡の災いを払うため大祓を実施。九月八日は、同じ目的で伊勢神宮以下の十六社に奉幣。閏十月十七日には、伊勢斎王の隆子女王が斎宮で疱瘡に罹患して卒去してしまう。天暦元年の疱瘡蔓延は、後に語り継がれ記憶として残る深刻なもので、天延二年は、これに匹敵する状況であったと考えられる。

この後、貞元元年（九七六）は地震頻発。天元二年（九七九）と三年は大雨洪水。天元五年から永観元（九八三）・二年は旱魃、二年は少雨のため年穀が実らない事態となり、旱魃は花山天皇の寛和年間（九八五〜九八七）まで続いた。

永延・永祚から正暦　十世紀末期は、さらに事態は深刻となる。一条天皇の治世、寛和から改元した永延元年（九八七）は、五月に丹生・貴船社へ祈雨奉幣、大極殿の読経、神泉苑の請雨法と続けて実施され、六月は神泉苑の池水を放出。深刻な旱魃が発生していた。翌々年の永祚元年（九八九）は、八月十三日の夜に大風が吹き荒れ、承明門・朱雀門・真言院など平安宮の建造物と京内の民屋が顚倒した。鴨川の堤は流損し、賀茂社・石清水八幡宮・祇園天神堂でも被害が出た。さらに畿内の海浜・河辺で高潮が発生、「海浜河辺の民烟、人畜田畝このために皆没す。死亡損害、天下の大災、古今無比」とあり、未曽有の災害とされるほど畿内全域が深刻なダメージ受けていた。平安京と畿内地域は、大型台風の直撃をうけていたのではないだろうか。

元号が改まった正暦二年（九九一）の五月から七月は旱魃、翌三年の五・六月は「東西京中洪水」「大雨洪水」となる。そして、正暦四年の五・六月は咳逆の疫が流行、八月には疱瘡が加わる。翌五年も感染症は猛威を振るい続け、四月から七月までに「京師の死者半を過ぐ。五位以上六十七人」とあり、京の都市民の半数以上や朝廷の高官多数が犠牲となる惨状を呈した。永祚元年以来の風水害が招いた平安京の都市機能の混乱・低下に加え、畿内の耕作地の荒廃から食糧不足となり、食糧を求める人々は平安京へ流入し、正暦四・五年の爆発的な感染症の大流行へとつながったと考えられる。天暦年間の災害と疱瘡・赤痢の流行の関係と同じメカニズムだったのだろう。正暦五年には「左京三條南油小路西の小井」の水を飲めば病気に罹らないとの噂が広まり、多くの人々が殺到、また妖言により公卿から庶民まで門を閉ざして外に出なかったという。平安京は、度重なる災害の結果、流言蜚語が飛び交う深刻な社会不安に覆われていたのである。

二　災害の実態と環境変化

降雨量傾向の復元　歴史書が伝える九世紀後半から十世紀の災害の実態とは、いかなるものだったのか。別の観点から検証してみたい。ここで手がかりとなるのが、第一章第二節で取り上げた中塚武氏の「年輪による年別降雨量傾向」に関する研究である。その内容について、改めて触れておきたい。中塚氏は樹木年輪のセルロースが含む酸素同位体の比率を計測し、それを一九六〇年から一九九一年までの平均値と比較。その偏差（平均値を0とし、それとの差）から、年ごとの年輪が形成された夏期の降雨量傾向を復元した。つまり、空気が乾燥傾向となると、樹木の葉から質量の小さな（軽い）酸素からなる水が優先的に多く蒸散する。このため年輪には質量の大きな酸素同位体が残り、その比率が高くプラスとなる。逆に比率が低くマイナスならば、蒸散が少ないので雨が多く湿潤傾向であったと推定できる。

このようにして、過去二六〇〇年間の降雨傾向の変動を年単位で明らかにした（中塚監修、二〇二一・中塚、二〇二二）。

最近の出来事と比較すると、このデータの意味がイメージしやすいと思う。例えば、平成五年（一九九三）は、マイナス一・四二で湿潤傾向となる。この年の夏は冷夏で、八月を中心に長雨がつづき、稲作は極端な不作となった。結果、米不足となり、大量の外米を輸入した。「平成の米騒動」として記憶に残る方は多いだろう。

第一章の図4（一八頁）は、そのような降雨傾向の変動を、過去二六〇〇年間にわたって示したものである。ここでは、次の四時期で大きな変動が認められる。①紀元前六〇〇年頃、弥生時代前期の湿潤から乾燥傾向への転換、②紀元前一世紀頃から紀元後三世紀、弥生時代中期後半から古墳時代初期にかけての湿潤への転換、③九世紀後半から十一世紀にかけての乾燥傾向、④十六世紀から十八世紀、戦国時代から江戸時代中期にかけての極端な湿潤傾向である。先に、『日本三代実録』と『日本紀略』でみた災害は、まさに③の乾燥傾向の時期に相当する。

平安時代の変動　この時期の変動を、さらに細かくみてみよう。次頁の図41に、八世紀から十三世紀までの変動を示した。これを見ると、九世紀後半から十世紀は乾燥（少雨）と湿潤（多雨）が短期間に繰り返す変動の激しい気候であったことが分かる。特に、天暦二年（九四八）をピークとして、過去二〇〇〇年間で最も乾燥傾向が顕著な時期であった。

九世紀後半では、貞観九年（八六七）がマイナス二・四六となり、極端な湿潤傾向を示す。これに対

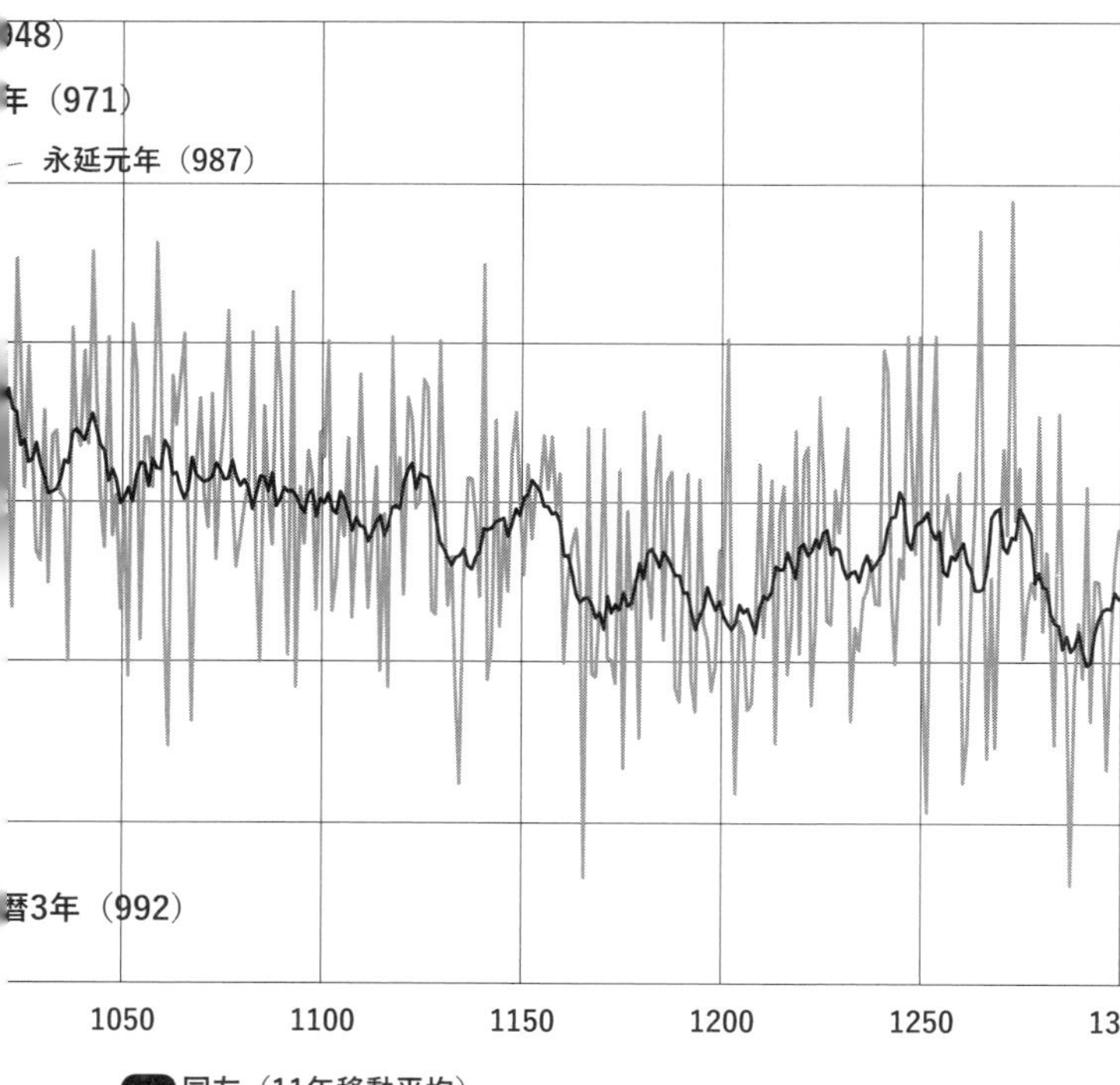

同左（11年移動平均）

ける年別夏季降雨量傾向の変遷

応するように『日本三代実録』の貞観九年五月には、「大雨洪水。往還通じ難し」「去んぬる月より此の月まで霖雨」などの記事がならぶ。平成五年のマイナス一・四二と比較して深刻な状況であったことが想像できる。つづく寛平八年（八九六）はマイナス一・四四で、やはり明確な湿潤傾向である。『日本紀略』（以下、『紀略』）では五月に洪水が発生、「農流損せんとす」とあり、農業生産に深刻な影響がでていた。

十世紀に入った延喜十年（九一〇）から十三年は乾燥

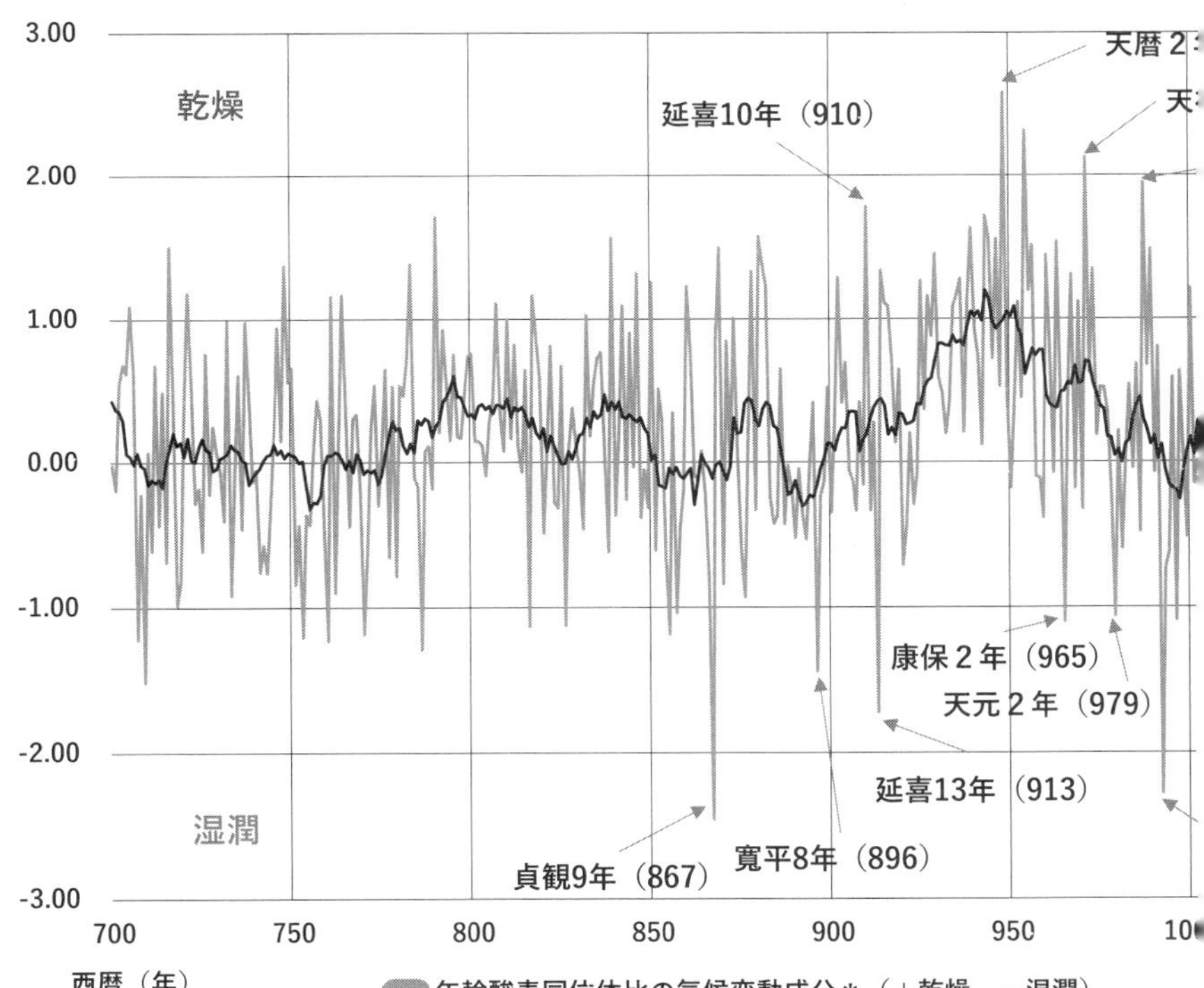

図41　8世紀から13世紀にお

と湿潤が急激に変化している。延喜十年はプラス一・七八と乾燥傾向で、『紀略』では六月は「洪水」、七月は「炎旱」となっている。同十三年はマイナス一・七二と強い湿潤傾向で、これに対応するように、『紀略』は同年九月に「諸国不堪」（耕作不能）、「風水の損」（風水害による損失）の報告を記録している。

天暦二年はプラス二・五八と、前後の数百年にない乾燥の極に達している。『紀略』は五月から七月までの長期の旱魃を記録し、祈雨奉幣・請雨の修法・法会が行われており、年輪による降雨量傾向と一致する。十世紀後半に入った康保二年（九六五）はマイナス一・一一で湿潤、天禄二年（九七一）はプラス二・一三で乾燥に転じ、天元二年（九七九）はマイナス一・〇六と再び強い湿潤傾向となった。短期間で極端な湿潤と乾燥を繰り返す激しい変動を示している。『紀略』は、康保二年の大風・洪水・地震、天禄二年の十六社への祈雨奉幣帛、天元二年の大雨・洪水を記録している。このように極めて激しい気候変動のなかで、天延二年（九七四）の疱瘡流行は発生していたのである。

十世紀末期、永延元年（九八七）はプラス一・九四、正暦三年（九九二）はマイナス二・二八で、乾燥から湿潤へと短期間に激しく変化している。これに対応して、『紀略』では永延元年は深刻な旱魃、正暦三年は大雨・洪水の記録があり、この間に永祚元年の大風が発生、正暦四年以降には平安京で感染症が大流行した。

年輪による年別降雨量傾向は、九世紀後半から十世紀の歴史記録と整合する。しかし、それだけではなく、この時期の旱魃や大雨・洪水は、降雨量傾向の長期の変動でみると、前後の時代にまして深刻なものであったことが明確となる。

平安京の変化　これは、気候の問題に留まらなかった。日本列島の各地で、河川周辺や海浜部で地形そのものが変化していた。その状況は、考古学の発掘調査により明らかになっている。

まず、平安京の周辺では鴨川流域の地形が変化した。河角龍典は、発掘調査で判明した土層の堆積状況をもとに、十世紀から十一世紀前半までに鴨川の河床（川底）が低下し、十一世紀前半までには河川沿いに高さ約二メートルの段丘崖が形成されていたことを指摘した。鴨川の東岸、京都大学病院構内遺跡の発掘調査では、段丘崖に粘土を貼り付け護岸とした遺構（SX6）を確認している。その粘土には平安時代中期の土師器（平安京Ⅱ期・十世紀）が含まれていたため、鴨川と支流の高野川では、十世紀には河底が低下し、周辺に段丘崖ができていたと考えてよい（河角、二〇〇四）。

図42　京都大学病院構内遺跡 SX 6 写真

『紀略』には、十世紀初頭の延喜九・十・十六年の夏に鴨川の堤を実検・巡検する記事があり、鴨川の堤の管理が継続的に行われていた。しかし、十世紀後半の応和二年（九六二）五月二十九日に「鴨河の堤破壊す」、永祚元年（九八九）八月十三日には「鴨河堤所々流損す」とあり、洪水のため河川が浸食され、堤の維持が難しくなっていたのだろう。京都大学病院構内で発見された、段丘崖を人為的に粘土で被覆した遺構は、崩れやすい砂礫層の崖面を、河川の浸食から防ぐ護岸工事の痕跡である（泉編、一九八一）。これは鴨川・高野川の氾濫により、周辺の浸食が進み、地形が変化していたことを物語る。十世紀、鴨川の堤の流損記事と一致する状況である。また、河底が低下し段丘崖が作られた後では、鴨川西岸の平安京の左京は、洪水の危険性が減少、住環境は良くなったと考えられる（河角、二〇〇四）。これにより、左京を中心に市街化が進み、古代の平安京は中世都市へと変化し始めたのである。

各地の環境変化　河川の浸食が進む現象は、東日本においても起きていた。関東地方南部、房総半島の小櫃川・小糸川の中流域では、十世紀以降に支流の川筋が変化したり、周辺の条里水田と一致する小規模な谷地形を作ったりする現象が確認できる。河川本流の川底が浸食で低下したため、それに接続する支流が移動したり、条里水田の灌漑用水路が深くなったりした結果と考えられる。

一方で河口付近の海辺では砂の高まり「砂堆・浜堤」が発達した。小糸川の河口付近、海辺の古代集落、千葉県富津市の狐塚遺跡では七世紀から集落は続いていたが、九世紀後半を最後に廃絶。その上を、十四世紀までの間に厚い砂の層が覆っていた。同じ現象は、東京湾奥に流れ込む花見川の河口付近、千葉県千葉市の居寒台遺跡の集落でも確認されている。洪水などの突発的な出水により、河川の上・中流域で浸食が進むと、削られた土砂は下流から河口へ、さらに海へと流出し、それが海岸へと寄せられて砂堆が発達したと考えられる（笹生、二〇一〇）。

同様の状況は、北陸地方で認められる。石川県羽咋市の寺家遺跡は、日本海と潟湖（ラグーン）の邑知潟の間の砂丘上に立地し、古代の気多神社の祭祀の場と神戸集落に当たる集落跡が発見されている。この八・九世紀の集落は十世紀の初頭、砂丘の移動による多量の砂の堆積で一気に埋没した（中野他編、二〇一〇）。また、福井県の敦賀市の海浜部では、九世紀までの製塩遺跡の立地から、十世紀以降、中世までに新たな浜提が形成されていたと推定できる（川村編、一九八九）。おそらく、十世紀頃を境として羽咋の場合は手取川、敦賀の場合は笙の川・井ノ口川からの土砂流出量の増加が原因したと考えられる。洪水などの突発的な出水と河川浸食が影響していた可能性は高い。

古代の羽咋と敦賀の海辺には潟湖（ラグーン）や入り江の地形が復元でき、そこが重要な港湾機能を果たしていたと考えられる。しかし、十世紀以降の海浜における砂丘・砂堆の形成は、この港湾機能に変化を与えていたと考えられる。これと連動するように、敦賀から南に峠を越えた琵琶湖北岸、滋賀県長浜市の塩津港遺跡では、古代の遺構面が九世紀後半から十世紀代に無遺物の細砂・灰褐色粘土層に覆われていたことを発掘調査で確認している（横田編、二〇一九）。この間、人間活動は認められず、水没など大きな環境変化があったと推測できる。十世紀を中心とした時期は、古代の港湾機能が地形変化により終焉を迎え、新たな中世の港湾景観がつくられていく大きな画期となっていたと考えられる。

地形・環境変化の影響　これまでみてきた地形・環境の変化が、古代社会に与えた影響は、少なくなかっただろう。河川の河底が低下したり、川筋が変化したりすれば、河川を給水源とする、それまでの灌漑用水は機能を喪失し、水田への給水方法そのものの大規模な造り換えが必要となる。さらに、港湾となる水辺や海浜の地形変化が交通・物流に与えた影響は大きかったと考えられる。

十世紀以降、列島内では伝統的な古代の集落遺跡が解体・消滅する傾向が各地で認められる。ほぼ同時に展開する、古代集落の変化と災害による環境変化は、相互に密接に関係していたのではないか。災害が頻発・激甚化する十世紀頃を境に、平安京が中世の都市へと変化し始め、地方においても中世の地域社会への移行が確実に進行し始めていたのである。十世紀の災害と地形・環境の変化は、新たな時代の扉を開いたといっても過言ではないだろう。

三　宗教面での災害対応

十世紀の災害対応　九世紀後半から十世紀、朝廷は激しくなる災害に対して祭祀・宗教面で、いかなる対応をとったのか。ここでは、年輪による降雨量傾向で乾燥傾向がピークとなる天暦二年（九四八）の例を取りあげてみよう。

まず、天皇の意志により神に幣帛を捧げ、雨を祈る「祈雨の奉幣」が行われた。天暦二年では、五月に殿上人を丹生・貴布禰社に遣わし甘雨を祈り、六月に改めて甘雨を祈るため、朝廷が特に重要と考える十六ヵ所の神社「十六社」に奉幣している。あわせて、五月には五ヵ所の陵墓へ使者を派遣して雨を祈っている。

仏教での対応は、五月に龍穴で読経、大極殿で『大般若経』（『大般若波羅蜜多経』）の読誦、東大寺で『仁王経』（『仁王護国般若波羅蜜多経』）の転読（経典の要所を省略して読む）を行い、宮中真言院では「孔雀経法」を実施した。加えて朱雀院法師を八幡宮や賀茂社へ遣わし甘雨と稲の豊作を祈っている。また、旱魃のため、軽犯罪の者六人が恩赦された。これは『薬師経』（『薬師瑠璃光如来本願功徳経』）の災害対応にもとづく。六月になると、七ヵ所の神社で雨を祈るため『仁王経』を転読、十一社と龍穴神に僧侶を派遣。さらに諸社・龍穴・東大寺で『仁王経』を転読し、神泉苑では律師寛空に「請雨経法」を行わせている。仏教面では、護国経典『大般若経』と『仁王経』の読誦・転読とともに「孔雀経法」のような最新の密教修法が加わっている。

天暦二年以外の例をみると、十世紀の災害対応としては大祓と陰陽道の祭祀がある。大祓は延喜十五年、天暦元年、天延二年の疱瘡の流行にあたり実施している。これは、天武天皇五年（六七六）、災害に伴い実施された大祓の伝統によると考えられる。一方の陰陽道祭祀は、九世紀後半の貞観五年に虫害を除くために行った「高山祭」に始まり、その後は盛んとなる。十世紀になると、疫病に対処する「鬼気祭」、旱魃に際しては「雩祭・五龍祭」などが執行された。

十世紀、朝廷による宗教的な災害対応は、律令国家成立時以来の伝統的な神祇信仰と経典の解釈を軸としながら、新たな制度「十六社・二十一社奉幣」に、最新の密教系の修法と陰陽道祭祀を加え、できる限りの対応をしていたのである。

桓武朝から仁明朝の画期　以上の災害対応のなかで、「十六社（二十一社）奉幣」「山陵遣使」「仁王会」は、八世紀末期から九世紀前半、桓武天皇から仁明天皇までの時代が節目となり成立していた。十六社奉幣は、桓武天皇の延暦七年（七八八）、伊勢神宮と名神へ雨を祈る名神奉幣に起源があり、嵯峨天皇の弘仁年間（八一〇〜八二四）には祈雨・止雨のため丹生・貴布禰社への奉幣が行われた。続く淳和天皇の天長元年（八二四）になると風雨の損を除くための祈願の奉幣が実施され、これが豊作を祈る「祈年穀奉幣」へとつながっていく。名神奉幣が延暦年間に始まる背景には、桓武天皇の強い意志が働いていた可能性が高い。桓武天皇は、天皇の明確な意志にもとづいた祭祀の体制で、国内の安全・安寧を維持することを意図していたと考えられる（岡田、一九九四）。それは、名神（各地の霊験ある神々）への奉幣使の発遣に天皇自らが立ち会い国の安寧を祈ったという『日本紀略』の次の記事から推測できる。

延暦十六年六月壬申（十八日）。七道諸国の名神に奉幣す。皇帝（桓武天皇）南庭において親ら臨まれ発す。以て万国安寧を祈るなり。

桓武天皇の時代が古代祭祀の大きな画期であったことは、大嘗祭の変化からもうかがえる。第二章で触れたとおり、大嘗祭は、天武天皇以来、皇祖神を祀り国内の平安を祈る一代一度の天皇祭祀として続けられてきた。平城宮の東区朝堂院で発見された元正・聖武・淳仁・光仁天皇の大嘗宮の正殿は、代ごとに一棟分ずつ南へ移動させて造られた。祭祀の場の清浄性を確保するためである。しかし、桓武天皇の大嘗宮正殿は光仁天皇の正殿と重なり、『儀式』の規定と同じく朝堂院の東西第二堂の間で固定した。この結果、大嘗宮の南には、皇太子や官人が大嘗宮を拝礼する空間を恒久的に確保できるようになった。天皇家の祖先神の祭祀に律令の官僚組織を組み込んだ形式へと発展させたのである。また、桓武天皇の時代までは定型化していなかった廻立殿（天皇の潔斎・控えの建物）は、嵯峨天皇の代には、大嘗宮の北側に隣接する建物として固定し、『儀式』が記す大嘗宮の構造、大嘗祭の祭式が成立したと考えられる。桓武天皇から嵯峨天皇の時代に『儀式』が記す大嘗祭の祭式が確立し、これと並行して、天皇により国家の平安を祈る祭祀の形態として、天皇の意志を明確に反映した「奉幣」は成立したと考えられる。

奉幣の対象となる神社は、特定の神社に固定化した。それが十六社奉幣である。十六社とは、神宮（伊勢）、石清水・賀茂・松尾・平野・稲荷（以上、山城）、春日（大和）、大原野（山城）、大神・石上・

大和・広瀬・龍田（以上、大和）、住吉（摂津）の十四社と、水源となる山に坐して雨の神として祀る丹生（大和）、貴布禰（山城）の二社である。十世紀末期、激しい旱魃・洪水が発生し疫病の蔓延が深刻となっていた時期、正暦二年に吉田（山城）・北野（山城）・広田（摂津）の三社、正暦五年に梅宮（山城）、長徳二年（九九六）に祇園（山城）が加わって二十一社となり、最後に長暦三年（一〇三九）、日吉（近江）が追加され二十二社奉幣は成立した。

山陵と祟り　天暦二年には神々への奉幣とともに、五ヵ所の陵墓（山陵）へ使者を派遣した。似た事例として、応和二年（九六二）五月、田邑山陵（文徳天皇陵）に霖雨の祟のために使者が派遣されている。十世紀、災害（旱魃・霖雨）の原因を天皇陵墓の祟りと結び付け、山陵への遣使が行われていた。山陵の祟りについては、延暦十一年（七九二）、安殿親王の病気の原因を崇道天皇（早良親王）の祟りとする記事（『日本紀略』）にはじまり、桓武天皇から嵯峨天皇の時代が一つの画期となっていた。さらに、『続日本後紀』の承和八年（八四一）には、神功皇后陵の祟として旱魃が発生した記事があり、天災と陵墓の祟りとの明確な関係性が認められるようになる。

ここで注意しておきたいのは、非業の死をとげた早良親王などの陵墓だけでなく、天皇・皇后の山陵へと祟りとの関係が拡大している点である。桓武天皇以来、天皇の意志にもとづく祭祀という意識が高まるなか、過去の天皇・皇后の人格を象徴する遺体を納めた山陵への意識も敏感になったと推測できる。それが災害時に山陵へ使者を派遣することにつながっていたのだろう。そこには、特定の故人の意志・人格と、その遺体を納めた墓とを結びつける、人間の認知機能が働いている。山陵や墓への遣使は、故人の人格を最も強く直観させる遺体と墓に働きかける形といってよいだろう。それは、御霊である崇道天皇の陵墓や藤原吉子の墓への遺使も同じ背景で行われており、この延長線上に、安楽寺（太宰府天満宮）として発展した菅原道真の墓所も位置づけられる。

「仁王会」の盛行　仏教での災害対応では、天暦二年のように、「般若」（知恵）の力により災いを鎮める護国経典『大般若経』と『仁王経』の法会が多く行われた。なかでも旱魃や疫病などの災害に対応するための臨時「仁王会」は、仁明天皇の承和十年（八四三）以降、たびたび行われるようになり、特に十世紀初頭の延喜年間から頻度は高くなる。さらに、天皇即位に伴い、大嘗祭と対をなし国内の平安を祈る「一代一度の大仁王会」は、淳和天皇の天長二年（八二五）の例を嚆矢として、清和天皇の貞観二年（八六〇）の例以後は恒例化していく。そこには、空海が将来した不空訳の最新の護国経典『仁王護国般若波羅蜜多経』の存在が大きく影響していたと、西本昌弘氏は指摘する（西本、二〇二〇）。

このように見てくると、十世紀代、朝廷が行なった宗教面での災害対応は、桓武天皇・嵯峨天皇・仁明天皇の時代に成立した形式が原形となっていたといえよう。そして、それらが、九世紀後半から十世紀代、災害が頻発し激甚化するなかで拡大・発展して定着した結果が、十世紀代の朝廷の宗教的な災害対応であったのである。

御霊会の成立　清和天皇の時代、災害は頻発し疫病が蔓延するなか、『日本三代実録』は新たな神祭りの成立を伝えている。貞観五年五月二十日に平安京の神泉苑で行われた御霊会である。祀る対象は、謀反の疑いをかけられたり、政争に敗れ失脚したりして、非業の死を遂げた六人の霊「御霊（ごりょう）」である。

その六人とは崇道天皇（早良親王）、伊豫親王、藤原夫人（吉子）、観察使（藤原仲成カ）、橘逸勢、文室宮田麻呂である。『日本三代実録』は「並びに事に坐して誅せらる。冤魂厲をなし、近代以来、疫病頻発、死亡するもの甚だ衆し、天下のおもえらく、此の災、御霊の生ずるところなりと」と記し、人々は、恨みを残して死んだ彼らの霊魂が疫病を引き起こしていると考えた。ここには、非業の死を遂げたという特別な死者の人格と、疫病蔓延を結びつける直観、人間の認知機能が働いている。

貞観五年の御霊会の祀り方について、もう少し細かく見てみよう。まず、祀るに当たっては、御霊の「霊座」を設け、その前に莚を敷き几を置き花・果物を供えた。「霊座」を設けることは、『儀式』の大嘗祭の「神座」と同じである。「神座」を設け、神を祀る方法は、さらに古く遡る。『日本書紀』天智天皇九年（六七〇）三月九日には「山御井の傍に、諸神の座を敷きて、幣帛を班つ。中臣金連、祝詞を宣る」とあり、神の座を設け、幣帛（捧げものの貴重品）を供え祝詞を読み上げる情景を表現する。神座を設けて、神を祀る形は、少なくとも七世紀以来の伝統を持つ古い神祭りの形であった。御霊を、霊座を設けて祀るのは、古い祭祀の形式を踏襲していたといってよいだろう。しかし、祭りの内容は伝統的な祭祀とはまったく異なっていた。花を供え「恭敬薫修」し、律師慧達という僧侶を講師として金光明経一部と般若心経六巻を説いており、仏教法会の形式をとっていた。

もう一つ、御霊会の大きな特徴は、楽や舞、芸能が披露された点にある。これは、仏教法会に伴う要素と考えられる。朝廷の雅楽寮の伶人（楽の演奏者）は楽を奏し天皇近侍の児童と良家の子供が舞い、また、散楽（曲芸などの雑芸）は、その技を競った。芸能は、非業の死を遂げた人々の御霊を慰める意味があったのだろう。しかし、それだけではなかった。天皇は神泉苑を開放し、京の人々の縦覧（見物）を許している。朝廷も関係した楽や舞など一流の芸能は、災害と疫病に疲弊していた人々に広く公開され、彼らの目まで楽しませていたのである。

民衆の祭り　そもそも、この御霊会は朝廷が始めたものではなかった。『日本三代実録』は、次のように続けている。御霊が疫病を広め、多くの人々が死亡しているので、京と畿内、さらに国内諸国まで「夏天・秋節に至る毎に御霊会」を行い、「或は仏を礼し経を説き、或は歌い且つ舞」った。その様子は大変に賑やかであった。総角に髪を結った童子を美しく装わせ、走る馬上から弓を射たり、屈強な男性が片肌を脱ぎ相撲をとったりした。また馬を走らせ勝ちを争ったり、倡優（芸能者）は芸能を披露したりして、代わるがわるに技を競ったという。ただし、倡優は「嫚戯」、つまり「みだらな戯れ」をしたとの表現があるため、彼らの出し物には朝廷が好ましくないとする要素があったのだろう。これらの競技・芸能を観覧するため、多くの人々が集まったという。この民間の御霊会を踏襲して神泉苑の御霊会は行われたのである。この祭祀に伴い芸能などを披露し、一般の多くの人々が観覧する形式は、十世紀に神輿などを加えて「祭礼」として発展することとなる。九世紀後半から十世紀の災害は、民衆が主導し多数の人々が参加・観覧する新たな祭祀「祭礼」を成立させていった。この時代の災害には、そのような側面を読み取る必要があるだろう。

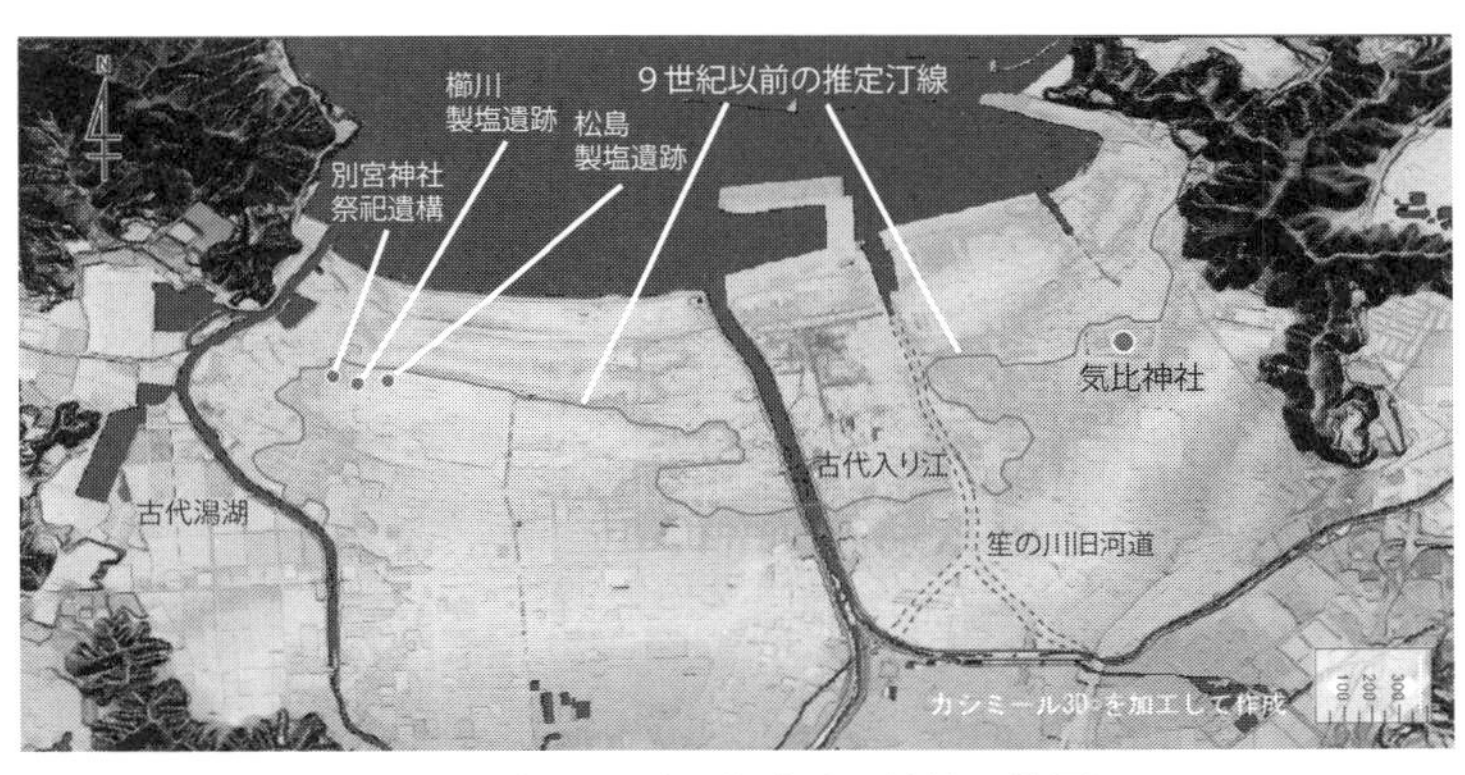

図43　敦賀の地形図と遺跡・神社の位置図

四　変貌する神々

坐す神の変化　九世紀後半から十世紀、災害の頻発と激甚化、それに伴う地形・環境の変化は、伝統的な神々を祀る場に大きな変化をもたらした。その具体的な様子は、都と北陸を結ぶ交通の要衝、先にふれた滋賀県の塩津と福井県の敦賀、石川県の羽咋で確認できる。これらの地には、港湾に適した自然環境、奥深い波静かな湾、船を安全に停泊できる潟湖があり、その自然環境の働きに神を直観し神々が祀られた。それが塩津・気比（敦賀）・気多（羽咋）の神々であった。

琵琶湖北岸の塩津港遺跡では、港湾に面して九世紀以前の神社遺構と考えられる建物跡を確認している。また、敦賀の海浜には古代の港湾として機能したと考えられる古代の入り江や潟湖の地形が復元でき、その岸辺に気比の神を祀る気比神社と別宮神社祭祀遺構が立地する（川村編、一九八九）。また、羽咋では邑知潟と日本海の間の砂丘上に、古代の気多神社の祭祀の場と神戸集落と考えられる寺家遺跡がある。塩津・敦賀・羽咋の神々の神観は、その場の環境と密接に関係する。港湾に適した自然環境に、『日本書紀』が記す「住吉の神」と同じく、港を出入りする船舶を見守るという神を直観して祀ったと考えられる。「記紀」や『延喜式』が記す、特定の場所に「坐す神」という古代の神観である。

しかし、これらの場所の環境は、さきに見たとおり九世紀後半から十世紀以降、気候変動の影響を受けて大きく変化した。塩津の古代の遺構面は、九世紀後半から十世紀に琵琶湖に水没。敦賀では十世紀以降、九世紀頃までの海浜の北側に二列以上の砂の高まり（浜堤）が堆積し、古代の港湾機能は大きく変化したと推定できる。十四世紀初頭、気比神社の西参道が湿地化し、時宗の他阿上人真教が海浜から砂を運び参道を改修した「お砂持ち」を行なった（遊行寺蔵『遊行上人縁起絵』による）。これは、十世紀以降の地形変化に対応したものと考えられる。また、羽咋では寺家遺跡に展開した気多神社の神戸集落が十世紀初頭に砂丘の移動により埋没、十一世紀までに溝で区画され井戸を伴う建物群（館群）が成立して景観は一変した。神祭りの場と邑知潟の港湾機能に大きな変化が生じていたと推測できる。

このような現象は海浜・水辺のみではなかった。河川周辺では、洪水による水田への土砂堆積に加え、賀茂川や小櫃川・小糸川のように浸食により河底が低くなり、流域の水田では地下水位が低下したり、灌漑用水の河川からの取水地点が機能しなくなったりした可能性が考えられる。十世紀の記録にたびたび記された「不堪」は、水田が耕作不能となったことを示す。当時の洪水・旱魃に加え、地形の変化を考慮すると、それは決して誇大な表現ではなかったのだろう。

古代の神々の存在は、自然環境の働きと直結していた。それが、深刻な災害のなか大きく変化した。港湾を見守ってきた神々、灌漑用水の水を恵んできた水分・山口に坐す神々や河川の神々は、地形・環境が変化したことで、それまでのような働きができなくなった。これについても当時の人々は、洪水・旱魃といった災害そのものとともに神々の乱れと考えたのではないだろうか。

『仁王経』の鬼神　このような状況下で頻繁に実施されたのが、最新の護国経典にもとづく「仁王会」であった。基本となる経典は、空海が日本にもたらした不空訳の『仁王護国般若波羅蜜多経』（『仁王経』）である。その護国品第五では、災害から国土を守護する神の姿が語られる。該当部分をみてみよう。

> 時に世尊、波斯匿王(はしのく)等諸大国王にのりたまわく。諦(つまびら)かに聴き、諦かに聴け。我汝等のために護国の法を説かん。一切国土もし乱れんとする時、諸の災難あり賊来りて破壊せん。汝等諸王まさに此の般若波羅蜜多を受持・読誦し、道場を厳飾し、百仏像・百菩薩像・百師子座を置き、百法師を請い此の経を解説せよ。諸座の前に種種の香を焼き、諸雑花を散じ、衣服・臥具・飲食・湯薬・房舎・床座一切の供事を広大供養せよ。日ごとに二時、此の経を講読せよ。もし王・大臣・比丘尼(びくに)・優婆塞(うばそく)・優婆夷(うばい)、聴受・読誦し如法に修行せば災難は即滅せん。大王諸国土中に無量鬼神あり。一一また無量眷属あり。もし是の経を聞けば汝の国土を護らん。もし国乱れんとすれば鬼神まず乱る。鬼神乱るが故に即ち万人乱る。まさに盗賊起こりて百姓喪亡することあるべし。国王・大子・王子・百官、相互に是非し、天地、変怪し、日月・衆星、時を失い度を失い、大火・大水及び

大風等あらん。是の諸難起こらば、まさに皆、此の般若波羅蜜多を受持・講説すべし。もし是の経を受持・読誦せば、一切所求の官位・富饒・男女・慧解・行来は随意にして、人天の果報、皆満足を得て、疾疫・厄難、即ち除愈することを得る（『大正新脩大蔵経』No.二四六による）。

冒頭では、災害が発生し王が治める国土が乱れるときに、「『仁王経』を講説すれば災難は即滅する」と経典・法会の功徳を説き、あわせて法会「仁王会」の執行方法を説明する。つづいて、国土中の鬼神について述べる。国土には無数の鬼神がいて、それぞれに眷属が従っている。もし、その鬼神・眷属が『仁王経』を聞けば国土を守護する。そして、鬼神が乱れることで万人が乱れ、国内の人民は滅びる、とする。この国土と国王を、日本と天皇に当てはめると、国土中の鬼神・眷属は、日本国内の神々（神祇）を指すことになる。つまり、日本の神々は『仁王経』を聞くことで、国土を守護すると説いているのである。

この『仁王経』の内容は、十世紀前半には実際に行われていた。『日本紀略』に次の記事がある。

◎延喜二十二年（九二二）五月二十九日、名僧を十一社に請いて三箇日を限り仁王経を転読せしむ。京中の病厄を消さんがためなり。

◎天暦二年（九四八）六月二日、七社において今日より三箇日を限りて仁王経を転読せしむ。雨を祈るなり。五日、この日、諸社・龍穴・東大寺において、今日より三箇日を限りて、仁王経を転読せしむ。甘雨を祈るなり。

疫病を鎮めるため十一社（十一ヵ所の神社）で、また雨を祈るため七ヵ所の神社と諸社（各地の主要な神社）で、『仁王経』を転読させている。この背景には、『仁王経』護国品が説くように、神社で『仁王経』を読み上げれば神々が聞き、国土を守護する存在となる、との考えがあったのは明らかだろう。ここで日本の神祇は仏教経典の論理により、日本の国土を守護する神々となる。この理解が前提となって、王城を守護する神々「王城鎮守の神」という神観は成立したと考えられる。

勧請される神々　「王城鎮守の神」という名称は、十一世紀の初頭には確認できる。上島亨氏は、「王城鎮守諸大明神」が平安後期に創設された法会に登場し、その最古の例が長保四年（一〇〇二）に始まる「最勝講」であるとする。この「王城鎮守諸大明神」は、伊勢・石清水・賀茂・松尾・平野など二十一社の神々である。これらの神々は、神の名を唱えることで、法会の場に神霊が来臨する「勧請（かんじょう）」の対象となっていた。「勧請」とは、仏教の用語であり、本来は仏に説法と人々の救済を請願することを意味し、さらには法会の道場に仏・菩薩の来臨を請願することも意味する。日本の神々は、仏教の論理で国土・王城の鎮守の神になると同時に、名を唱えることで法会の場に来臨する「勧請される神々」となったのである（上島、二〇一〇）。

勧請の対象となったのは、王城鎮守の二十一社（二十二社）の神々だけではなかった。滋賀県の塩津港遺跡の神社遺構から出土した起請文木札には、多くの神々を勧請する表現がある（塩津港遺跡出土、起請文木札F13-100）。冒頭に、五道大明神、日月五星、廿八宿、炎魔法王、四大天王といった道教と仏教に由来する神々・諸天の名を書き、次に王城鎮守の神々として上下の賀茂・祇園・稲荷・春日・八幡などの神々をあげ、つづいて近江国鎮守の山王七社、地元の浅井郡の竹生嶋弁財天・塩津五所大明神、

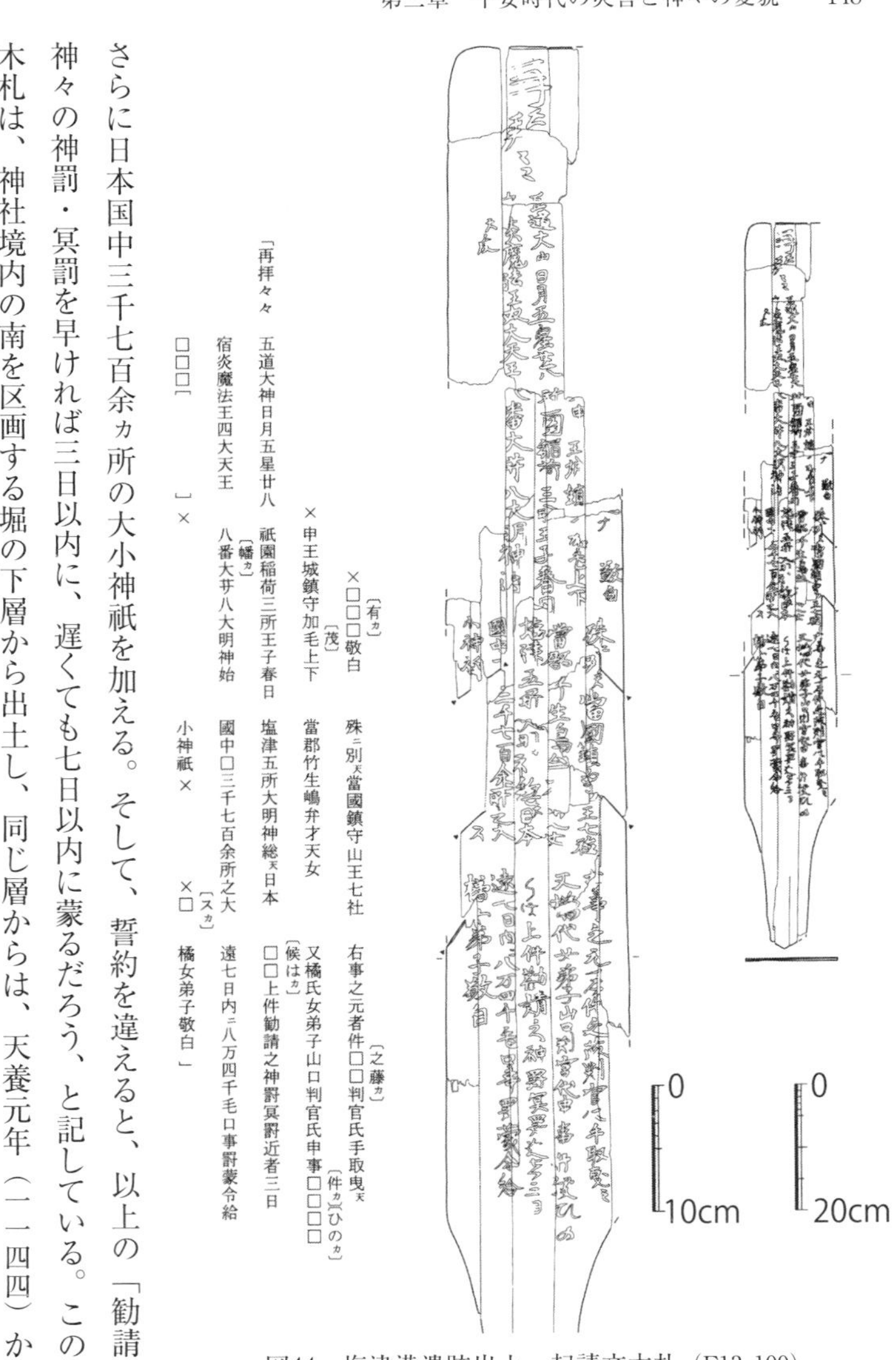

×□□□〔有ヵ〕敬白　殊ニ別天當國鎮守山王七社　右事之元者件□□〔之藤ヵ〕判官氏手取曳天
×申王城鎮守加毛〔茂〕上下　當郡竹生嶋弁才天女　又橘氏女弟子山口判官氏申事□□〔件ヵ〕□□〔ひのヵ〕
「再拝々々　五道大神日月五星廿八　祇園稲荷三所王子春日　塩津五所大明神総天日本　□□〔候はヵ〕上件勧請之神罰冥罰近者三日
宿炎魔法王四大天王　八番〔幡ヵ〕大菩八大明神始　國中□三千七百余所之大　遠七日内ニ八万四千毛ロ事罰蒙令給
□□□〔　〕×　小神祇×　×□〔スヵ〕　橘女弟子敬白」

図44　塩津港遺跡出土，起請文木札（F13-100）

さらに日本国中三千七百余ヵ所の大小神祇を加える。そして、誓約を違えると、以上の「勧請」した神々の神罰・冥罰を早ければ三日以内に、遅くても七日以内に蒙るだろう、と記している。この起請文木札は、神社境内の南を区画する堀の下層から出土し、同じ層からは、天養元年（一一四四）から治承年間（一一七七〜八三）までの年紀を記した木札が出土しており、この木札も十二世紀中頃から後半の年代を推定できる（横田・濱編、二〇一九・水野編二〇二〇）。したがって、すでに、この時代には王城鎮守の神々だけでなく、国や郡など、地方の神々までが、仏教の「勧請」の対象となっていたのである。

塩津港遺跡は、平安京と北陸道を結ぶ交通路の要衝として、十二世紀代には急速に発展し、ここを多くの人々が通行していた。これらの人々を通じて勧請する神という神観は、十二世紀代には、急速に地方へと浸透していたと考えてよいだろう。この神観にもとづき、各国内の安寧を祈る法会の場に神々を勧請する神々の名簿「国内神名帳」や、その神々を国府の近くにまとめて祀る「総社」は成立していたのである（水谷、一九八五）。

神を降ろす　しかし、古代の「坐す神」の神観は存続した。九世紀後半の貞観五年、御霊会では、御霊の「霊座」を設け花・果物を供えるという、伝統的な「坐す神」と同じ方法で御霊は祀られた。これは、神が移動するための神輿にも受け継がれた。神輿は、神座で神が物理的に移動するための乗り物であり、神名を唱えることで来臨する「勧請する神」とは対照的な、古い祭祀の発展形と考えてよいだろう。神輿の問題は、「祭礼」の成立とあわせて次章で細かくみることとしたい。

また、大嘗祭も十三世紀前半までは、古代的な「坐す神」の神観を残していた。第二章で述べたように、『後鳥羽院宸記』に記された、大嘗祭での天皇の「申し詞」は、冒頭に「伊勢の五十鈴の河上に坐す天照大神」とあり、主祭神の天照大神は、あくまでも伊勢の神宮に坐すとの認識で、大嘗祭において天皇は申し詞を述べられていた。

しかし、それから約二百年の後、大嘗祭の神観は変化した。応永二十三年（一四一六）、一条経嗣が記した『応永大嘗会記』では大嘗祭について「神座・神服をまうけて、まさしくあまてる大神（天照大神）を勧請し申されて」とある。また、経嗣の子、一条兼良の『御譲位之記』（『代始和抄』）では「まさしく天照おほん神（天照大神）をおろし奉りて」と説明する。主祭神の天照大神について、一条経嗣は大嘗宮に「勧請」するとし、兼良は「おろし奉る」と表現する。たしかに、一条経嗣・兼良父子の説明は天皇ご自身の認識を示すものではない。それでも一条経嗣と兼良は関白などを歴任し、朝廷の中枢で活躍した人物である。彼らの説明は、大嘗祭で祀る神に関して、当時の主流となる考え方であったと判断してよいだろう。

即位に伴う最も重要な天皇祭祀である大嘗祭でさえ、十五世紀初頭までに仏教の「勧請」を主祭神に当てはめ、さらに「勧請」を「おろし奉る」と表現していた。「神をおろし奉る」の表現は、岡田莊司氏が指摘しているように、中世の吉田神道の「神下し・神上げ」の作法と関係し、さらには明治時代に成立する神社の祭式「明治祭式」にまで影響を与えている（岡田、二〇二〇）。また、祭祀に当たり神霊が依代に依り憑くという、折口信夫が『髯籠の話』で示した「依代」の考え方と通じるものである。しかし、その基礎には、平安時代の十世紀代、自然災害の頻発と激甚化の中で組み込まれた「勧請される神」という新たな神観からの強い影響を考えなければならないだろう。

第四章　神輿と祭礼の誕生

一　移動する神

祭と祭礼　日本の祭りというと、笛・太鼓のお囃子や神輿を思い浮かべる人は多いだろう。賑やかにお囃子が響くなか、屋根に金色の鳳凰が輝く神輿を多くの若者が勢いよく担ぎ、神輿が通る道に沿って大勢の老若男女が見物する。日本各地で行われる祭りの情景である。神輿は日本の祭りの象徴といっても過言ではない。ならば、なぜ祭りに神輿は必要なのか。また、どのような歴史的な経緯で成立し、いかに現代まで伝わってきたのか。この質問には、意外と即答しにくいように思われる。これに答えるには、古代から現代までの長い時間幅で神の考え方や祭りの変遷を明らかにしなければならない。

この問題を正面から取り上げたのが、日本民俗学の根幹を作った柳田国男である。柳田は、昭和十六年（一九四一）に東京帝国大学で行なった講義をもとに、翌年、『日本の祭』を著わした。柳田民俗学における「祭」の理解を、わかりやすくまとめた著作である。日本の祭りの性格や意味を知るうえで、現在まで多く参照されている。その冒頭「祭から祭礼へ」で、柳田は「祭」と「祭礼」の違いと、祭礼が生まれた背景について、次のように考えを述べている。

本来、日本の祭は、大嘗祭・新嘗祭のように宵（夕）と暁（朝）に御神饌を供え、夜どおし奉仕するものであった。それが、次第に宵と暁の間隔が短く、または長くなり、日中の屋外での所作が多くなる。すると祭を見物（観望・観覧）する人々の群が発生し、不特定多数の人々が参加・観覧する「祭礼」が成立する。祭礼では、「見られる祭」を美しくしようと心がける一方、古くからの神祭りの方法を温存したので、祭礼には新旧の要素の組み合わせが発生したと、柳田は説明する。この祭礼の特徴として、神輿が移動する美しい行列「神輿の渡御」を挙げている（柳田、一九六九）。

神馬と神輿　さらに柳田は神輿の性格について、甲州御嶽における夏の祭礼の見聞にもとづき、以下の見解を示している。

この祭には先づ金色の神輿が出て、それには神殿の御鏡を神官が袖に奉じて、輿の中へ御移し申す式もあるのだが、他の一方には神馬がその行列の中に加はつて居る。（中略）特別の鞍があつて其中央に御幣を立てるやうになつて居る。（中略）本来は是が神霊の依坐（よりまし）であつたことは疑いはいれない。即ち新式の飾り御輿を、爰（ここ）でもいつの頃からか擔（かつ）ぐことにはなつて居るのだが、其爲に前々から有る神馬（しんめ）でお迎へ申す方式は中止しなかつたので、二通りの乗物が連なることになつて居るのである（『日本の祭』祭から祭礼へ）。

ここでは、神が移動する手段として御幣を立てた神馬が古い方式で、金色の飾り御輿（神輿）は、いつの頃からか加わった新しい形とする。柳田は同じ文章のなかで「神々の降臨、すなわち祭場に御降りなされる」「神が上空から降りたまうものと信じていた民族」とも述べている。神は祭りにあたり、「降臨、降る」のであり、それは古いものとの認識があったことは間違いない。この認識にもとづき、神が降るのが「依坐」であり、その「依坐」こそ、神馬の鞍の中央に立つ「御幣」であると、柳田は考えたのである。

しかし、ここで注意したいのは、「神が降臨する・降る」という表現である。それは、第三章でふれたとおり、仏教の考え方「勧請」からの強い影響を考えざるをえない。この考え方を、古い時代、古代にまで当てはめてよいのか。そこで、この章のはじめに古代における移動する神々の記録を確認しておこう。

上京した八幡神　これまで見てきたとおり、古代の人々は、神は特定の場所に「坐す」と考えた。一方で、自らの意志で移動した神の記録も存在する。その代表例が、奈良時代に九州から奈良の都、平城京に上京した八幡神である。移動の記録は『続日本紀』に残されている。天平勝宝元年（七四九）十一月、九州宇佐の八幡神は、聖武天皇が発願した大仏建立を助けるため都へ向かうと託宣して平城京へと出発した。経過を『続日本紀』でたどってみよう。

・十一月己酉（十九日）。八幡の大神、託宣して京に向う。

・十一月甲寅（二十四日）。（中略）路次の諸国、兵士一百人以上を差し発して、前後を駈除せしむ。
　また、歴る国、殺生を禁断す。その従人の供給には、酒・宍を用いず、道路を清め掃き、汚穢せし

図45　宇佐八幡宮本殿

めず。

・十二月戊寅（十八日）。正六位上柿本小玉、従六位高市連真麻呂に二十人を遣して、八幡神を平群郡に迎えしむ。是の日、京に入る。即ち、宮南の梨原の宮において新殿を造りて、以て神宮と為す。

・十二月丁亥（二十七日）。八幡大神の禰宜尼大神朝臣社女（その輿は紫色なり。一ら乗輿に同じ）東大寺を拝む。

十一月十九日に八幡神は九州を出発。つづく二十四日には上京の様子を具体的に記している。八幡神が通過する国々では、兵士一〇〇人以上を派遣して八幡神を先導し、背後を守った。また、生き物の殺生を禁止し、八幡神に従う人々の食事には肉と酒を提供せず、加えて、道路を清掃させた。この記録にもとづけば、八幡神は前後を大勢の兵士に護られ、お供の人々を引き連れて道を進んでいったと理解できる。その姿は、当時の貴人の旅と変わらなかっただろう。八幡神が道を通り移動すると考えたので、直に穢れが及ばないよう道を清めなければならなかったのである。

十二月十八日、八幡神は平城京に到着。梨原の宮（平城京の左京二条二坊付近カ）に新造した御殿に入り、そこを「神宮」とした。八幡神が平城京で滞在する宿所である。この九日後の十二月二十七日、八幡神の託宣をつたえたと考えられる大神社女は、天皇の「乗輿」と同じ紫色の輿に乗り、東大寺に赴き拝礼を行なった。「禰宜尼」とあるので、彼女は宇佐宮で八幡神の近くで仕える女性神官であり、仏教に帰依した尼でもあった。ただし、この時の八幡神の動静について、『続日本紀』は伝えていない。それでも、八幡神は宇佐から道を移動し旅をして、平城宮の南の「神宮」に入っていたことは間違いない。八幡神は天降ったのではなく、勧請されたわけでもない。あくまでも人間と同様、大勢の供と兵に護られ道を移動し上京したのである。

道饗祭と疫神祭　道を移動する古代の神は、律令国家の祭祀でも確認できる。大宝元年（七〇一）に制定された律令国家の基本法典『大宝律令』は、後の『養老律令』などから内容を知ることができ、「令」には祭祀について定めた「神祇令」がある。そこで国家祭祀の一つとされたのが「道饗祭（みちあえのまつり）」である。半年に一回、六月と十二月に、京の四方の大路の最極（京の四隅）で、亀卜の専門職の卜部が執行した。その祝詞は、『延喜式』巻第八に全文が残る。祀るのは、八衢比古（やちまたひこ）・八衢比売（やちまたひめ）、久那斗（くなと）という神々である。八衢比古・比売は、道が交差・分岐し、多くの人々が行き交う場「八街」に坐す（居られる）男女の神。久那戸は、『古事記』で黄泉の国から帰ったイザナギノミコトが禊をした時に生まれた「フナドの神」にあたる。「久那斗（クナト）」とは「来てはならない所」の意味で、道祖神のように境界で悪い者の侵入を防ぐ神と考えられる。道饗祭は、これらの神々を道で祀り、災いをもたらす鬼魅「根の国・底の国から麁（あら）び疎（うと）び来（きた）らん物」を都の京内に侵入させないようにする祭祀なのである。

道饗祭は、京の境界の道だけでなく、さらに広範囲に行われた。天平七年（七三五）から九年、日本では天然痘が蔓延した。天平九年には政権中枢にいた藤原四兄弟まで罹患し死亡した著名な大流行であった。天然痘が九州太宰府（福岡県）で流行しつつあった天平七年八月十二日。『続日本紀』によると、疫病の蔓延を防ぐため、長門国（山口県）から都までの国々で「道饗」を行っている。また、『続日本紀』神護景雲四年（七七〇）六月二十三日には「疫神を京師四隅、畿内十堺に祭らしむ」とある。朝廷は、災いの原因の鬼魅、疫病を伝染させる疫神を道の境界で防禦するため、道饗祭・疫神祭を実施した。災いをもたらす霊的な存在の鬼魅や疫神は、あくまでも道を通り、堺を越えて都へやって来ると、古代の人々は考えたからだ。

八幡神や道饗祭・疫神祭の記録から明らかなように、古代の人々は、神々や霊的な存在は人間と同じく道を移動すると考えていた。これは、特定の現象の「行為者」＝「神」を、直観的に擬人化するという、ガスリー氏やボイヤー氏が指摘する人間の脳の認知の働きと矛盾なく一致する（第一章参照）。つまり、人間は、姿が目に見えない神についても、自らと同様に行動すると考えたのである。このような神の考え方（神観）は、人間の脳の認知機能では、ごく自然な反応だったといってよいだろう。

二　神輿の登場

十世紀の神輿　古代の人々は神々も人間と同じく道を移動すると考えた。この点を確認したところで、次に神専用の移動手段「神輿」は、日本の歴史上、いつ、どのように登場したのか。これについて確認していこう。

神輿に関する最も古く、確実で詳細な記録は『本朝世紀』にある。『本朝世紀』とは、平治元年（一一五九）の平治の乱で殺害された藤原通憲（信西）が、鳥羽院の命を受け、古代の正史「六国史」の後継を目的に編纂した歴史書である。太政官の外記日記（公的記録）などをもとに編纂されたと考えられ、詳細な記述が多い。その天慶八年（九四五）七月二十八日の部分に、神を乗せ移動していく神輿の姿が明確に記録されている。この顛末を『本朝世紀』でたどってみよう。

天慶八年の初秋、平安京には一つの風評が立っていた。東西の国から神々が平安京に入ってくるというのだ。その神の名は、「志多羅神」、あるいは「小藺笠神」、または「八面神」。それまでに名を知られていない、素性が不明な謎の神々である。そして、志多羅（志多良）神が都の方向へ移動しているとの報告が、摂津国（大阪府北部）の豊島郡から摂津国司を経由して朝廷へともたらされた。この報告文書を、『本朝世紀』は以下のとおりに書き留めている。

> 摂津国司解し申し請う官裁の事。
>
> 神輿三前、東方を指し荷送するを言上するの状。
>
> 右、管（管轄する）豊島郡の今月廿六日の解状を得るに偁く。志多良神と号する輿三前、今月廿五日辰の剋を以て、河辺郡の方より、数百ばかりの人、三輿を荷擔す。幣を捧げ、鼓を撃ち、哥儛（歌舞）羅列し、当郡に来着す。道俗男女、貴賤老少、彼の日の朝より明暁に至るまで、会集市を

なし、哥儛は山を動かす。同廿六日辰剋を以て、輿を荷い幣を捧げ、哥儛かくの如し。その捧げる所の物、或いは菓、及び種々の雑物あげて計うべからず。嶋下郡を差し進発す。その案内を尋ぬるに、一輿は、檜皮を以て葺き、鳥居を造る。文江自在天神。今二つの輿は、檜の葉を以て葺き、「鳥居なし」。永春、今日、巳剋に到来し、申して云わく。御輿三前、また哥儛し、今朝、河邊郡児屋寺に擔送（たんそう）すといえり。言上すること件の如し。郡解（ぐんげ）の旨、申さずべからず。よって言上すること件の如し。以て解す。

正六位上行大目池源朝臣安□

天慶八年七月廿八日

従五位下行守藤原朝臣文範

この文書によると、志多良神などの神々は、摂津国の西部の河辺郡から東部の豊島郡に向け三基の「輿」で移動している。これこそ、神専用の輿「神輿」である。この神輿の一件は、重明（しげあきら）親王の日記『吏部王記（りほうおうき）』（米田他校訂、一九七四）の同年八月二日の項にも書かれている。そこには「筑紫の神輿、河辺郡に至ると云々」とあり、神輿は北九州の筑紫からやってきたと考えられていたようだ。

神輿の姿　天慶八年の志多良神の事件は、戦後の歴史研究のなかで戸田芳美や河音能平が注目し、古代から中世へと時代が変化するなかに起こった、反政府（反朝廷）の民衆運動としたことで著名である（戸田、一九九一・河音、一九七六）。しかし、ここでは特に神輿と、その移動の具体的な様子に焦点を当てて歴史的な意味を考えてみたい。

『本朝世紀』が書き留めた豊島郡の報告によると、七月二十五日の辰の刻（午前八時頃）、志多良神と名乗る三基の輿は、数百の人々が担ぎ、捧げ物の幣をもち、鼓を撃ち鳴らし歌い舞いながら、河辺郡から豊島郡へとやってきた。すると老若男女、様々な身分の人々が神を拝礼するため、当日から明朝まで集まり市をなすほどで、歌舞の音は大きく山を動かすかのようであった。翌日の二十六日の朝、辰の刻、やって来た時と同じく神輿は大勢が担い、幣を捧げ歌舞しながら移動し始めた。さまざまな捧げ物は数え切れないほど多量で、嶋下郡の方面を指して出発していった。

ここで重要なのは、ただ神輿が担われ移動しただけでなく、捧げ物の「幣」を捧げ、鼓などの楽器を奏で歌舞する一団が加わり、神輿を中心とする数百人の集団で移動していた点だ。神輿の移動は、終始、このように行われた。神が神輿で移動するには、捧げ物と楽（音楽）や歌舞が伴うという一定の形式が、すでにこの時点で成立していたことになる。

つづいて豊島郡の報告は、神輿の形状について具体的に記している。三基の中心となる神輿は、屋根を檜皮で葺き、鳥居が造られていた。他の二基は屋根を檜の葉で葺く簡易なものだった。これらの神輿は屋根があるため、本体は建物の形をしていたと考えられる。特に屋根が檜皮葺のものは、瑞垣の出入り口となる鳥居があると書いているので、神輿本体の周囲を区画する瑞垣がめぐっていたと推測できる。まさに、持ち運びが可能（ポータブル）な小形の神社というのが、この神輿の具体的な姿であったと考えられる。

神輿で移動する神は、鳥居を立てた神輿の神についてのみ「文江自在天神」としている。これに対し『吏部王記』は、三基の神輿について、次のように記している。

その輿、檜皮を葺く三つ。その一つ。鳥居に額あり、題に云く、自在天神、即ち故右大臣菅公の霊なり。その二つの輿は、あるいは云く、宇佐春王三子、あるいは云く、住吉神と云々。

これによると、筆頭の神輿の鳥居には「自在天神」との神号額を掲げていたとあり、『本朝世紀』の記載とほぼ一致する。さらに、その神は「菅公」すなわち菅原道真の霊と明記する。しかし、残りの二基の神輿の神は、「宇佐春王三子」、「住吉神」とし、『本朝世紀』の「志多良神」などの神名はない。また、神輿は何れも桧皮葺とする。『本朝世紀』と『吏部王記』の情報は、神輿の数や中心の神の名といった基本的な部分では一致するものの、その他の神や神輿の細部については相違する。神輿は移動しながら刻々と変化しつづける流動的な面があったのだろう。

八幡神の登場　この後、神輿はどうなったか、『本朝世紀』でみてみよう。河内国の報告から五日が経った八月三日、今度は、平安京の南西に鎮座する石清水八幡宮から神輿の情報が朝廷へと伝えられた。それによると、さる八月一日、摂津国から来た六基の神輿は、山城国乙訓（おとくに）郡の山崎郷から八幡宮へと俄に移座（移動）したという。六基の神輿は「一所は宇佐宮八幡大菩薩御社と号す。五所の社輿、その名を注さず」とある。神輿を数えるのに「基」ではなく「所」とし、「社輿」という名称を使っている。このため、神輿は、やはりポータブルな社（やしろ）・神社といえるものだったと考えられる。

この時は、幣帛を捧げ歌遊する人々、数千万が神輿の前後を囲んだと伝えている。当然、この人数には誇張はあるだろう。それでも極めて多数の人々が、熱狂的な雰囲気のなか神輿を担い移動させていたのは間違いない。山崎郷のリーダー格の人物である刀禰（とね）は、神輿の一団が、七月二十九日に摂津国嶋下郡からやってきたと証言している。そして、この夜、亥の刻（午後十時頃）、「或る女等」に神がつき「吾は早く石清水宮等へ参る」と託宣した。すると、誰が呼びかけるでもなく、周辺から大勢が集まり、神輿を石清水八幡宮へと移座させたのである。

摂津国豊島郡を出発し数日で中心の神は八幡大菩薩となった。『吏部王記』が筑紫（九州）から来たとする「宇佐春王三子」が八幡神になったのだろうか。また、七月二十八日から八月三日までの短期間で三基の神輿は六基へと倍増した。この背景には、神輿を担ぎ従った大勢の民衆の意志が強く働いていたと考えられる。集まった群衆の興奮のなかで、次々に神輿は数を増やしていった。そこには、不特定多数の民衆が持つ熱狂的な神への欲求があり、これに応えるように神は様々に名前を変化させ数を増やしていったのである。

山科新宮事件　実は、同じ天慶年間、多くの民衆が熱狂的に八幡神を信仰した結果、一つの事件が起こっていた。『本朝世紀』は、その顚末も教えてくれる。

志多良神の事件を遡ること七年、天慶元年（九三八）八月十三日の記事である。この頃、平安京の東の郊外、山科の里の北に道場があり、一人の尼がいた。彼女は、石清水八幡菩薩の像を造り道場に安置していた。この像は多くの霊験を示したので、「遠近の僧尼、貴賤・男女、帰依すること林の如く、輻湊（人々が集まる様子）市をなす」状況であった。ここを「山科新宮」と称し、石清水八幡宮と同日の八月十五日に放生会を行うようになる。すると「上下の諸人、来会せざるなし」というほどの盛況となり、「昼は、則ち伶人（楽人）を迎え音楽の妙曲を尽くし、夜は名僧を請じ菩薩の大戒を伝」えた。

図46　八幡神像

ところが、山科新宮では、楽人へ「善を尽くし、美を尽くし」た飲食・禄物を与え、僧への供養・布施は「山の如く、丘の如し」であったため、本宮である石清水八幡宮の放生会で楽人や僧侶が集まらない事態が発生した。これを打開すべく石清水八幡宮は、山科新宮へと八月十五日を避けて放生会を開催するよう申し入れる。しかし、山科新宮の尼は、これを無視。そこで、最終的に石清水八幡宮は、尼を捕らえ新宮を壊し、八幡菩薩像を石清水八幡宮へ遷すという実力行使に出ざるを得なかった。

民衆の欲求　この事件からは、いくつかの重要な事実が見えてくる。第一は、当時、平安京周辺の多くの人々の間で八幡神信仰が流行していたことである。その拠点、山科新宮の放生会は、本宮の石清水八幡宮が行う放生会の障害となり、新宮の八幡菩薩像への信仰は本宮を凌ぐほどの勢いを持っていた。そして、その信仰の目的は、民衆の多様な欲求をかなえることにあった。『本朝世紀』は山科新宮の八幡菩薩像について「その霊験は、事にふれて多端」と書いている。新宮の八幡菩薩像は、民衆の様々な願い・欲求をかなえ、霊験を事あるごとに示し、これを目の当たりにした人々は、次々に帰依していったのであった。天慶八年、志多良神・自在天神・宇佐八幡大菩薩などの神輿へと多数の民衆が押し寄せた状況と類似する。

第二は、新宮の中心人物が尼であることだ。男性の僧侶ではなく、女性の尼なのである。これは、天慶八年の志多良神の事件において、山埼郷で宇佐八幡菩薩の託宣を下すのが「或る女等」であり、さらに北野天満宮の建久本『北野天神根本縁起』（笠井、一九六四）で、天慶五年（九四二）、菅原道真の託宣を下すのも「多治比の女あやこ」という女性であり、共通する。神の意志を託宣し伝えたのが女性であるのは、天平勝宝元年に託宣を発して上京した八幡神と祢宜尼の大神杜女との関係に通じ、さらに『日本書紀』の仲哀天皇九年三月の条で神意を伝えた神功皇后まで遡る。その意味で、この点は古代的な要素と考えることができるだろう。

そして第三は、新宮の放生会では石清水八幡宮と同様、伶人（楽人）による楽が重要な要素となっていた点である。祭祀・儀礼の中の舞楽は、九世紀後半の貞観五年（八六三）五月の神泉苑御霊会（『日本三代実録』）まで遡り、これは、仏教法会の舞楽の要素を受け継いでいた可能性が高い。これを踏襲して、石清水八幡宮と山科新宮の放生会、さらには志多良神・自在天神・宇佐八幡大菩薩の神輿に伴う歌舞は行われたのではないだろうか。

天慶八年、志多良神・自在天神・宇佐八幡大菩薩などの神々の神輿に、群衆が捧げ物をもち歌舞しながら従い移動した事件は、前提に天慶元年の山科新宮で見られたような民衆の願い・欲求があった。そこでは、神意を伝える女性という伝統的な要素に、仏教法会の舞楽のような新しい要素を組み合わせ、民衆による神祭りの新たな姿が模索されていたのである。

神輿の必要性　天慶八年の志多良神などの場合、神々は特定の場所に留まらず、神社を輿に仕立てた神輿を造り移動した。これは、諸神が東西から平安京に入ってくるという、当時の風聞に沿ったものだったと考えられる。ところが、最終的に神輿は平安京へ入らなかった。なぜか。その意味を考えるうえで参考となるのが、神輿に従った人々が歌った童謡（わざうた）（流行り歌）だ。『本朝世紀』は、その時の童謡六首を載せるが、冒頭は次の歌である。

月笠着る八幡種蒔く、いざ我等は荒田開かん。

「雨が降る前兆として月が笠をつければ、八幡神は種を蒔く。さあ我々は荒れた田を開墾しよう」という意味になるだろう。明らかに農耕・稲作と密接に関係する内容で、特に「雨の前兆」「八幡」「荒田の開発」が重要なモチーフとなっている。

前章でふれたとおり、年輪の酸素同位体の分析によると、十世紀は天暦二年（九四八）をピークに全体として乾燥傾向が顕著な反面、強い湿潤傾向の年があり、『日本紀略』の記録を見ても旱魃と霖雨（長雨）・洪水が頻繁に発生していた。この結果、耕作できない水田「不堪佃田（ふかんでんでん）」が発生した。まさに「荒田」である。このような背景を考慮し改めて童謡を読み直すと、その意味は以下のとおりに解釈ができるだろう。「旱魃で田が荒れて苦しんでいたところ、月が笠をつけて雨が降る兆しが見えた。さあ、種を蒔く八幡神を先頭に、我々は荒れた田を開こうではないか」。ここでは、八幡神は、国家や都、朝廷を守護する神ではない。旱魃・洪水といった自然災害で荒廃した水田の復興で先頭に立ち種を蒔く民衆の神である。まさに、八幡神は、民衆が災害から復興する旗頭、象徴として登場する。民衆の願いを聞き助けてくれるという性格は、『吏部王記』に神輿で移動する神として登場する自在天神（菅原道真の霊）にも当てはまるのだろう。

志多良神・自在天神・宇佐八幡大菩薩などの神輿は、摂津国の河辺郡・豊島郡から嶋下郡、山城国の乙訓郡まで来て、最終的に石清水八幡宮へと入った。その道筋は、淀川流域の地域で、農業生産の舞台であったと考えられる。農業基盤、荒れた水田の再開発や整備という、この地域の有力者や農民の欲求に応えるため、神々は神社の形をした輿に乗り、田畑や村々を巡っていったのである。広域の不特定多数の民衆が、神に願い・欲求を聞いてもらい、助けてもらうためには、民衆は神と直接、しかも確実に接する必要があった。だから、神々は広域を移動しなければならず、その移動手段として神輿が必要になったのではないだろうか。

「天慶」という時代　では、なぜ十世紀前半の天慶年間、このような民衆の願い・欲求をかなえてくれる神々への信仰と祭りが出現したのか。朱雀天皇の治世、承平・天慶年間（九三一～九四七）は、大規模な反乱が発生した時代として著名である。承平五年、東国で平将門が反乱を起こし、天慶三年には海賊討伐に当っていた藤原純友が西国で反乱を起こした。天慶年間、朝廷は、日本列島の東西で起こった大規模な反乱に同時に対処しなければならなかった。

しかし、それだけではない。すでに見たとおり、九世紀後半の貞観年間、富士山・鳥海山・開聞岳といった大規模な火山噴火があり、陸奥の大地震をはじめ地震が頻発。さらに洪水を含めた風水害が発生。自然環境が不安定化し、日本列島は様々な災害に見舞われていた。この傾向は、十世紀、さらに激しくなる。『本朝世紀』と『日本紀略』で天慶年間だけを見てもさまざまな災害記録を目にすることができる。

そもそも、承平八年五月二十二日の「天慶」改元は地震と兵乱に対処するためだった。承平八年四月十五日の夜に大地震が発生。十五日間、余震と思われる地震は続いた。改元後の八月六日の夜に再び二度の大地震が発生した。この時は四月の地震ほどではなかったが、平安京の建物や築地に被害が出ており、「なお、平常にあらず。みな寝屋を出て、庭中に居す」（『本朝世紀』）状況であった。その後、数年にわたって余震と思われる地震は続く。また、天慶元年五月二十六日、地震が起こるとともに大雨で洪水が発生。六月二十日にも地震と洪水が同時に発生。「鴨河の水、大いに溢れ京師に入り、多くの人屋を漂わす」（『日本紀略』）状態となった。度重なる災害に対処するため、朝廷は宇佐八幡大菩薩に幣帛を奉った。その時の宣命（天皇のお言葉）には、四月の大地震により「天下騒動し、陰陽寮勘申していわく。理運の災を致す所なり。天文家も（中略）また兵革・水災・飢饉など種々の不祥あるべきの由を奏聞せり」（『本朝世紀』）とある。反乱や災害・飢饉に対する朝廷の強い不安感が読み取れる。

しばらくして、この不安は現実のものとなった。天慶四年八月、諸社へと奉幣した際の宣命には「去る夏のころおい時雨ふらず、炎旱やや盛んにして、百姓農業、焦損をいたすべし」とある。ところが、翌月の宣命は一転して「近来、霖雨（長雨）頻りに降って、陰雲はれず。もし、旬日（十日ほど）に連なりて止まざれば、秋稼（秋の収穫）流損をいたすべし」（『本朝世紀』）と書いている。旱魃と長雨が交互に訪れる不安定な気候が農業に深刻なダメージを与えていた。

これに加えて天慶五年五月には疫病が流行し飢饉が発生した。『本朝世紀』は「近来、疾疫の事、多く閭里（村々）に聞え、餓死の輩、すでに街衢に満つ。（中略）頻年（年々）来の飢餲の盛、見聞の者、愁嘆せざるなし」と、その惨状を伝える。また、天慶七年九月二日には大型の台風が来襲したのだろう、「夜、大風暴雨。諸司官舎（朝廷の役所の建物）、京中盧舎（市中の小さな家・民家）、顛倒するもの、あげて計うべからず」（『日本紀略』）であった。都に大きな被害が出ていたのである。

天慶年間、地震や東西の反乱に加えて、毎年のように霖雨・干魃、台風などの自然災害が繰り返し起こり、これにより飢饉が発生、疫病まで流行する災害の連鎖が起きていた。当時の人々は、生命の危険を覚えるような大きな社会不安のなかで日々生活していたと容易に想像できる。

神輿の成立背景　九世紀後半から十世紀にかけての災害の頻発と十世紀前半の大規模な反乱は、古代の環境と社会の変化を象徴するものである。このような社会不安が渦巻く世情で、まず、新たな民衆の神々が生まれた。天慶年間から、わずかに遡った延喜二十三年（九二三）三月、疫病（咳病）が蔓延するなか皇太子の保明親王が病を得て薨去した。これについて『日本紀略』は「世を挙げて云く。菅帥の霊魂の宿憤の為す所なりと」と特記する。京の人々は、皇太子に死をもたらす強力な力、働きを菅原道真の霊魂に感じていた。それは、政争の結果、不幸な死を遂げた菅原道真の人格に根ざすものである。また、地震と洪水が頻発していた天慶元年の五・六月、朝廷が宇佐八幡宮に奉幣した。この時、災害に苦しむ人々に多くの霊験を示したのは、民間の一尼が作り山科新宮に安置した八幡菩薩像であった。平安京や周辺の人々は、この神にも「多端な霊験」を示す特別な強い力・働きを感じ取っていたのである。

また、『吏部王記』は、三基の神輿を「筑紫の神輿」と表現し、その筆頭を「自在天神、即ち故右大臣菅公の霊なり」とする。菅原道真の遺体が埋葬されている太宰府は筑紫国にある。そこから、神輿は摂津国まで移動してきたのである。八幡神と考えられる「宇佐春王三子」も、八世紀中頃に宇佐から託宣を発して平城京まで道を移動してきた八幡神と同じである。やはり、古代的な神観に基づくといってよい。貞観五年の御霊会では「座」を設け御霊を祀るが、神輿による神の移動は、その「座」を実際に神輿で移動させる「動座」なのである。

一方で、古代の神祭り「祭祀」は、特定の氏族や地域と深く結びついていた。これに対して、天慶年間、大きな社会不安のなかで民衆は、地域間を神輿で移動し、広域に多数の民衆の欲求をかなえてくれる神々と祭りの形を生み出した。民衆は、霊験のある神々を神輿に戴き大勢で担ぎ、賑やかに歌舞することで大きなストレスと不安を解消したのだろう。ここに、不特定多数の人々が参加し観覧する、「祭礼」の萌芽を見ることができるのである。

三　神輿渡御行列の確立

御旅所祭祀　平安京では十世紀を通じて疫病（感染症）が流行し、神輿の祭りは、疫病を防ぐ御霊会のなかで発展した。天慶年間につづく天暦元年（九四七）に疱瘡（ほうそう）と赤痢（せきり）が流行、天徳二年（九五八）・四年、康保三年（九六六）、天延二年（九七四）と疫病流行は続いた。特に天延二年の疱瘡の流行は深刻で、天暦元年の例にならい、八月二十八日には内裏の紫宸殿の前庭と建礼門、朱雀門で大祓を実施した。

どうも、この年の六月十四日、神輿が御旅所へと移動する祇園御霊会は始まったらしい。岡田荘司氏は、祇園社の社家に伝来した『社家条々記録』の「天延二年六月十四日、御霊会を始行せらる。即ち、高辻東洞院方四町を旅所の敷地に寄附せられ、大政所と号す」との記事に注目。平安京の左京五条三坊の大政所（現在の京都市下京区大政所町）に御旅所を確保して、そこへ祇園社の神輿が移動（渡御）する御霊会が始まった可能性が高いと指摘する。平安京に住む一般の人々「都市民」が、京の外に鎮座する著名な神社の神々を、京中の御旅所で迎えて祀る「御旅所祭祀（おたびしょさいし）」である（岡田、一九九四）。

図47　祇園社絵図

祇園社（祇園天神堂）は、『社家条々記録』によると、貞観十八年（八七六）、南都の僧の円如が、薬師如来・千手観音等の像を安置して建立。また同記録の「別記」には鴨川の東、東山の西麓、祇園林に天神が垂迹したとある。翌年の元慶元年（八七七）には疫病が流行。祇園社の天神に奉幣したところ沈静化した。時に摂政・右大臣であった藤原基経が社殿を寄進し、天王（天神＝牛頭天王）・婆利（天王の妃、婆利女）・八大王子（天王の王子、八王子）等の霊体を安置。承平五年（九三五）以前には、薬師如来を本尊とする仏堂と、天神（天王）・婆利女・八王子を祀る神殿が整備されたと考えられる（岡田、一九九四）。祇園社は、創建から疫病沈静の祈りと密接に関わっており、その神を平安京内に招き、疫病を鎮める。これが祇園御霊会の目的なのである。

なお、祇園社（祇園天神堂）は僧侶による建立であり、祭神の天神（天王）は仏教信仰に由来する性格を持つ。そのような天神も御霊会では神輿で移動した。神名を唱え神霊を招く、仏教的な「勧請」ではない。これには、平安京の都市民の神観が強く作用していたのではないだろうか。神は座を設け祀り、その座を移動させることで招くという、貞観の御霊会や天慶の志多良神・自在天神・八幡神の神輿と通底する、当時の民衆の神観である。この点からも祇園御霊会には、平安京の都市民が主となり実施した民衆の神祭りという性格がうかがえる。

正暦の御霊会　天延二年から二十年が経った十世紀末期、再び深刻な感染症の流行が平安京を襲った。正暦四年（九九三）五・六月の「咳逆の疫」の流行に加え八月には疱瘡が流行。翌五年も感染症は猛威を振るい、四月から七月までに「京師の死者半を過ぐ」（『日本紀略』）という悲惨な状況となる。これに対処するため神輿を使った大規模な御霊会が行われた。その様子を、『日本紀略』は正暦五年六月二十七日の記事で次のように伝えている。

疫神のため御霊会を修す。木工寮修理職、神輿二基を造る。北野船岡の上に安置す。僧を屈し、仁王経の講説を行わしむ。城中の人、伶人を招き音楽を奏す。都人士女、幣帛を齎持する（持ち寄る）こと、幾千万と知らず。礼了りて難波の海に送る。此れ朝議に非ず巷説より起こる。

感染症の蔓延が猖獗を極め、多くの人々が、目に見えない疫病で次々に命を落としていた正暦五年六月二十七日、平安京で暮らす人々の不安が最高潮に達したタイミングに、北野の船岡山で御霊会が催された。朝廷の木工担当の役所、木工寮に所属する修理職が神輿を造り、そこへ疫病の原因となる疫神を鎮め、平安京の北の郊外、船岡山に安置した。そこで、僧侶による『仁王経』の講説を行なった。『仁王経』は、国内の鬼神が『仁王経』を聞くことで国土を守り、「是の経を受持・読誦せば、（中略）疾疫・厄難、即ち除愈することを得る」との功徳を説く。御霊会における『仁王経』の講説は、この功徳を期待したものである。そこでは疫神を鎮めるためだろう、音楽を奏で、幾千万の城中（平安京）の人々が幣帛（捧げ物）を持ちより供えたという。この後、疫神は二基の神輿で難波まで送られ海へと流された。ここには、神輿と音楽・捧げ物の組み合わせが明らかに確認できる。天慶年間の志多良神などの神輿の移動と同じである。

さらに注目すべきは、「此れ朝議に非ず巷説より起こる」の一文である。『本朝世紀』にも「この事、公家の定めにあらず、都人蜂起し勤修するなり」と、ほぼ同意の記載があり、正暦五年の御霊会は、朝廷ではなく平安京の市井の人々「都市民」が、自らの意志で自主的に始めたことを明示している。これは山科新宮の放生会や志多良神・自在天神などへの信仰と一致する。民衆の神と新たな神祭り「祭礼」は、天慶年間から天延二年の祇園御霊会を経て、平安京の都市民の間に確実に根付いていたのである。

神輿行列の成立　神輿の祭礼は、十一世紀にかけて神輿行列が整えられ発展していった。その様子は、

『本朝世紀』長和二年（一〇一三）六月十四日の次の記事からうかがえる。

　今日祇園御霊会、御輿の後に散楽・空車（むなぐるま）あり。而して左大臣殿の仰せにより、雑人数多く出で来て、散楽人を打ち留め、その衣裳を破損す。此の間、御輿停留し追却する能わず。供奉人ならびに見物者など、徴咎（ちょうきゅう）あるべきの由を称すと云う。

十一世紀初頭の祇園御霊会では、神々の神輿の後ろに散楽と空車が付き従っていた。散楽は曲芸や舞踊の要素を含み、田楽などにつながる芸能である。空車は山車のような車が付いた曳き物と考えられる。この神輿の行列を、左大臣（藤原道長）の命令で雑人（身分の低い人々）が襲い、散楽の人々に暴力を振るい、衣装を破った。しかし、神輿が留まっていたので、雑人を追い払うことができなかった。これを見ていた神輿のお供の人々や沿道の見物人は、「きっと神のお咎め（徴咎＝神罰）があるだろう」と話したという。

この記事からは、神輿を先頭に、特殊な衣装を身にまとった散楽人と曳き物「空車」が行列を作り賑やかに京中を進んでいたこと、また、それを多くの人々が沿道で見物していたことがわかる。天延二年の祇園社の御霊会は、十一世紀初頭には神輿の渡御行列を整えた平安京の重要な「御旅所祭祀」として、そして華やかな「祭礼」として定着していたのである。

『年中行事絵巻』の神輿　この後、平安時代の末期、十二世紀の神輿渡御の様子は『年中行事絵巻（ねんじゅうぎょうじえまき）』で具体的に知ることができる。『年中行事絵巻』は後白河院の命で製作され、朝廷の儀式・祭祀、市井の祭り・行事などを絵画で克明に記録する。成立年代は一一七〇年代後半頃と推定されている（小松編、

図48　祇園御霊会の神輿行列の先頭（『年中行事絵巻』〈岡田本〉）

一九八七）。その原本は、江戸時代の内裏の火災で焼失したものの、丁寧な写本があり、十二世紀後半当時の神輿渡御の詳細な様子が明らかとなる。

『年中行事絵巻』が描く神輿渡御の行列は、一つが「祇園御霊会」、もう一つが「稲荷祭」である。いずれも、平安京の外の著名な神社の神々を京中の御旅所に迎えて祀る御旅所祭祀である。その描写を見ると、共通した要素と構成がみられ、十二世紀後半、神輿の移動は「神輿渡御行列」として一定の方式を整えていたと考えてよいだろう。神輿は渡御行列の中心に位置し、その周辺には、趣向を凝らし花や造り物などを載せた風流傘（ふりゅうがさ）、嬉々として行列に参加する子供たち、さらに行列を沿道で観覧し楽しむ大衆の姿を描く。『本朝世紀』長和二年の祇園御霊会の「散楽」や「見物者」が発展した情景である。

神輿行列の構成　この「祇園御霊会」と「稲荷祭」の神輿渡御行列の構成を、住吉家模本『年中行事絵巻』で確認してみたい。

図49　祇園御霊会の剣鉾・獅子・神輿（『年中行事絵巻』〈岡田本〉）

祇園御霊会の神輿渡御は、疱瘡が流行した天延二年、疫病流行を防ぐ目的で始まった。祇園社から京中の御旅所に渡御するのは、天神（牛頭天王）、八王子、婆利女を奉安した三基の神輿である（河内、二〇一五）。『年中行事絵巻』巻九に描かれた祇園御霊会の渡御行列を見ると、その全体構成は次の七グループに分類できる。

先頭「童子が担う大幣、乗尻（競馬の騎手）、紙垂を付けた榊」→「風流傘を差す騎馬の巫女」→「王の舞・楽と獅子」→「紙垂や太刀、弓・胡籙を付けた榊、剣鉾」→「楽と獅子」→「神輿（牛頭天王、八王子、婆利女）、楽」→「騎馬の宮主（神官）、駒形稚児、騎馬の楽人」。

一方の伏見稲荷社の稲荷祭は、東寺との縁が深く、稲荷社と東寺との関係は九世紀まで遡る。天長四年（八二七）、淳和天皇は体調を崩し、原因を占ったところ、東寺の塔の用材として稲荷社の樹を伐った祟りと判明。これに謝するため、稲荷の神へと従五位下の神階が授けられた（『類聚国史』）。これを機に稲荷の神は、平安京の南端、左京九条一坊に建つ東寺の守護神となっていった。稲荷祭は、その東寺の周辺、左京八条二坊の御旅所へと稲荷社の神輿が渡御して行われる。神輿は、主祭神の宇迦之御魂大神（下社）と、佐田彦大神（中社）、大宮能売大神（上社）、田中大神（田中社）、四大神（四大神社）の五基である。

神輿渡御の始まりについては、『小記目録』（藤原実資の日記『小右記』の項目別分類目録）第十七、闘乱事の寛弘三年（一〇〇六）四月九日に「稲荷祭の間、闘乱出来の事」（東京大学史料編纂所編、一九八六）とあるのが参考となる。この記事は短いながらも、寛弘三年四月九日の稲荷祭には多くの見物人が集まり、喧嘩騒動が始まったという経緯が読み取れ、十一世紀初頭までには、神輿が渡御し多くの見物人が出る稲荷祭は始まっていた可能性は高い。

『年中行事絵巻』巻十二は、左京の七条大路を進むと考えられる渡御行列を描き、その構成は次の九グループに分類できる。

先頭「貴徳面（舞楽の面）を胸に付けた騎馬の男、風流傘を差す騎馬の巫女、騎馬の楽人」→「獅子、徒歩の楽人」→「大幣、弓矢を付けた榊」→「舞楽（王の舞と楽）」→「神輿（田中社、上社）、幣帛の筥か？」→騎馬の神官と従者」→「大幣、紙垂を付けた榊」→「神輿（下社、中社、四大神社）、幣帛の筥か？」→「騎馬の神官と従者」。

二つの神輿渡御行列を比較して気が付くのは、行列の構成がほぼ共通することである。いずれも、御幣などの捧げ物を持つ人々と獅子・舞楽の集団が神輿を先導し、神輿の後に束帯姿の神官が騎馬でお供をする。稲荷祭の場合、神輿が二グループに分かれてはいるものの、基本的な構成は、祇園御霊会と変わらない。十一世紀前半、『本朝世紀』が記す長和二年の祇園御霊会では、神輿の後に「散楽・空車

図50　稲荷祭の神輿と騎馬の神官（『年中行事絵巻』〈京都市立芸術大学摸本〉）

（山車）」が続いていたが、十二世紀後半には、舞楽・獅子が神輿を先導する形へと変化しており、それは祇園御霊会に限らず、稲荷祭においても同様である。つまり、祇園御霊会と稲荷祭の神輿渡御の行列構成は、平安京内で共有される形式として定着したと考えてよいだろう。次に、二つの渡御行列を構成する各グループの性格と背景について、さらに細かくみてみよう。

捧げ物の御幣・鉾　行列の先頭、捧げ物の集団でひときわ目を引くのが、大人の身長の倍以上に及ぶ巨大な御幣「大幣」である。御幣は、布や紙を幣串に挟み神聖性を示す木綿や紙垂を付けたもので、神への捧げ物「幣帛」の簡略形である。幣串と同じ形状の古い考古資料としては、鳥取県の青谷横木遺跡から出土した斎串がある。細い斎串の頭部に割りを入れ、布などを挟めるようにしている。一緒に出土した土器の型式により、年代は七世紀後半から八世紀前半の時代までさかのぼる（濱他編、二〇一八）。

古代の文献史料で幣串に当たると考えられるのが「挿幣帛木（幣帛を挿む木）」である。『儀式』の「二季御贖」（六月・十二月の祓）や、『延喜式』神祇二、四時祭下の「毎月晦日御贖」と神祇三、臨時祭の「八十嶋神祭」などの祭料（祭祀の道具）に記載がある。「幣帛を挿む木」という表現から幣串の原形である可能性は高い。幣串に挟んだ御幣の系譜は、青谷横木遺跡の事例から考えて七世紀後半には成立し、八世紀にかけて地方まで普及していたと推定してよいだろう。

この御幣を、沿道の見物人を意識し巨大化させたのが、神輿行列を先導する大幣だ。なかには、大きな扇子三枚もしくは四枚を円形に組み合わせ、多量の紙垂を垂らした大幣もある。着色が残る岡田本『年中行事絵巻』で見ると、白い大きな扇を丸く組み合わせ、長い青竹で挟んでいる。神への捧げ物を象徴するとともに、特に目立つ大幣は、渡御行列の位置を遠くから確認できる標識として機能しただろう。

図51　稲荷祭の大幣（『年中行事絵巻』〈京都市立芸術大学摸本〉）

大幣の周囲には、榊の枝を持つ子供たちや大人の男女を描く。榊の枝には紙垂を付けたもののほか、太刀、弓・矢を付けたものがある。特に弓・矢（または矢を入れた胡籙（やなぐい））を付けた榊の枝は、祇園御霊会と稲荷祭の両方にあり、祇園御霊会の行列には太刀を付けた榊の枝がある。刀、弓矢、鉾などの武器類は、布とともに神への捧げ物「幣（みてぐら）・幣帛」の主要な品々として扱われており、その伝統は古墳時代（五世紀代）までさかのぼる。こう考えると、紙垂を付けた榊の枝は太玉串、太刀・弓矢を付けたものは神へと捧げる真榊（まさかき）とな

図52　祇園御霊会の獅子・王の舞・真榊（『年中行事絵巻』〈岡田本〉）

る。また、幣（捧げ物）である鉾を大きくしたのが、大幣と並ぶ「剣鉾」である。これは大幣と同じく、沿道の衆目を集めるため捧げ物が大形化したものみてよいだろう。

舞楽・獅子・風流傘　捧げ物につづく舞楽の集団は、祇園御霊会・稲荷祭の神輿行列では、ともに複数の獅子を伴っている。明らかに舞楽と獅子は対の関係にある。楽人の楽器も共通する。横笛、荷太鼓、太鼓、鼓があり、さらに笙、鉦鼓、拍板、笏拍子まで確認できる、全体に大規模な編成となっている点に特徴がある。つづいて、鳥兜と面を被り裲襠（舞楽の装束）を着た舞人を、神輿の前方に共通して描く。着色されている岡田本『年中行事絵巻』では、色鮮やかな舞楽装束で舞いながら神輿を先導する。道々の悪霊などを払う「王の舞」である（橋本、二〇二〇。水谷・吉永、二〇二二）。また、獅子は、八世紀の大仏開眼会で使用した獅子頭が正倉院に残ることからわかるように、仏教法会の伎楽からの系譜が考えられる。

神への捧げ物「幣帛」を持つ集団と舞楽の集団が、神輿に伴う行列の構成は、天慶八年（九四五）に志多良神などの神輿が「幣を捧げ、鼓を撃ち、哥儛羅列」して移動した様子と基本的に同じである。この形式は、十世紀前半に成立し、十世紀後半の祇園御霊会や船岡山の御霊会を経て、平安京の都市民に受け入れられ、十一世紀代に発達して十二世紀には「祇園御霊会・稲荷祭」の神輿渡御行列として定着していたのである。

図53　稲荷祭の貴徳面の男と騎馬巫女（『年中行事絵巻』〈京都市立芸術大学摸本〉）

その一方で二つの渡御行列には新しい要素が認められる。風流傘を差したり、透けた笠を被ったりして行列に加わる騎馬の巫女である。祇園御霊会で騎馬の巫女が差す風流傘は、傘の上に花をあしらっており、稲荷祭のものは蓬莱山や岩と牡丹を表現した造り物を載せ、手の込んだ作りである。艶やかな騎馬の巫女の姿と相まって、沿道の人々の目を集めたことだろう。綾藺笠（あやいがさ）を被り着飾った騎馬の若者「馬長（うまのおさ）」とともに行列に花を添える存在である。さらに、祇園御霊会では行列の最後尾に、胸に馬頭を付けた「駒形神人（こまがたじにん）」が騎馬で従い、稲荷祭では行列の先頭に、白覆面で胸に舞楽の貴徳面（きとくめん）を付けた男が騎馬で進む。駒形神人には、目の孔をあけた白覆面で腰鼓を打ったり、笙・笏拍子などを奏でたりする「細男（せいのお）」の楽人が、胸に貴徳面を付ける男には、太鼓・笙・笛の楽人が、いずれも騎馬で伴う。行列全体を先導する貴徳面は、王の舞と同じ役割を担っていたのかもしれない。

これらの要素は、次第に渡御行列へと加わり、華やかさを益していったと考えられる。『日本紀略』によると、紫野の今宮社の御霊会では、寛弘二年（一〇〇五）に「十列細男」、同五年に「東遊（あずまあそび）・走馬（競馬）十列」とあり、祭礼が華やか、かつ賑やかになる傾向は、すでに十一世紀初頭には始まっていたのである。

神輿の形　『年中行事絵巻』は、渡御行列の中心となる神輿を丁寧に描写しており、十二世紀後半、どのような神輿が使われていたのかを詳しく教えてくれる。祇園御霊会と稲荷祭の場面では、神輿の形には複数のバリエーションがあり、その特徴から次の四タイプに分類できる。

A類（鳳輦型）：鳳凰をのせる鳳輦形の屋根＋六角形の本体（屋形）＋周囲に帳（または御簾）と高欄＝稲荷祭「下社（主祭神、宇迦之御魂大神）」

B類（鳳輦・神社結合型）：鳳凰をのせる鳳輦形の屋根＋四角形の屋形＋周囲に瑞垣＋鳥居＝祇園御霊会「牛頭天王、婆利女」

C類（葱華輦・神社結合型）：宝珠をのせる葱華輦形の屋根＋四角形の屋形＋周囲に瑞垣＋鳥居＝祇園御霊会「八王子」

D類（神社型）：切り妻造りで千木を付けた屋根＋四角形の屋形＋周囲に瑞垣＋鳥居＝稲荷祭「田中社（田中大神）、上社（大宮能売大神）、中社（佐田彦大神）、四大神（四大神）」

まず、Ａ類（鳳輦型）は天皇の乗輿、鳳輦の形であり、貴人の乗り物を、そのまま神輿へと転用した形態である。この対極にあるのがＤ類（神社型）で、屋根に千木を付けた神社の社殿の周囲に瑞垣が繞り、出入り口に鳥居が立つ。これは神社の縮小版といえるもので、天慶八年の神輿の特徴と一致する。つまり、この四タイプの神輿のうち、ポータブルな小形の神社といえるＤ類（神社型）が、年代的には十世紀に遡ると考えられる。

図54　Ａ類神輿：稲荷祭下社神輿（『年中行事絵巻』〈京都市立芸術大学摸本〉）

図55　Ｂ類神輿：祇園会牛頭天王神輿（『年中行事絵巻』〈京都市立芸術大学摸本〉）

図56　C類神輿：祇園会八王子神輿（『年中行事絵巻』〈京都市立芸術大学摸本〉）

図57　D類神輿：稲荷祭田中社神輿（『年中行事絵巻』〈京都市立芸術大学摸本〉）

そして、A類（鳳輦型）とD類（神社型）とを結合させたのがB類（鳳輦・神社結合型）である。A類（鳳輦）の屋根に、D類の屋形（本体）と周囲の瑞垣・鳥居を接合させた形である。この三者の関係をまとめると、まず、十世紀中頃には、D類（神社型）の神輿が成立。これとは別系統のA類（鳳輦型）が加わり、両者の特徴的な部分を結合させてB類の神輿が十二世紀後半までには成立したと考えてよいだろう。葱華輦型の屋根をもつC類は、B類の変化形となる。なお、各タイプの神輿の屋形には、共通して円形の鏡を下げている。神輿は座を移動させるという古代的な神観が基礎にあり、神輿に掛けられた鏡は、神の座の近くに捧げられた神宝としての性格が考えられる。

神輿は、その存在が文献で初めて確認できる十世紀中頃以降、御旅所祭祀が発展し、参加者や見物の人々が増えるなか装飾性を高め、バリエーションを増やしていったのだろう。神輿の変化は、捧げ物の御幣や鉾が巨大化して大幣や剣鉾が生まれ、華美で人目を惹く王の舞、馬長や騎馬の巫女、駒形神人などが渡御行列に加わるのと歩調を合わせていたのではないだろうか。

平安京左京の発展　ではなぜ、祇園社や稲荷社の神々は、平安京へと神輿で移動し祀られる必要があったのか。この背景には、平安京の都市民の発展があり、その前提として平安京そのものに大きな変化が起こっていた。

平安京は、条（北から南に一条〜九条）・坊（朱雀大路から東西に一坊〜四坊）で碁盤目状に地割し、条坊の内部は一辺約一二〇メートル（四〇丈）の町で十六区画に分割する。十世紀になると、この一町を三十二区画（東西四行・南北八門）に分割する「戸主（へぬし）」という小規模な宅地が定着。並行して平安京の西側の右京は耕作地化して、京域は左京（東側）を中心に縮小してしまう。さらに十世紀中頃になると、戸主に代わり、条坊の大路に出入口を作る町家・小屋が成立する。人々が密集して集住する状態となった（西山他編、二〇一〇）。このような左京の変化は、第三章でふれた鴨川流域での段丘崖の形成という、左京の住環境が改善する地形変化と連動した現象と考えてよいだろう。天慶元年、山科新宮の八幡菩薩像に殺到した群衆には、戸主のような小規模宅地で生活した人々が少なからず含まれていたと考えられ、その後に成立する町家に暮らした多くの人々は平安京の都市民として、天延二年の祇園御霊会、正暦五年の船岡山の御霊会に積極的に参加し、洪水・飢饉・疫病蔓延という災害の連鎖に巻き込まれながらも自の安寧を祈っていたはずである。

続く十一世紀、左京の南部に商工業の拠点が拡大する。左京の七条以南では、鍛冶・鋳造、銀金細工の手工業が行われるようになる。左京八条三坊九町の発掘調査では十一世紀後半の鏡の鋳型が出土し、七条周辺では広範囲に鋳造工房が展開した様子が確認できる（西山他編、二〇一〇）。また、左京八条二坊・三坊の発掘調査では多数の建物の柱穴、井戸などを検出し、平安後期から多くの人々が住み活況を呈し始めていたことが分かっている。特に鎌倉時代から室町時代を最盛期として、鏡・刀装具・仏具など銅製品鋳造、漆器生産などの工房で生産が行われていた（山本、二〇〇六）。この地域に含まれる左京八条二坊には、稲荷祭で神輿が渡御する御旅所が位置する。

長者と祭礼　稲荷祭の御旅所は、鎌倉時代の『稲荷記』によると、「柴守長者」の宅地とされ、彼の子孫が御旅所の大行事職を受け継ぎ、御旅所の神主職となっている（岡田、一九九四）。つまり、「長者」と呼ばれる、左京南部の経済力をもった有力者が、御旅所祭祀を実施するうえで中心的な役割をはたしていたのである。御旅所祭祀は、十一世紀以降、華美に賑やかに発達するが、それは平安京内の経済的な有力者「長者」が力を付けるのと連動していたと考えられる。

これと関係するのが、琵琶湖の北端に位置する、滋賀県長浜市の塩津港遺跡の発掘調査成果である。その詳細については次の五章に譲るが、十二世紀代、港湾施設が急速に整備され拡大し、平安京（京都）風の生活を営なむ小都市が成立したことが明らかとなっている。この事実は、ここを通り平安京とつながる物流が急速に活発化していたことを示唆する。それは平安京左京の七条・八条周辺が手工業等で活況を呈すのと、ほぼ同時に進行しており、平安京との物流の増加と活発化は、平安京の都市民が経済的な成長・発展を遂げた現れといってよいだろう。

平安京の都市民は、十世紀の災害で住環境が改善した左京を舞台に、十二世紀までに手工業や物流による商業活動を活発化させ経済的に発展していった。しかし、彼らが生活し、活動の場とした平安京の左京には、都市民を信仰面で守ってくれる神々は存在しなかった。そこで、彼らの信仰的な欲求は、近隣の著名な大社の神々へと向けられることになった。その神社が、平安京の東に鎮座する祇園社と、南東の稲荷社であり、北郊の北野天神社、今宮神社、上・下御霊社、西郊の松尾神社であった。これらの神々は、年間の特定の時期に京中へと神輿で渡御し平安京の都市民により祀られた。その神輿渡御の行列は、十世紀の大きな社会不安のなか、民衆が始めた神輿の祭りを踏襲したものであった。平安京の都市民の経済的な発展は、渡御行列を、『年中行事絵巻』が描くように美しく賑やかに展開させたが、その原点には十世紀の災害が多面的、かつ密接に関係していたのである。

四　地方に伝わった神輿行列――『香取神宮神幸祭絵巻』の世界

『香取神宮神幸祭絵巻』　都の平安京で発展し定着した神輿渡御の行列は、ほどなくして地方へと伝わっていった。これを物語るのが、東国の下総国の一宮、香取神宮の神幸祭を描いた『香取神宮神幸祭絵巻』（以下、『神幸祭絵巻』）である。香取神宮は、鹿島神宮と並ぶ東国の古社で、古代には香取郡が香取神宮を支えるための「神郡(しんぐん)」に設定され、朝廷とは深い関係にあった。

この香取神宮の重要な神事の一つが「神幸祭」である。香取の神が神輿で香取の海（現在の利根川）にお出ましになり御船遊びを行われる。かつての神幸祭は、旧暦三月に行われていた。絵巻は、香取の神の神輿が台地上の香取神宮から、香取の海の岸辺に建つ「津の宮」へと向かい、船を示す三つの船木を納める様子を描く。船を津の宮に納める点は、『常陸国風土記』香島郡条で船を北浦に面する津の宮に納めたという古代の「御船祭」と共通する。水上交通・船運と深く関わる、古代以来の鹿島（香島）・香取の神の伝統を受け継ぐ神事である。その神輿渡御（神幸）の行列の構成や神輿の形状、さらに参加者の装束まで詳細に描き伝えるのが『神幸祭絵巻』なのである。ここでは、この絵巻を取り上げ、中世初期、地方の一宮で行われた神輿渡御の実態にせまり、平安京の神輿の祭礼が、どのように地方へと広がり受け入れられたのかをみてみたい。

絵巻諸本の比較

『神幸祭絵巻』には、鈴木哲雄氏が詳細な検討を加え紹介した「権検非違使家本(ごんけびいしけほん)」（鈴木、二〇〇九）を含め六種類の写本があり（香取神宮社務所編、一九八〇）、これに加え、近年、新たに「國學院大學本」の存在が知られるようになった。はじめに、これら七種類の絵巻の諸本を比較・検討して、「神幸祭絵巻」の性格と伝来について確認しておこう。

七種類の諸本を比較すると、大きく次の二群に分類できる。

◎A群＝①「権検非違使家本」（紙本）、②「香取神宮本（旧多田家本）」（紙本）、
③「日本民芸館本」（紙本）、④「彰考館本」（紙本）。
◎B群＝⑤「大禰宜家本」（紙本）、⑥「成田仏教図書館本」（紙本）、
⑦「國學院大學本」（絹本）。

A・B群の違いは、全体の表現、正神殿（香取神宮本殿）・神輿の表現から次のようにまとめることができる。

全体の表現――A群は、建物の構図は不正確でゆがみがあり、人物の描写は堅く一部に稚拙な印象を受ける。しかし、主要な人物と建物・施設に注記がある。

B群は、建物、人物などの表現・構図が正確で描写は細かい反面、人物、建物などへの注記はまったくない。B群の中で特に「大禰宜家本」「國學院大學本」は、全体に極めて丁寧に仕上げられているが、折烏帽子が型式化しているなど表現に近世的な特徴があり、修復痕も認められる。これに対して「成田仏教図書館本」は、行列全体の構図を上下二段に改め再構成したもので、先の二本よりは明らかに後の時代に成立した写本である。

正神殿の表現――諸本の正神殿は、文永八年（一二七一）に行われた香取神宮遷宮の「香取社造営注文」と基本的に一致するが、A群の「権検非違使家本」と「彰考館本」は明らかに正神殿と中門の表現が稚拙で正確ではない。一方のB群は、いずれも正確な構図と描写となっている。ただし、文永八年の造営注文にあり、正神殿の柱の上部に取り付けた「龍頭」の表現は、A群「権検非違使家本」が明瞭で、

古い要素を残していると考えられる。

神輿の表現　――A群は、神輿本体の平面形が四角形、屋根の降棟（蕨手）先の燕は四羽で文永八年の造営注文の内容と一致する。対してB群は神輿本体を六角形に表現し、降棟先の燕は六羽で文永八年の造営注文と一致しない。これは、A群よりB群が新しい時代の成立であることを物語る。

「使う絵巻」と「観る絵巻」　以上をまとめると、A群は細かな注記はあるが絵画表現は丁寧ではない。対照的にB群は、丁寧で細かな描写と正確な絵画表現ではあるものの、注記はまったくない。つまり、A群は絵巻の絵画表現よりも、どこに何を描いているかという注記の情報が重要であったと考えられる。この情報とは何か。それはA群「権検非違使家本」の次の袖書から判明する。

当日の共（供）奉の事、次第は堅く此の図籍に任せ、後日の異論に及ぶなかれと云々。

A群の絵巻に共通する注記は、神幸祭の行列で誰がどの様な装束を着用し、どこに並ぶのかという情報を記し、それが後世に正確に伝えられることを目的としていた。行列を仕立てる基準となる、まさに「使う絵巻」としての性格をもっていたのである。少なくともA群の系統は「権検非違使家本」の奥書から、十六世紀初頭、永正十三年の書写であることが確認できる。ただし、「権検非違使家本」が、その時点の写本そのものとは断定できない。奥書の署名に花押がないからである。「権検非違使家本」は、永正十三年に書写された写本（署名・花押あり）を原本として複数書写されたものの一つであったと考えられる。A群は、永正十三年に書写された写本を祖本とする系統で、注記により供奉の次第を確認し伝えるための「使う絵巻」だったといえるだろう。それは、権検非違使家など神幸祭に参加する神官の家々で写され伝えられたのではないだろうか。

一方、B群の「大禰宜家本」「國學院大學本」は、細かく正確な絵画表現が特徴だ。「大禰宜家本」は全体が残り、「國學院大學本」は絹本で、装束の模様などに金泥・銀泥を使う。人物の表現は丁寧に装束を描くだけではなく、神宮寺の門前で居眠りをする白丁の人物をはじめ、顔の細かな表情まで表しており、鑑賞用の作品といってよい。こちらは「観る絵巻」という性格が考えられる。ただし、型式化した折烏帽子の形状など近世的な特徴が認められるため、成立年代はA群の系統よりは時代が降り、江戸時代に入ると考えられる。

このようなB群絵巻の性格・年代と一致する次の記録が、色川本「源太祝家文書」の「香取社御幸絵巻軸跋写」として残る（㈶千葉県史料研究財団編、一九九七A）。

右御幸絵図、すなわち古より伝わるところなり。蓋（けだ）し、その神輿の出でる儀列の厳なる固（もと）より祭祀の大なるものにて、此の図に就きて、また、その盛んなるを見るべし。至徳年間は、なお、これを行うあり。しかるにその後、絶えぬ。今、その図毀損するを以て、官これを修補せしむ。また、その式様、一図を別に造り、以て副とし、各、これを巻軸と為すと云う。

元禄十三年庚申秋九月　日

大禰宜讃岐守胤雪　識

元禄十三年（一七〇〇）は、現在に残る香取神宮の本殿など主要な社殿が、江戸幕府により造営された年である。この年に、「官これを修補せしむ」とあるように幕府の指示で古くから伝わってきた絵巻を修理し、あわせて摸写して副本を作っていた。B群は、この副本の系統に属すと考えられる。丁寧で緻密な絵画表現で描かれた「國學院大學本」「大禰宜家本」は、この副本そのものか、それに近い正確な写本と考えられる。古代・中世以来の伝統を受けつぐ神幸祭。その姿を美しく華麗に伝えようとしたのが、B群の系統「観る絵巻」であったと考えてよいだろう。

「神幸祭絵巻」の成立　では、「神幸祭絵巻」の原本はいつ成立したのか。これを知る手かがりは、やはりA群「権検非違使家本」巻末の奥書に残されている。全文を引用しておこう。

永徳年中に至りては、かくの如く御神事退転無きものなり。
右、件の目録に於ては、建仁二年帳を以て、至徳三季（年）に誌を改むるものなり。然れば、また虫喰損に依り、至徳三年の帳を以て、当時その旨に任せ録を改むるの処なり。尤も後代の証拠たるべきの故なり。よって件（くだん）の如し。
永正十三年八月廿一日之を写しおわんぬ。　案主
田所
録司代
大禰宜散位大中臣真之

奥書の大意は、「永徳年間（一三八一～八四）までは、この絵巻のように神幸祭は廃れることなく行われていた。この内容は、建仁二年（一二〇二）の記録をもとに至徳三年（一三八六）に写し改めた。しかし、それが虫喰いで破損したので永正十三年（一五一六）八月二十一日に至徳三年帳の内容を改め写し

た。後世の証拠とするためだ」となる。これに従えば、『神幸祭絵巻』の祖本（もしくは、その内容）は、鎌倉時代の初期、建仁二年には成立していたことになる。

鈴木哲雄氏は、権検非違使家本『神幸祭絵巻』と文永八年遷宮の「香取社造営注文」の内容とを比較・検討し、絵巻の正神殿、神輿、八龍神（龍神を描いた翳(さしば)）、大盾の表現は、文永八年の造営注文とほぼ整合することを指摘している（鈴木、二〇〇九）。権検非違使家本の『香取神宮神幸祭絵巻』は、鎌倉時代の神幸祭の姿を留めていると考えられ、先の奥書に従えば、その内容は十三世紀初頭の建仁二年には成立していた可能性が高い。

描かれた神幸祭　次に「権検非違使家本」をもとに絵巻全体の構成を見てみよう。

香取の神と香取の海の水運との結びつきを象徴するように、絵巻は、香取の海に面する津の宮の景観から始まる。香取の海の岸辺に「津宮(つのみや)」「膽男(まもりお)」「忍男(おしお)」の三社と香取神宮の三の鳥居が並び建つ。そこへ、白丁の男が担ぐ三つの御船木を先頭に御神幸の行列が近づいてくる。御船木の間には翳(さしば)に龍神を描く八龍神が立ち、大盾、神馬とつづき、押領使、正・権(ごん)の検非違使などの騎馬の列が後を追う。

そのむこうには、神宮寺である金剛宝寺の伽藍がみえてくる。本堂を中心に鐘楼、三重塔、仁王像を置く楼門が並び建つ。本堂の本尊は十一面観音の巨像であった。楼門前では、白丁の従者をしたがえ束帯に威儀を正した「国司代(こくしだい)」、直垂を着た「宮介(みやのすけ)」が行列を見守っている。

つづいて二の鳥居に差しかかるのは、矛を手にした騎馬の列。八人検杖と注記のある一群で、彼らは神官の「副祝(そえのほうり)」「大祝(おおほうり)」「物申祝(ものもうしほうり)」を先導する。神官たちは衣冠で馬に乗り、花飾りの傘をさし掛

図58　香取神宮神幸祭，獅子・神楽（『香取神宮神幸祭絵巻』〈國學院大學本〉）

けられる。これに弓箭をそなえた騎馬列、内院八人がつづき、白衣に笠をかぶり騎馬姿の「物忌」と「八乙女」を先導する。物忌は、古代以来、神の側近くで仕える香取神宮の重要な女性神官である。

神官の一団の後には獅子と歌人の集団がつづく。まず獅子が二匹。それぞれに面と裲襠のような装束をつけ、腰鼓を帯びた師子児（獅子子）が前後に付く。すぐ後には鈴と鼓を手に拍子を取る八人女、横笛、銅拍子、太鼓を鳴らす歌人が、神楽を奏で賑やかに進んでくる。

八人女・歌人たちの神楽の余韻が残るなか、いよいよ香取の神の神輿が姿をあらわす。紅白の幡に先導される神輿は、金色に輝く鳳凰を屋根に戴き、降棟（蕨手）に幡を吊るし、本体（屋形）には多数の御正体を下げている。御正体は鏡の表面に仏像を表現したものである。本来、神宝である鏡が、神仏習合の影響を受け鏡面に神の本地（本体）の仏を表現した御正体となっている。この煌びやかな神輿を、十人の駕輿丁が静々と担いでいく。神輿のすぐ脇は、弓箭をもち騎馬の「大神主」が随行する。

神輿の後には、甲冑姿の随兵や予備の引き馬を従えた上位の神官の一団がみえてくる。衣冠を着用し騎馬の「権禰宜」につづき、狩衣で騎馬の「国行事」が先導し、花飾りの傘を差しかけられ、馬上に衣冠で威儀をただした「大禰宜」、「神主」（大宮司）の一団が列をなして進んでくる。「神主」の後ろは御神幸行列の最後尾となる。絵巻では、最後尾がまさに一の鳥居をくぐり香取神宮の境内を出る場面となっている。

絵巻の巻末は、御神幸の行列が出発して静寂を取り戻した香取神宮境内を描写する。楼門には仁王像があり、正神殿（本殿）の棟には鬼瓦と鳳凰を置いている。正神殿の前に拝殿はなく、現在とは随分と異なる、中世の香取神宮境内の様子がうかがえる。

図59　香取神宮本殿（『香取神宮神幸祭絵巻』〈國學院大學本〉）

都ぶりの神幸祭行列　『神幸祭絵巻』が描く御神幸の行列を見ると、先頭に捧げ物の船木と大楯・神馬があり、続いて獅子・楽人が神輿を先導。神輿の後には騎馬の神官が供奉する。この御神幸行列の構成は、原本が一一七〇年頃に成立した『年中行事絵巻』の神輿渡御行列と共通する。先に見た通り、祇園御霊会がそうであり、稲荷祭もまた然りである。

神輿の表現では、屋根の降棟先（蕨手）に燕を置き、屋形には円鏡に仏像を表現した御正体を下げ、四面の出入り口に獅子・狛犬を配置する。「國學院大學本」では神輿の屋形の周囲に瑞垣と鳥居の表現が明瞭に認められる。『年中行事絵巻』と比較する

図60　香取神宮神幸祭，神輿（『香取神宮神幸祭絵巻』〈國學院大學本〉）

と、祇園御霊会のB類（鳳輦・神社結合型）に近い形態である。

また、騎馬の神官たちの上を覆う花飾りの傘には都の風流傘の面影がうかがえる。加えて、女性神官の物忌と八乙女は白衣を着て白馬に乗り、飾り笠を被る華やかな出で立ちで、祇園御霊会などの騎馬巫女を彷彿とさせる。以上のような共通点と類似性から香取神宮の神幸祭の行列は、祇園御霊会、稲荷祭などの平安京の御旅所祭祀、その渡御行列の影響を受けて成立していたと考えられる。『神幸祭絵巻』が描く御神幸行列には、東国に花開いた都ぶり祭礼という性格を読みとれるだろう。

香取神宮の神幸祭が、「権検非違使家本」の奥書が示すとおり、すでに十三世紀初頭の建仁二年には行われていたとすると、『年中行事絵巻』が成立してから三十年ほどしか経っていない。都ぶりの神輿渡御の行列は、鎌倉時代の初期、十三世紀初頭までには、下総国の一宮である香取神宮の祭祀へと、いち早く導入されていたことになる。

建仁二年から五年後の建永二年（一二〇七）十月、関白前左大臣、近衛家実の政所は、下総国香取社（香取神宮）神官等へ、地頭の平（国分）胤道（通）の濫妨を停止する下文（命令書）を出している（(財)千葉県史料研究財団編、一九九七B）。ここからは、藤原氏の一族の近衛家と氏神を祀る香取神宮との特

図61　香取神宮神幸祭，国司代・宮介（『香取神宮神幸祭絵巻』〈國學院大學本〉）

別な関係がうかがえる。これにより、都ぶりの華やかな神輿渡御行列が、香取神宮の伝統的な御船祭に組み込まれたのではないだろうか。

地方祭礼の意味　ただし、その祭りの主体は、平安京のような都市民ではなかった。『神幸祭絵巻』では、神宮寺の楼門前に二つの人物集団を描く。一つは束帯姿で威儀を正して豹皮の敷物に座る「国司代」と白丁姿の従者の集団である。国司代は国府の地方行政権を代表する人物である。これに対するのは、折れ烏帽子に直垂を着て毛皮の敷物に座る「宮介」で、直垂姿の人々を従える。こちらは香取神宮（香取社）を管理する地頭で、地元の武士の代表という立場である。彼らは、神宮寺の門前に座を設け、ここで神幸祭が、確実に間違いなく実施されていることを見届ける「臨視（りんし）」を行なっていると考えられる。国内の平安を祈るため神幸祭が実施され、それを行政の責任者が現地で監督・確認するのが「臨視」である。下総国の一宮の神幸祭は、国府行政の一環として行われたのである。華やかな神輿行列を行う神幸祭は、国司による地方行政を象徴し、その権威を地域に示す「祭礼」であったといってよいだろう。

国司と祭礼の結び付きを裏付けるのが、「権検非違使家本」『神幸祭絵巻』の奥書の「永徳年中に至りては、かくの如く御神事退転無きものなり」という表現である。これは永徳年中（一三八一〜八四）の後には、「御神事退転」つまり、それまでのように神事が行われなくなりつつあったことを示している。永徳年中は、南北朝動乱のただなかで、この後、室町時代にかけて地方行政の拠点、国府の機能は衰退し、各国の有力武士である守護に吸収されていった。都の神輿渡御が、京都の都市民の発達に伴い華やかに展開したのとは対照的に、地方の一宮の神輿行列は、国府と歩調を合わせて衰退していったと考えられる。

現在の祭礼へ　しかし、地方の神輿渡御（神幸祭）は、消滅はしなかった。むしろ発展・普及した。実際、香取神宮が所在する房総の各地では、現在も神輿渡御を伴う大規模な祭礼が盛んに行われており、代表例は、複数の神社の神輿が集まる「寄り合い祭」である。

その一つが上総国の一宮、玉前（たまさき）神社（千葉県一宮町）の「十二社祭」で、十二基の神輿が海浜に赴く「浜降り」が行われる。また、千葉県館山市の鶴谷八幡宮の「ヤワタンマチ・国司祭」では、鶴谷八幡宮に安房国安房郡・朝夷郡内の十社の神輿が集まる。この祭礼については、大永五年（一五二五）の年紀をもつ『鶴谷八幡宮社記』に安房・朝夷郡内の祭典・神事の記載があり（財千葉県史料研究財団編、一九九九）、起源は中世後期に遡る可能性が高い。鶴谷八幡宮には源（里見）義道を大檀那とする永正五年（一五〇八）の棟札が残り（佐藤・滝川、二〇〇八）、同社は戦国期に戦国大名の里見氏が安房国の総（惣）社として復興した神社である。

戦国大名が領国を統治する上で、総社や一宮の祭祀・祭礼は大きな意味もち、その祭礼の形態としては、かつて国府と一宮など有力神社との関係のなかで実施された神輿渡御の祭礼が一つの規範となったと考えられる。これと関連して、「権検非違使家本」『香取神宮神幸祭絵巻』の奥書の年紀が永正十三年であるのは単なる偶然ではないように思われる。戦国大名が国府の行政権の正当な継承者となるには、一宮や総社の祭祀・祭礼の統括者としての役割が必要で、そのため戦国時代に神輿渡御の祭礼の確認と復興が行われた。このような時代背景のなかで『神幸祭絵巻』の写しが永正年間に製作されたのではないだろうか。

十六世紀、神輿渡御の祭礼は一宮や総社クラスの神社に限らず郷村の鎮守クラスの神社にも普及していった可能性が考えられる。房総地域では、中世の遺跡の分析から十四世紀後半と十五世紀後半を画期として、近世につながる村落景観が成立していたことが分かっている（笹生、一九九九）。十六世紀、戦国大名が復興した神輿渡御の祭礼は、その縮小版が、十五世紀に成立した中世後期の村落で鎮守社の祭礼として導入され、近世以降まで継承された。このように現在まで伝わる神輿の祭礼の歴史的な道筋を推定することもできるだろう。

神馬・依坐・神輿　以上、神輿・祭礼の起源と展開について、十世紀以来の歴史的な流れをみてきた。これを受けて、本章の冒頭で取り上げた柳田国男の「依坐（よりまし）」「神馬」「神輿」の関係について、改めて考えてみよう。

中世初期の神輿渡御の様子を反映した『香取神宮神幸祭絵巻』は、神輿行列の先頭グループに四頭の神馬を描く。いずれも鞍を装着し尻の上に雲珠（うず）という飾りを付ける。雲珠は、六世紀後半、宗像・沖ノ

図62　香取神宮神幸祭，神馬（『香取神宮神幸祭絵巻』〈國學院大學本〉）

島の七号祭祀遺跡で神にささげた馬具にあり、これを付けた馬は神のための特別な馬「神馬」であることを表している。

では、この神馬の性格を、どう考えるのが良いのか。古代の人々は、神は人間と同様に道を移動すると考えた。したがって、人間が道を移動するのに乗る馬も神の乗用と考えたはずである。この発想のなかで、神の乗り物としての「神馬」は成立する。実際、奈良時代の七二〇年前後に成立した『常陸国風土記』香島郡条では、香島の天の大神への捧げ物「幣（みてぐら）」として鉄製武器、鏡、鉄素材、五色の絁（あしぎぬ）とともに馬と鞍をあげ、『延喜式』風神祭の祝詞は基本的な「幣帛（へいはく）」を、御服、盾・戈と、鞍をそなえた馬としている。

そもそも馬は日本列島にはいなかった動物で、馬と飼育・乗馬の技術は、古墳時代の中頃、五世紀には日本列島へと渡来した。短期間で長距離を移動できる馬は、古代の日本列島の人々にとってきわめて有用で貴重な動物だった。第一章でみたとおり五世紀中頃までに、鉄製の武器・武具、農・工具、布帛類など当時の最新・最上の品々からなる神への捧げ物のセットが成立し、これらが「幣・幣帛」の原形となる。そこに、五世紀後半から六世紀、貴重な捧げ物として馬と、乗馬用の馬具が加わり、神馬へとつながっていく。その六世紀後半の典型例が、宗像・沖ノ島の七号祭祀遺跡から出土した馬具である。

このように、五世紀以来の「幣・幣帛」の歴史的な流れをたどると、神馬は神への捧げ物であることは明らかである。

その性格は中世においても同じだった。『神幸祭絵巻』では、神馬は行列の先頭、捧げ物のグループに含まれているからである。そして、十二世紀の『年中行事絵巻』では神輿の渡御行列の先頭グループに、やはり捧げ物として御幣を描く。一方で柳田国男は、『日本の祭』で神馬の鞍に立てた御幣を、古い神迎えの方式「神霊の依坐」とした。しかし、神輿渡御行列がたどった一千年の歴史を振り返ると、神馬と御幣の組み合わせは、あくまでも神への捧げ物「幣」の範疇で理解すべきなのである。柳田が新式とした神輿こそ、むしろ古代的な座と結びついた神の考え方を残すものであったといえるだろう。

第五章　塩津の神と神社——変化する古代の神社

一　塩津の港と神社

掘り出された神社　参拝する人々で賑わう神社の境内。この情景は、日本の歴史のなかで、いつごろ成立したのか。その細かな経緯を教えてくれる遺跡が、日本最大の湖、琵琶湖の岸で発見された。琵琶湖の北端、塩津湾に面する滋賀県長浜市の塩津港遺跡である。ここには、琵琶湖の水運で栄えた古代の港の跡とともに神社の跡（神社の遺構）が残されていた。神社の遺構で特に重要なのは、建物跡だけでなく、堀で囲まれた境内全体の様子が発掘調査により明らかとなった点で、平安時代の後半、十一世紀から十二世紀にかけての神社の変遷までが明らかとなっている。

神社の遺構は琵琶湖に注ぐ大川の河口、中洲状の地形にあり、地下水位が高いので、多くの遺物が水漬けの状態となっていた。このため、通常では腐朽して残らない木や藁など有機質の品々がよい状態で残っていた。木製品には、神社社殿の建築材や御幣の串「幣串」のみならず、祭りの対象である五体の神像、さらに神々との誓約を記した木札「起請文木札」などが出土した。これら豊富な出土遺物と建物跡や境内の状況を総合すれば、平安時代後期の神社の実態について詳細に知ることができるのである（横田・濱編、二〇一九。水野編、二〇二〇。重田・濱編、二〇二一）。

水陸交通の接点　神社が鎮座していた塩津の港は、古代の行政単位では近江国浅井郡にある。越前国との国境、野坂山地から流れ出て琵琶湖に流れ込む大坪川と大川の河口に位置する。北の深坂峠を超えて、最短で越前国（福井県）の敦賀に通じる「塩津道」の起点である。ここでの発掘調査は、平成十四年（二〇〇二）から平成十五年に、大坪川河口付近の東側の調査区と、大川河口の西側の調査区で行われた。東側の調査区で港湾施設と多数の建物群を、西側の調査区で神社の遺構を発見した。塩津の地は、琵琶湖の北端の塩津湾に面する場所である。塩津湾は南北に細長く、波静かな港湾には適した地形である。その奥、大川・大坪川の河口の東に港、西に神社が位置する景観が、平安時代には展開していたのである。

一般的に、古代・中世の港というと、素朴な船着き場の風景を想像するかもしれない。しかし、ここの発掘調査で明らかとなった港の実態は異なっていた。十一世紀には埋め立て造成が始まり、十二世紀になると、琵琶湖に面して垂直護岸を造り、そこへ横付けした船と陸上との間で、物資の積み込み・荷下ろしが可能となる、大規模な港湾が成立した。

塩津の港と北陸道　塩津の位置を、もう少し広い視点でみてみよう。琵琶湖水運の大きな拠点は、その名のとおり、琵琶湖南端の大津（大きな港の意味）である。塩津から大津までは、竹生島の脇を通過

図63　塩津港遺跡の位置図と港湾からの眺望

し波静かな湖上を船で移動できる。大津からは、平安時代ならば、南西に陸路をたどり、逢坂の関を越えて山科を通れば、至近距離で平安京に至ることができた。八世紀の奈良時代ならば、大津から南に瀬田川を下って木津川水系に出て、木津川を南東に遡れば、奈良の都、平城京に通じていた。

一方、塩津から北に陸路を進み深坂峠を超えると、越前国（福井県）の敦賀の地に至る。敦賀は、東西を山が囲む波静かな敦賀湾の南端にあり、港湾に適した地形である。敦賀の地名起源について『日本書紀』垂仁天皇二年是年条に次の説話をのせている。

額に角有る人、一つ船に乗りて越国の笥飯浦（けひのうら）に泊まれり。故、其処（そこ）を号（なづ）けて角額（つぬが）と曰う。

額に角のある人が船に乗り、この浦に停泊していたので「角額（つぬが）」という地名になったという。『日本書紀』は続けて、「角の有る人」は朝鮮半島南部の意富加羅国（おほからのこく）（伽耶国）の王子であったとの説明を加えている。敦賀の地は、古くから海外の船舶が来航し停泊する港湾「笥飯浦」として認識されていたのである。

敦賀から北東へ日本海の海路をたどると、能登国の羽咋（はくい）に着く。ここは、能登半島の付け根を北東から南西に横切る邑知（おおち）地溝帯の西端で、海浜には、白山から手取川を経て海で運ばれた砂が堆積し砂丘を発達させている。古代、邑知地溝帯の西半分には、砂丘で日本海の荒海から仕切られた波静かな潟湖（ラグーン）、邑知潟が広がっていた。ここは羽咋川により海とつながるので、日本海を行き交う船の停泊地として好条件をそなえていた。また、邑知地溝帯の東端、七尾には古代の能登国府が所在する。七尾の東には七尾湾に面して加島津の港があり、ここから日本海を北東に進めば、越中・越後国、さらに東北地方の陸奥・出羽国と直接水運で連結できた。

『延喜式』巻二十六「主税寮上」の「諸国の雑物を運漕する功賃」（京への運送費の公定価格）によると、七尾の加島津から敦賀への物資輸送は海路となっており、能登半島の北端の輪島周辺を経由し敦賀にいたる経路を推定できる。しかし、加島津や七尾の能登国府から南西に平坦な邑知地溝帯をたどれば至近距離で羽咋の地に通ずることができ、そこには船舶の停泊に適した潟湖、邑知潟がある。こう見ると、羽咋の地は、敦賀と能登国府・加島津を結ぶ、重要な水陸交通の結節点、港湾としての役割を果たしていた可能性は高い。

このように、能登の加島津から羽咋、敦賀、塩津を結ぶルートは、古代の宮都、平城京・平安京と東北地方、北陸地方を結ぶ主要な交通路となっていた。そして、このルート上の主な港湾には、古代以来、神が祀られていた。その祭祀の場こそ、羽咋の気多神社、敦賀の気比神社であり、発掘調査で明らかとなった塩津港の神社なのである。

港の神　では、なぜ港で神を祀る必要があったのか。これには、『日本書紀』神功皇后摂政元年二月にある、住吉三神の次の言葉が参考となる。

また表筒男・中筒男・底筒男、三の神、誨えて曰わく、「吾が和魂をば大津の渟中倉の長狭に居さしむべし。便ち因りて往来う船を看さん」とのたまう。是に神の教の随に鎮め坐さしめたまい、則ち平に海を度ることを得たまう。

住吉三神「表筒男・中筒男・底筒男」が教え諭した内容とは「我々の和魂（穏やかな働きの魂）を大津

である渟中倉の長狭に居られるようにしなさい。そうすれば、港に出入りする船を見守ろう」というものので、そのように祀ったところ、船は無事に海を渡ることができたという。「大津」は大きな港の意味で、そこに神が居て祭祀を行うことで、海路の平安が確保できる。その住吉三神が坐して祭祀を行う場が住吉大社なのである。

住吉大社の鎮座地は、大阪の上町台地の南端、細江川の河口付近にある。古代では、西（正面）は瀬戸内海へ眺望が開け、南は細江川が海に流れ込む景観であったと推定できる。また、細江川沿いの低地を東にたどると、古代の河内湖を通じて大和川水系へと連絡がとれ、奈良盆地の大和へと容易に至ることができた。大津という名称から分かるように、住吉の地の地形は港湾に適し、瀬戸内の水上交通と大和とを結ぶ交通路の重要な結節点となっていた。重要な交通路上で、船を外海の荒波から守り、安全に停泊でき、さらに陸路とも接続できる。このような地形的な特徴と働きに神を直観し、その神は「港に出入りする船を見守る」と、『日本書紀』は表現したのである。

平城京・平安京と北陸道とを結ぶ水陸交通の結節点、重要な港湾機能を持つ敦賀・羽咋・塩津も同様で、その地形・環境の働きに神を直観し、羽咋の気多の神、敦賀の気比（笥飯）の神、そして塩津の神が祀られた。さらに気比の神について、『古事記』中巻の仲哀天皇の段に「其の御名を称えて御食津大神と号づけき。故、今に気比大神と謂(い)う」とある。気比の神は「御食津大神」つまり「食べ物の神」として認識されていた。食べ物、特に海産物を供給する神としての性格も持っていた。これと関連して、『日本書紀』武烈天皇の即位前期には「角鹿(つぬが)の鹽(しお)は、天皇の所食とし、余海の鹽は、天皇の所忌(いむところ)とす」

と書き、天皇は「角鹿の塩」しか召し上がらないとされていた。この塩を都へと運ぶための重要な琵琶湖の港こそが、塩の港「塩津」であったのだ。

塩津の神　その塩津で祀られた神について、もう少し詳しく見てみよう。塩津の神に関しては、複数の古代の資料がある。まず、延長五年（九二七）成立の『延喜式』がある。その巻十「神祇十」、朝廷から幣帛を奉る神社の一覧「神名下」では、近江国浅井郡の神々に十四座をあげ、その中で「塩津」の名がつく神社には「鹽津神社」と「下鹽津神社」がある。いずれも祀る神は一座で、このうち塩津港遺跡と至近距離にあるのは、鹽（塩）津神社である。大川河口から東に約五五〇メートル、丘陵の麓の高台に鎮座する。発掘調査で発見した神社遺構と現在の塩津神社は五〇〇メートル以上離れており、両者が直接結びつくかは俄かには断定できない。

もう一つの資料に『紫式部集』（長谷川他校注、一九八九）がある。『源氏物語』の作者、紫式部の歌集である。彼女は、長徳二年（九九六）、越前国守として赴任する父の藤原為時に伴い越前国へ下向し、このときに各地の情景を詠んだ歌を『紫式部集』に残している。そこには「近江の海（琵琶湖）にて、三尾が崎（滋賀県高島市安曇川町の岬）」での歌があり、二つ置いて「知りぬらん往き来にならす塩津山世に経る道はからき物ぞと」の歌となる。この歌の詞書（説明）には「塩津山といふ道のいとしげきを」とあり、紫式部は琵琶湖の西岸、高島付近を通り北上、塩津から深坂峠を越えて敦賀に向かったとみてよい。この「塩津山」の歌の後に、塩津周辺の景観を示すと考えられる、次の詞書と歌がある。

水うみに、老津島（おいつしま）といふ洲崎に向かひて、童べの浦といふ入海のおかしきを、口ずさみに老津島島守る神や諌むらん波もさはがぬ童の浦。

この歌は、以下のとおりに解釈できる。「老津島という、湖（琵琶湖）に突き出した洲崎（岬）。そこは老津島の神が守る地。その周囲に童の浦という入り海の波静かな水面が広がる。なぜ波静かなのかというと、老人が童を諌めるように、老津島の神が童の浦を諌めているからだろう」。この歌は、港湾に適した洲崎と湾の働きに、神（行為者）を直観し人格化する人間の認知機能を絶妙に詠み込んでおり、その景観は、大川河口と塩津湾の景観と重なる。そして、塩津港遺跡の神社遺構は、大川河口の洲崎状の地形に残されていた。このため、神社遺構で祀った神を、「老津島を守る神」と考えると辻褄があう。

しかし、こう考えるには大きな問題がある。すでにふれたとおり、塩津港遺跡の古代の遺構面は、九世紀後半から十世紀代に水没していたことが発掘調査で確認されているからだ（第三章参照）。紫式部が塩津湾を眺めた十世紀末期は、神社遺構の地点は湖水の下となっていたと考えられ、「老津島を守る神」と塩津港遺跡の神社で祀った神とを単純に結び付けることはできない。

さらに、もう一つ。祭神に関する情報は、神社遺構から出土した起請文木札にある。その一つ、保延三年（一一三七）七月二十七日の年紀を書く「草部行元起請文」は当所（塩津郷）の鎮守（守り神）として「五所大明神、稲懸祝山、津明神ならびに若宮三所」をあげている（図78「保延三年銘起請文本札」、二三六頁）。これらの神々のなかで津明神は、まさに港「津」の神であり、港湾に鎮座する神としてはふさわしい神名である。ただ、『延喜式』に記された塩津神社・下塩津神社の神々と、この十二世紀の起請文の神々との対応関係は明らかにできない。これには、古代の神観が十世紀から十一世紀にかけて変質していくことが少なからず影響していたと考えられる。そこで次節では、十一世紀から十二世紀にかけての神社境内の実態と変化、また、その歴史的な背景について、神社遺構（神社跡）の発掘調査成果をもとに読み解いてみたい。

二　十一世紀の神社と祭り

三層の遺構面　大川の河口の発掘調査では、複数の遺構面が重なっていることが明らかとなった。遺構面とは、建物や溝・井戸などを営んだ当時の地表面と考えると理解しやすい。この遺跡では、河川の氾濫や琵琶湖の増水により土砂が堆積し、古い地表面の上に新しい地表面を形成し、地表面ごとに建物や溝・井戸などが造られ、それぞれの地表面が層をなして残された。これが遺構面である。

塩津港遺跡で神社跡が残っていた地点では、上下三層の遺構面を確認した。それらの年代は、出土した土器の型式や起請文木札の年紀から、上層の第一面が十二世紀前半の一一二五年頃から十二世紀末期頃まで、下層の第二面が十一世紀後半から十二世紀前半の一一二五年頃までと推定されている。第二面の下層には、琵琶湖の増水で堆積した遺物を含まない細かな砂・粘土層（細砂・青灰色粘土層）を挟み、第三面を確認している。年代は奈良時代の八世紀から平安時代の九世紀前半と考えられ、さらに古い古墳時代後期、六世紀代の須恵器も出土している。第三面は部分的な発掘調査しか行われていないので詳細は明らかでないが、ここが奈良時代以前から人間活動の舞台となっていたのは間違いない。

神社遺構は、第一面と第二面に、境内全体の様子が分かる良好な状態で残されていた。はじめに、古い第二面の神社遺構から細かくみてみよう。

第二面の神社境内　大川の河口周辺は、琵琶湖の水位変化により、九世紀後半に一度水没して十一世紀に再び陸化。十一世紀後半に神社が営まれた。これが発掘調査で確認した第二面の神社遺構である。発見された主な遺構は、境内の周囲を区画する堀、境内の出入り口にある鳥居と、境内の中心に建つ本殿である。

境内は、東西南北の各辺が約四五メートルの規模で、四方を幅約二メートルの堀で区画する。琵琶湖に面する南堀の中央は、約四メートルの幅で掘り残して参道とし、堀の内側に二本の柱穴がある。これが境内正面の鳥居の跡と考えられる。

ちなみに、延暦二十三年（八〇四）に成立した『皇太神宮儀式帳』で、神宮（内宮）の建物・施設に関して「鳥居」の呼称は使用しない。鳥居に相当する名称は「於不葺御門（うえふかざるごもん）」である。屋根がなく上を葺かない簡易な門の意味である。屋根がない簡易な門を「鳥居」と呼ぶ確実な史料は、長元三年（一〇三〇）成立の『上野国交替実録帳』まで年代は降る。「鳥居」の呼称は、平安時代のなかで定着したのではないだろうか。

一方、境内の北堀に沿って低い土手状の高まりが残っており、北（内陸）側と境内とを区画し、北側からは遮蔽する意識が読み取れる。この神社にとって正面は、あくまでも琵琶湖の方向、南側だったのである。ただ、土手状の高まりは、境内の北東コーナーで切れており、この部分に板などの簡単な橋を

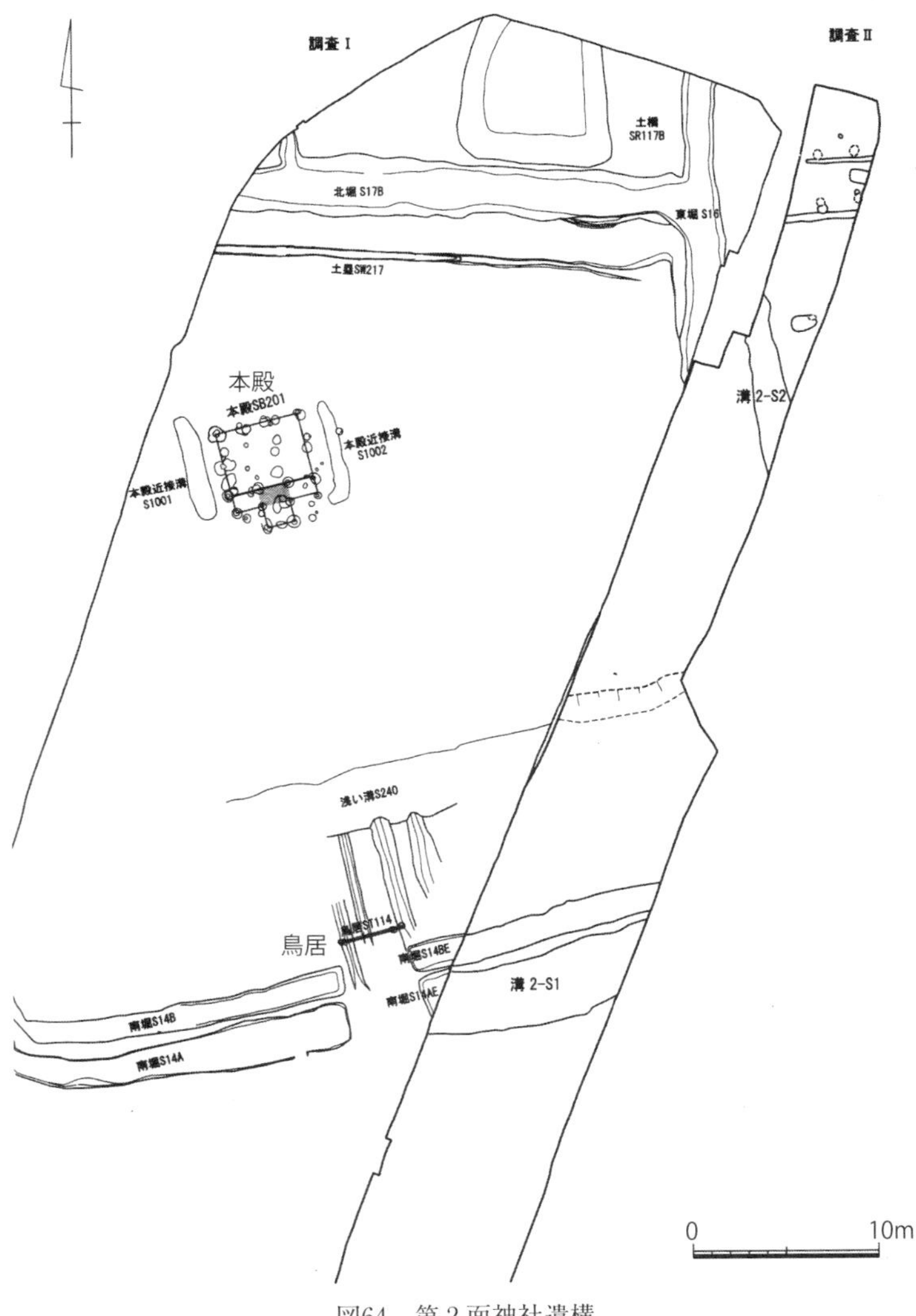
調査Ⅰ
調査Ⅱ
土橋
SR117B
北堀 S17B
東堀 S16
土塁SW217
本殿
本殿SB201
本殿近接溝
S1002
本殿近接溝
S1001
溝 2-S2
浅い溝S240
鳥居
鳥居ST114
南堀S14BE
南堀S14AE
溝 2-S1
南堀S14B
南堀S14A
0
10m

図64　第２面神社遺構

渡し境内への通用口としていたと考えられる。

十一世紀前半の『上野国交替実録帳』は、抜鉾大明神、赤城明神、伊賀保明神など、上野国内の神社の建物・施設を列挙する。そこには、本殿に当たる玉殿のほか、幣殿、向屋、美豆垣（瑞垣）、荒垣、鳥居、舞殿、舞人陪従殿、厨屋などを、ほぼ共通して記している（加瀬、二〇一五・丸山、二〇二二）。しかし、第二面の神社境内では、南正面の鳥居と、中心に建つ本殿のほかに建物・施設は存在しない。十一世紀の神社の多様なあり方がうかがえよう。

流造の本殿　第二面の境内の中心、厳密にいうと少し北寄りの地点に東西棟（棟の方向が東西方向）の建物跡がある。これが本殿と考えられる建物である。地面に直接、柱穴を掘り、柱を立てる掘立柱の基礎構造である。柱穴の位置から推定できる建物の構造と規模は以下の通りとなる。建物の中心部分「身舎（もや）」は、桁行（間口）が三間、梁間（奥行き）は二間。桁行の柱間（柱の間隔）は一・五メートルで、一尺を三〇センチで換算すると五尺となる。梁間の柱間は一・八メートル、六尺となる。この身舎の南辺（南側の桁行）に幅約九〇センチ（三尺）の庇が付く。さらに庇の中央間の南に一・二メートル（四尺）の長さで出た部分に階（きざはし）（階段）のものと考えられる柱二本が付属する。また、建物の東西には雨落ち溝が残り、棟の長さは七・五メートル（二五尺）ほどに復元できる。なお、東側の雨落ち溝は、南端で内側（西側）へ、わずかに曲がっているため、これをもとに推定すると、庇を含めた屋根の前後（南北）幅は六・三メートル（二一尺）程度となる。

建物の中心軸の方位は北から西へと一七度傾き、正面を南として琵琶湖の塩津湾に向けている。建物の方位は、境内南辺の堀や正面の鳥居の方向とも一致する。第二面の神社境内のほぼ中心に位置する唯

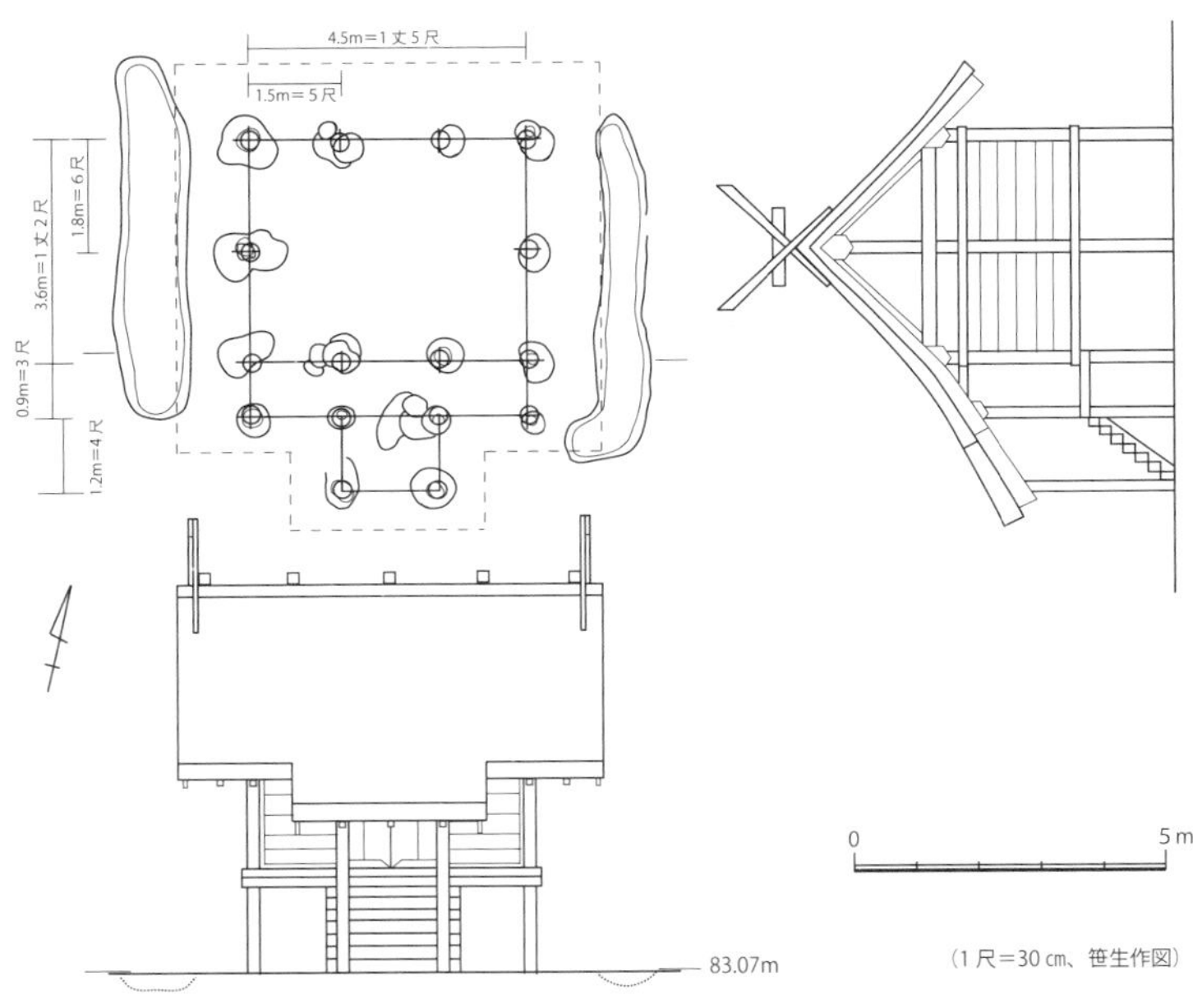

（1尺＝30㎝、笹生作図）

図65　第2面神社本殿復元推定図

一の建物であることから、この建物は神社の本殿に当たると考えて間違いないだろう。また、その柱の位置から復元できる建物の姿は、南を正面とする平入りの身舎に片庇と階をつけた、高床構造の流造（ながれづくり）の社殿を推定できる。

最古の流造の例には、京都府の宇治上神社の本殿が知られており、建築年代は平安時代後期の十一世紀後半と推定されている（山岸、二〇一五）。宇治上神社の本殿と、塩津港遺跡の第二面（十一世紀後半〜十二世紀初頭）の本殿の遺構は年代が近く、第二面の本殿遺構は、初期の流造の姿を伝える貴重な事例となる。

なお、この本殿の屋根の意匠は不明だが、第二面での瓦の出土量は少ないため、屋根は檜皮葺か茅葺と推定でき、屋根の上端、棟の部分も甍棟（いらかむね）や熨斗棟（のしむね）（棟だけを小形の軒瓦や短冊状の熨斗瓦で葺く）には復元し難い。年代的に近い、『上野国交替実録帳』の玉殿（本殿）の屋根には枇木（ひぎ）（千木（ちぎ））・鰹木（かつおぎ）があるので、塩津港遺跡の流造の本殿にも千木・鰹木が載っていた可能性が高いのではないか。ただし、典型的な流造（ながれづくり）の社殿、賀茂別雷（かものわけづち）神社（上賀茂神社）の本殿は、屋根に千木・鰹木はなく、基礎は土台の角材に柱が立つ構造である。屋根に千木・鰹木がつき、掘立柱構造の塩津港遺跡の神社本殿は、やや趣が異る初期の流造だったのかもしれない。

本殿内の神像　本殿内部の様子は、どうだったのか。それをうかがわせる遺物に、境内の北堀で出土した高欄（社殿の周囲にめぐる欄干）の部材と、第二面を覆う層から出土した金銅製の錺金具がある。高欄の部材は地覆（じふく）（最下段で、床板に接する部分）で、斗束（とつか）（地覆と、高欄中段の平桁を繋ぐ材）が二ヵ所に付いて出土した。現状での長さは九一・五センチ、幅二・七センチ、高さ一・六センチと、かなり小形で細い。この長さ・細さから判断すると、出土した高欄の部材は、間口三間の本殿をめぐっていたとは考えにくい。実際の本殿より小規模な建物や施設の高欄とするのが自然である。また、金銅製の錺金具は、幅二センチ、長さ八・八センチ、両端を花形に作り、細かな魚子地（ななこじ）に唐草文様を彫る。二ヵ所に釘穴があり、木部に固定していたはずである。その形から、高欄の錺金具や扉の八双（はっそう）金物が考えられる。しかし、その大きさからは、やはり小形の建物などの金具と推定せざるをえない。

この推定と関連するのが、出土した神像の状態である。神像は五体あり、四体は北堀の上層、一体は東堀から出土。埋没した時期は、出土した層から十二世紀末期、神社遺構の最終段階と考えられる。し

図66　塩津港遺跡の神像

図67　第２面出土の錺金具

かし、五体とも全体に腐朽が進んで細部の表現は失われている。特に床に接する足付近の腐蝕が進んでいる。この状況から、五体の神像は堀に埋没した時点で、すでに長期の年数を経ていたと推測できる。神像の製作年代は特定できないまでも、第二面の神社が再建された十一世紀後半ころに製作され祭祀の対象となっていたのではないか。第二面の神社本殿の時代から、五体の神像を祀っていた可能性は高い。

五体の神像のうち一体は冠と袍を着けた男神像、三体は長い髪を垂らした女神像で、残りの一体は腐朽が著しく男神か女神かは判別できない。像高は最大で一四・七センチ、最小で一〇・〇センチ、女神像一点がケヤキ材であるほかは、すべてヒノキ材である。神像は、いずれも小さく、間口三間の流造の本殿内に、これらの神像を直接安置していたとは考えにくい。神座もしくは厨子のような小さな神殿「玉殿」の中に、神像を安置したと考えるべきだろう。これに対応するのが、小さな高欄の部材と金銅製の錺金具である。これらは、小さな神像を安置した神座か玉殿のものとして矛盾はない。本殿の身舎は間口（桁行）三間、奥行（梁間）二間なので、本殿の奥一間の空間に、高欄や錺金具を付けた神座か玉殿を置き、そこに神像を安置し祭祀の対象としたと考えてよいだろう。

流造の社殿と祭式　このように社殿と内部の様子を復元すると、次に、どのような祭祀を行ったのかという点が問題となる。平安時代後期、流造の社殿で行なった祭祀の内容は明確にできない。しかし、鎌倉時代に、流造の社殿の典型例、賀茂別雷神社（上賀茂神社）で行なった祭祀は、嘉元年間（一三〇三〜〇六）成立の『賀茂別雷神社嘉元年中行事』（原田監修、一九七〇）で知ることができる。まず、その祭式（祭祀の構成）を参照してみよう。

同年中行事で三月三日の御神事をみると、①祓、②御戸開き、③献饌、④祝詞奏上、⑤直会の順の構成となっている。最初の祓は、楼門の外の橋殿で行い、本殿の御前へ参進する。本殿の御戸開きの作法は、同年中行事の「正月巳の日の御神事」に、「祝が階の下で揖（頭を下げる作法）をして階を昇り縁で再び揖をし、二拝して扉を開ける」とある。御扉が開くと、御内（本殿の身舎内）へ神饌を供える献饌となる。神饌は、箸、御飯、各種の餅（餅・松餅・草餅）、魚（鯉）、鳥、御精進物（野菜・海藻類）、御菓子の順で供えている。神饌を供えると社司（神職）などは本殿から退出、社務（神主・宮司）も本殿から退出して、本殿に面して建つ祝詞舎へ移動。二拝して祝詞を奏上。つぎに社務・祝（神職）などは再び本殿に参り、本殿内から神饌を下げ、社務が御内から出て庇の柱のもとに控え、祝は本殿内から出て「御じょうさしまいらす」、つまり御錠を挿して御扉を閉める。ここで、本殿での祭祀は一段落する。この後、社務以下の神職たちは、楼門の外で境内の庁屋に移り饗宴（直会）となる。

本殿での祭祀　以上の上賀茂神社での祭式を参考にすると、同じ流造の、第二面の本殿での祭祀も、次のように推定できる。

まず、祝などの神職が正面の階を昇り、庇の床で御扉を開く。つづいて、本殿内の外陣（手前一間分の空間）に入り、内陣（本殿の奥一間分の空間）の神座もしくは玉殿（神像を安置する）に神饌を供える。次に、本殿の正面の階の下で、社務や神主のような上位の神職が祝詞を奏上。この後、本殿内の神饌を徹下し、扉は閉め祭祀は終了。神職は神前から退出し、場を改めて饗宴の直会となった。『嘉元年中行事』の直会の場は、本殿の楼門の外、境内の庁屋であるため、塩津港遺跡の神社でも本殿から距離をとった場所で直会は行われたのかもしれない。

本殿の身舎は、間口三間（四・五メートル）、奥行き二間（三・六メートル）の規模で、正面に幅三尺（九〇センチ）の庇がつく。この規模ならば、本殿内と庇で御戸開きと献饌の作法を行うことができ、本殿内で神座・玉殿に安置した神像に神饌などを供えて祭祀を執行したと推定できる。本殿の周辺からは、京都系のカワラケ（土器）小皿が集中的に出土している。上・下賀茂神社では、カワラケ小皿に神饌を盛り付けて供えており、ここから出土したカワラケ小皿も同様に考えてよいのだろう。

再興された神社　第二面の下層、第三面からは八・九世紀代の須恵器のほか、平城京の土師器が出土している。この周辺が、八世紀には奈良の都、平城京と結びついた港湾として機能していたことは間違いない。部分的な発掘調査であるが、第二面の本殿の下層では建物の柱穴を確認しており、その周辺から東にかけて遺物が集中する範囲も明らかになっている。出土遺物は八・九世紀代の須恵器が中心で、奈良三彩も含まれる。須恵器は坏を主として壺・甕があり、奈良三彩は仏具と考えられる火舎香炉である。また、木製の人形、檜扇のほか、直径四・五チセンの銅製の円板が出土した。この円板の中央には鈕と考えられる突起が付き、平城京や石川県の寺家遺跡（気多大社と関係する祭祀遺跡）などで出土する祭祀用の鏡「素紋鏡」と一致する。第三面の柱穴からは建物の規模・構造は明らかにできないが、人形や素紋鏡という祭祀具の存在から考えて、第二面に先行する古代の神社が存在していた可能性は高いだろう。

図68　賀茂御祖神社（下賀茂神社）賀茂祭神饌模型

つまり、八・九世紀の神社が、九世紀後半以降に一度水没、ここが十一世紀後半に陸化した時点で再興されたのが第二面の神社ということになる。十世紀末期の長徳二年（九九六）、紫式部が「老津島、島守る神」と詠んだ塩津の洲崎の神社は、標高が高い北側へと移動していた時期の神社だったのではないかと考えられる。それでも、地形が元に戻ると、元の場所に新たな流造の社殿で神社は再興された。塩津の神にとって古代以来の祭祀の場所は重要な意味を持ち続けた。やはり、そこの地形・環境の働きに、神の存在を直観する伝統的な神観が存続していたからだろう。

三　賑わう十二世紀の神社

第一面の境内　第二面の上層、第一面の時代は、西暦一一二六年頃から十二世紀末期までである。この時代になると南堀は、さらに南へ移動し、境内の範囲は広がった。規模は東西幅が約四四メートル、南北幅は五二メートルとなる。南堀の中央を五メートルの幅で掘り残して参道とし、参道の入り口と堀を越えた場所に、それぞれ東西一対の柱穴を確認している。これらは鳥居のものと考えられ、三つの柱穴内に四本の柱根が残っていた。うち三点の直径は四五センチから三四センチで太く、柱穴の深さは六五センチから一メートル程度と深い。これらの柱根と二対の柱穴からは、参道の手前と奥に立つ鳥居を復元できる。ただし、この二基の鳥居が同時に建っていたのか、一基ずつ建て替えられたのかは断定ではきない。それでも、境内正面の鳥居は、柱根や柱穴の大きさから、十一世紀後半の第二面のものより立派になっていたのは間違いない。

　これと連動するように、境内の北東隅の出入り口も広くなる。第一面の境内は、北堀を北東隅から一一メートルの幅で掘り残し、境内への出入口とした。第一面の十二世紀には、境内へ出入りする人々が増加したためだろう。

　第一面の時代、境内の景観は大きく変化した。境内中心に建つ本殿は小規模となり、瑞垣（玉垣）が

（ご注意）

・この用紙は、機械で処理しますので、金額を記入する際は、枠内にはっきりと記入してください。また、本票を汚したり、折り曲げたりしないでください。

・この用紙は、ゆうちょ銀行又は郵便局の払込機能付きＡＴＭでもご利用いただけます。

・この払込書を、ゆうちょ銀行又は郵便局の渉外員にお預けになるときは、引換えに預り証を必ずお受け取りください。

・ご依頼人様からご提出いただきました払込書に記載されたおところ、おなまえ等は、加入者様に通知されます。

・この受領証は、払込みの証拠となるものですから大切に保管してください。

収入印紙
課税相当額以上
貼　　付

印

この用紙で「本郷」年間購読のお申し込みができます。

◆この申込票に必要事項をご記入の上、記載金額を添えて郵便局でお払込み下さい。

◆「本郷」のご送金は、４年分までとさせて頂きます。

※お客様のご都合で解約される場合は、ご返金いたしかねます。ご了承下さい。

この用紙で書籍のご注文ができます。

◆この申込票の通信欄にご注文の書籍をご記入の上、書籍代金（本体価格＋消費税）に荷造送料を加えた金額をお払込み下さい。

◆荷造送料は、ご注文１回の配送につき500円です。

◆キャンセルやご入金が重複した際のご返金は、送料・手数料を差し引かせて頂く場合があります。

◆入金確認まで約７日かかります。ご了承下さい。

※領収証は改めてお送りいたしませんので、予めご了承下さい。

お問い合わせ　〒113-0033・東京都文京区本郷７－２－８
吉川弘文館　営業部
電話03-3813-9151　FAX03-3812-3544

この場所には、何も記載しないでください。

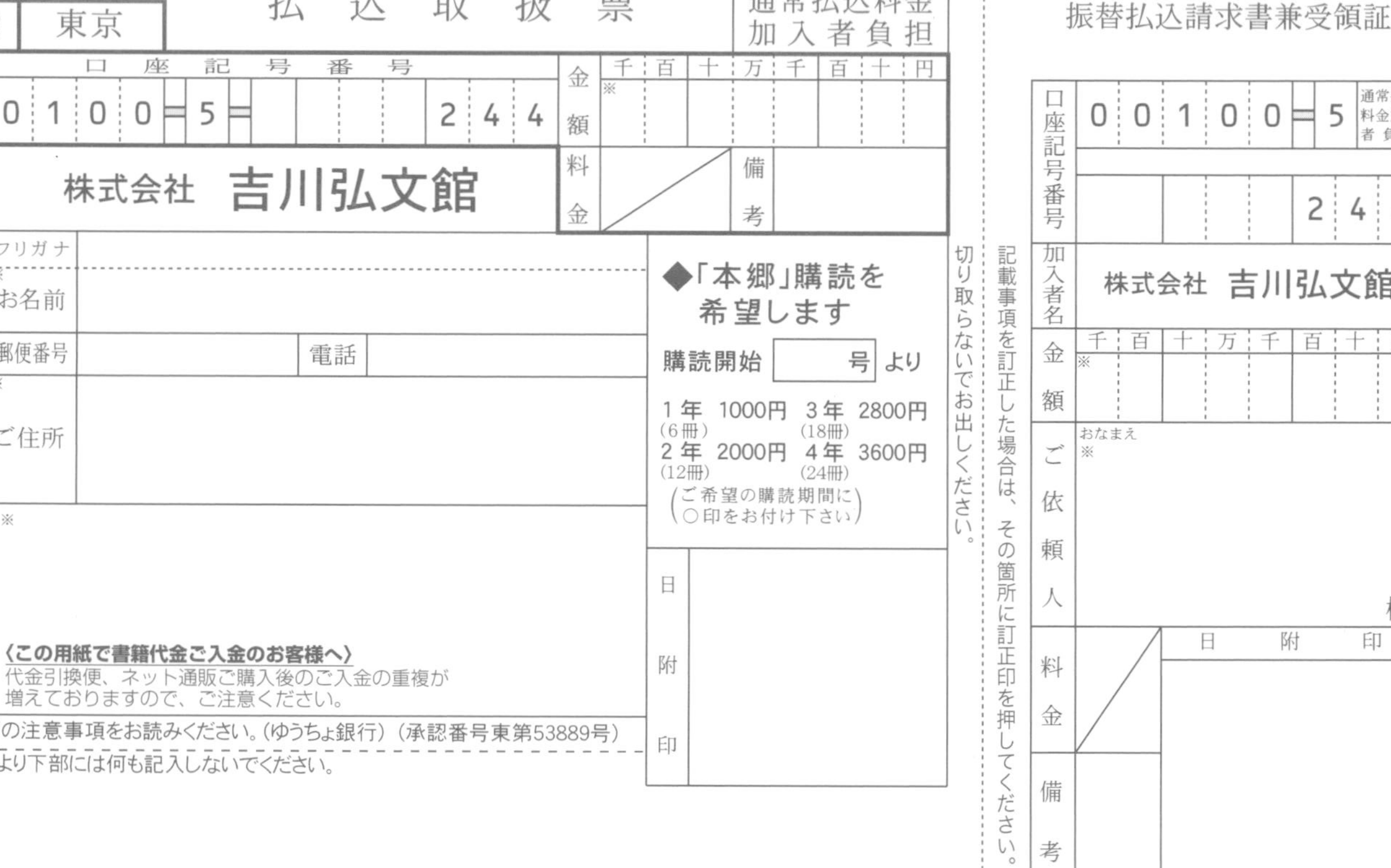

払込取扱票

02 東京

通常払込料金加入者負担

口座記号番号	00100-5-244
加入者名	株式会社 吉川弘文館
金額	千 百 十 万 千 百 十 円 ※
料金	
備考	

ご依頼人・通信欄

フリガナ

※お名前

郵便番号　　電話

※ご住所

※

〈この用紙で書籍代金ご入金のお客様へ〉
代金引換便、ネット通販ご購入後のご入金の重複が増えておりますので、ご注意ください。

◆「本郷」購読を希望します

購読開始　　号より

1年　1000円（6冊）　3年　2800円（18冊）
2年　2000円（12冊）　4年　3600円（24冊）
（ご希望の購読期間に○印をお付け下さい）

日附印

各票の※印欄は、ご依頼人において記載してください。

切り取らないでお出しください。

裏面の注意事項をお読みください。（ゆうちょ銀行）（承認番号東第53889号）

これより下部には何も記入しないでください。

記載事項を訂正した場合は、その箇所に訂正印を押してください。

振替払込請求書兼受領証

口座記号番号	00100-5-244 （通常払込料金加入者負担）
加入者名	株式会社 吉川弘文館
金額	千 百 十 万 千 百 十 円 ※
ご依頼人	おなまえ ※　　様
料金	日附印
備考	

この受領証は、大切に保管してください。

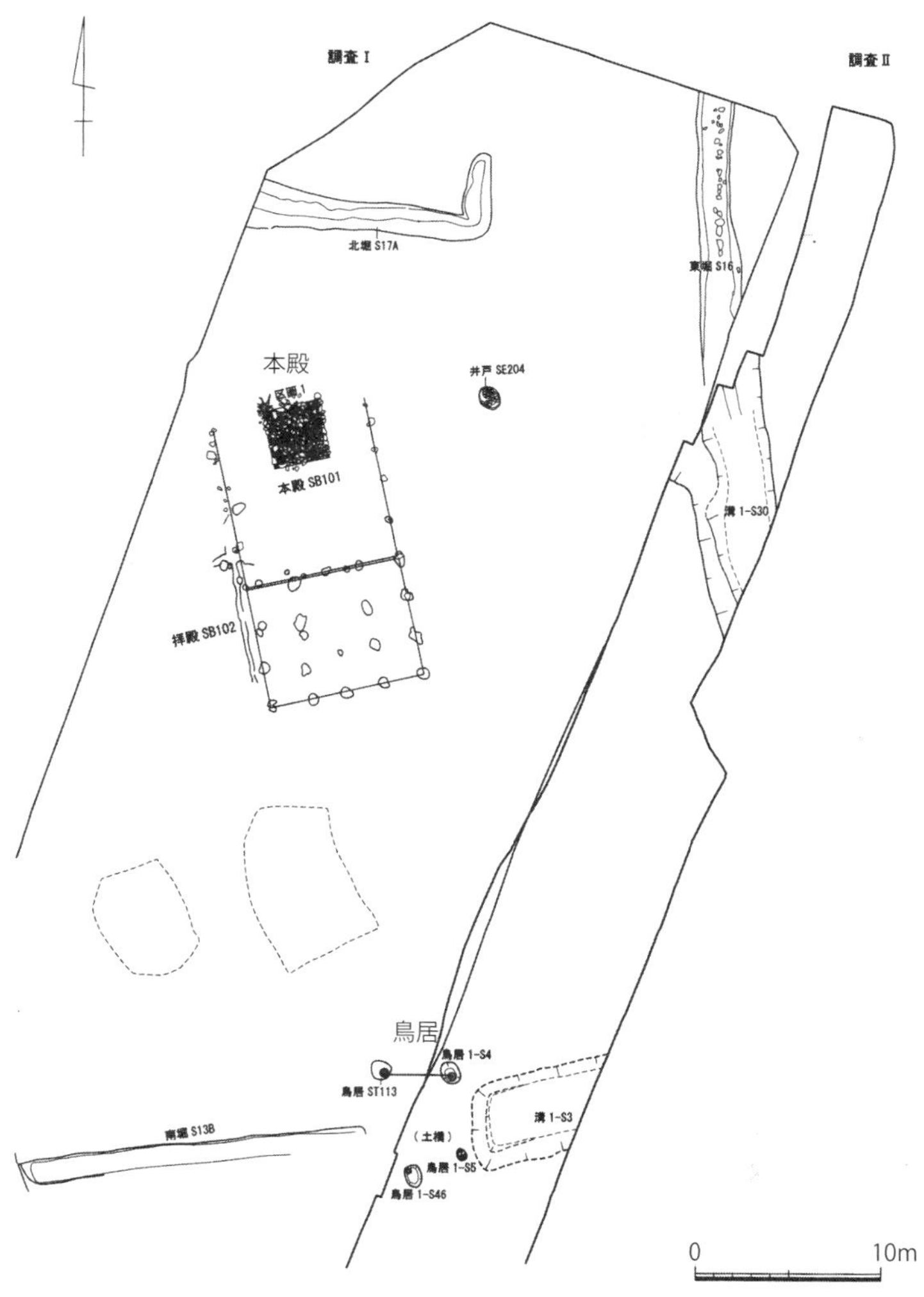

図69　第１面前期神社遺構

囲む形式となった。十二世紀前半、本殿の東には井戸があり、その南の土坑には灰と炭を廃棄していた。井戸は境内の本殿近くにあるので、神事専用の井戸であった可能性が高く、近くから灰・炭が出土していることを併せて考えると、井戸の水を使い、この付近で神饌調理を行なったとの推定が可能となる。しかし、この井戸は十二世紀後半には埋め戻され、本殿の東に広い空間を造っている。

本殿の南では、十二世紀前半に一棟、後半になると三棟の付属建物が並び建ち、三棟の建物の中央には旗竿のような高い柱が立つようになる。また、境内北東の出入口には北門が建ち、十二世紀後半に境内の建物・施設の数は一気に増加する（図73「第一面最終段階神社遺構」、二二七頁）。

境内周辺に目を転じると、堀で囲まれた土地の区画が成立。神社が鎮座する大川河口の中洲では、新たな土地利用が始まっていた。境内だけではなく、大川の河口周辺の広い範囲で景観は変化したのである。これは、大坪川の河口で港湾施設が大きく発展したことと関連していたと考えられる。

新たな本殿　第一面の本殿は一度の建て替えが行われている。十二世紀前半の本殿は、下層（第二面）の本殿より東へ一・七メートル移動して建てられた。建物の基礎構造が変わり、東西幅三・一五メートル、南北幅二・八メートルの方形の石敷きを基礎としている。ここに柱の痕跡や明確な礎石は確認できないため、方形の石敷きの上で角材を井桁に組み、これを土台として柱を立てる建物を推定できる。この構造と合致する社殿建築としては、十二世紀後半（一一七〇年代）の『年中行事絵巻』に描かれた「見世棚造（みせだなづくり）」の社殿がある（三浦、二〇一三）。建物構造は変化するものの、本殿の中心軸は、正面に琵琶湖を望む方位で、第二面の本殿と変わりはない。

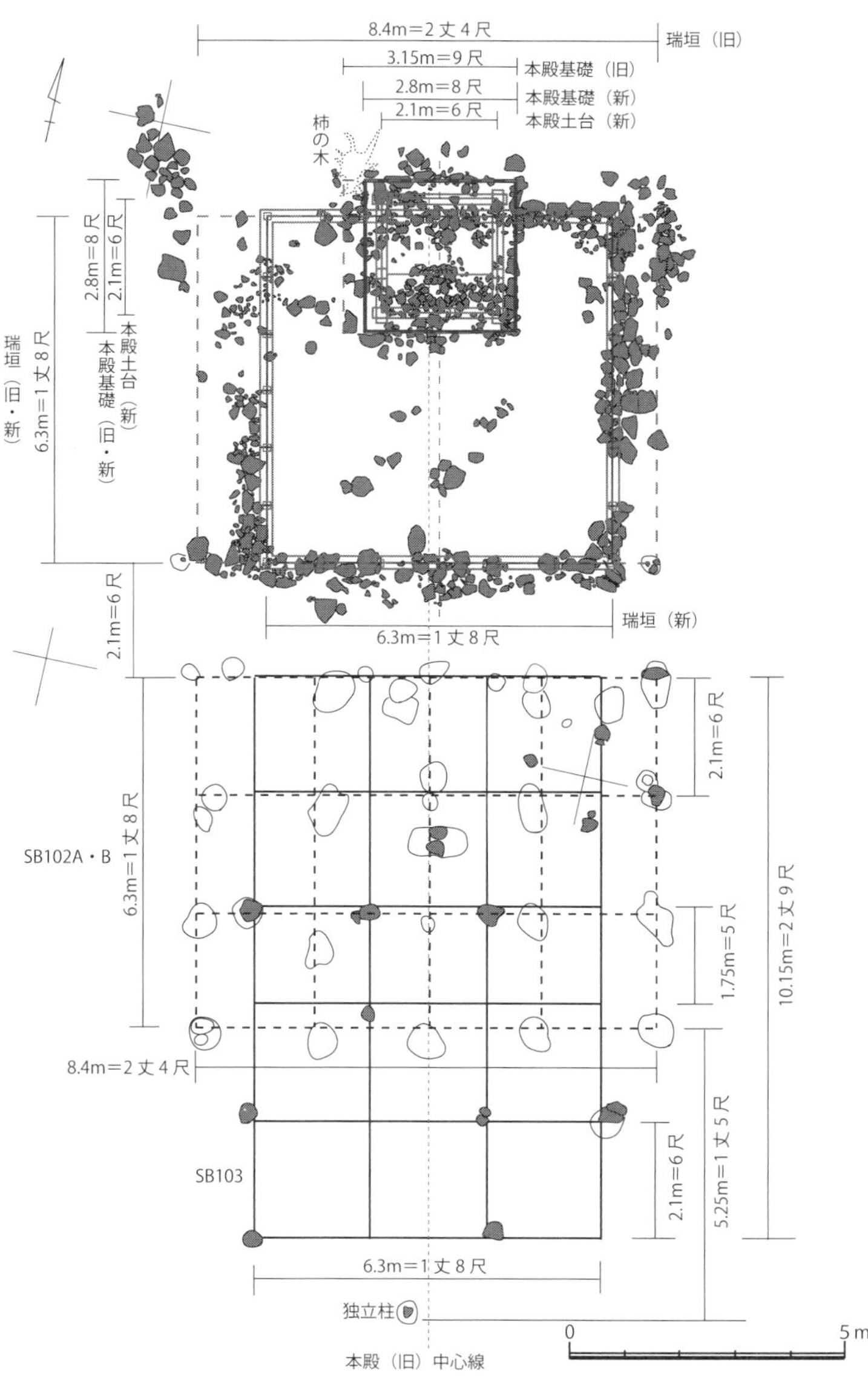

図70　第1面神社遺構（新旧本殿・付属建物）復元案

また、本殿の石敷につなげて、東西八・四メートル、南北六・三メートルの範囲を囲む石列も造られた。この石列上に角材を置き土台として柱を立て、それを横方向に貫（ぬき）で連結すると、本殿の正面を特別な空間として区画する瑞垣となる。

なお、塩津港遺跡の港湾部分からは一尺が三五センチとなる十二世紀の木製尺が出土している。一尺＝三五センチで換算すると、十二世紀前半の本殿基礎の規模は九尺×八尺、瑞垣の規模は二丈四尺×一丈八尺となり、いずれも切りの良い数値となるため、十二世紀前半には、建物の基準尺を、一尺＝三〇センチから一尺＝三五センチへと変更していたと考えられる。

この本殿は、十二世紀後半に改築され、本殿の基礎は東西・南北ともに二・八メートル（八尺）、瑞垣は東西・南北六・三メートル（一丈八尺）に縮小する。十二世紀前半の社殿が老朽化したため建て替えられたのだろう。発掘調査では、本殿基礎の北西隅に柿の樹根を確認している。この柿の木は、本殿の改築時に伐採されず、むしろ本殿の規模を縮小し残された。実を神饌に供する神聖な柿木だったのかもしれない。

見世棚造の本殿　第一面の見世棚造の本殿を、改築後の最終段階、十二世紀後半の状況で細かく見てみよう。本殿の規模については、石敷きの基礎が二・八メートル（一尺＝三五センチで換算すると八尺）四方となるので、幅二・一メートル（六尺）で井桁に土台を組み、四隅に柱を立てると全体的なバランスはよく、間口・奥行ともに柱間が六尺＝一間の幅を確保できる。奥行き六尺のうち手前（南側）に二尺（七〇センチ）の幅で神饌などを供える棚と庇を設定すると、その奥に間口（桁行）一間、奥行（梁間）四尺の身舎を造ることができる。

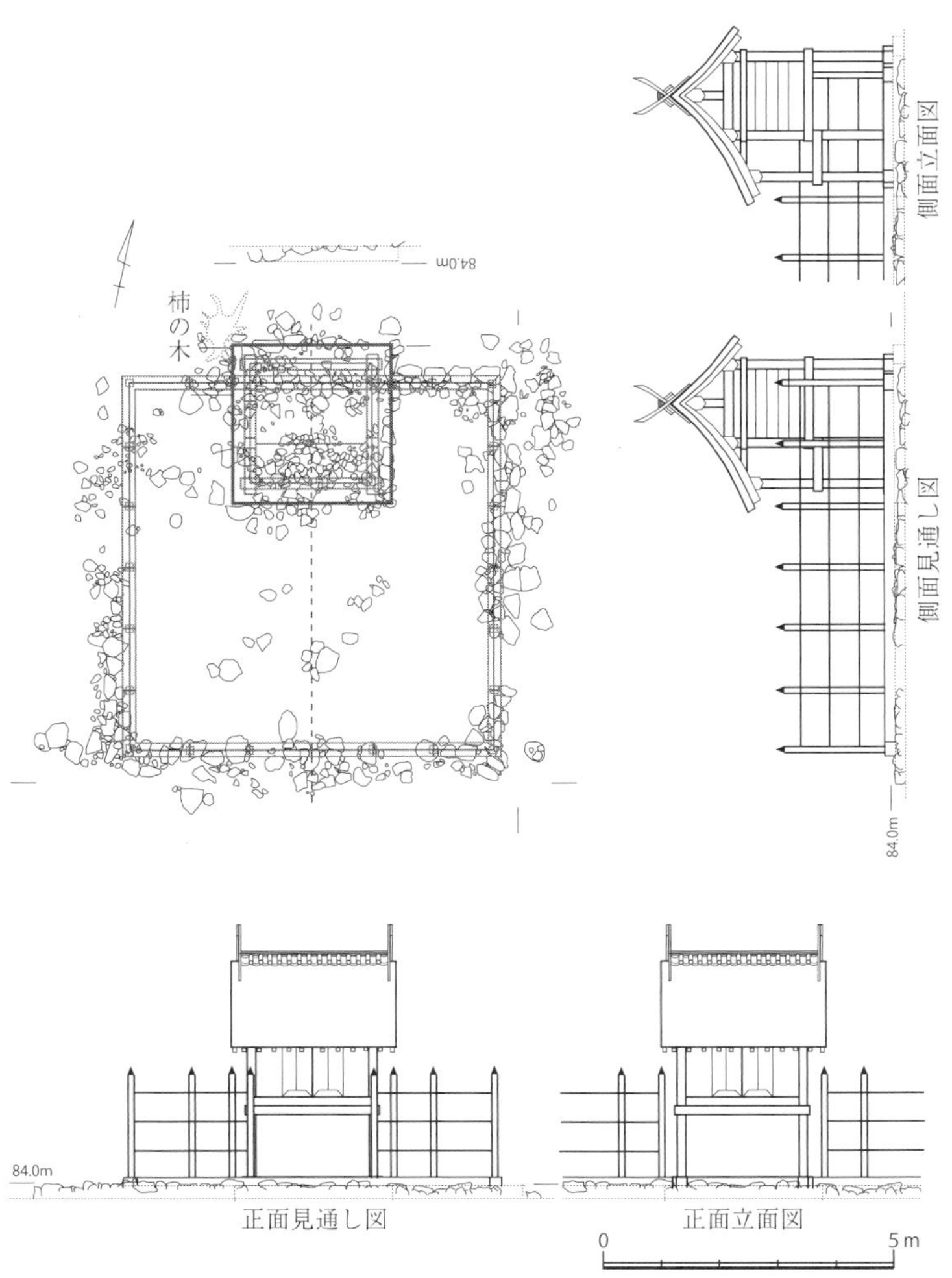

図71　第１面神社本殿・瑞垣（新・最終段階）の復元推定図

図72　南堀出土の懸魚

屋根の形は、出土した遺物から推定が可能である。まず、小形の瓦がまとまって出土しており、種類には軒丸・軒平・熨斗瓦がある。また、檜皮そのものが出土している。このため、屋根の棟は小形の軒丸・軒平瓦と熨斗瓦を組み合わせた甍棟として屋根は檜皮で葺いていたと考えられる。小形瓦では、棟の両端に置く鬼瓦（棟端瓦）は確認できないので、棟の両端には千木を置いていたと推定でき、『年中行事絵巻』巻十二（小松編、一九八七）に描かれた今宮神社の本殿の屋根と同様に復元できる。

玉殿と神像　第一面の神社の最終段階（十二世紀末期）に五体の神像は埋没している。このため本殿内には、五体の神像は祀られていたことになる。本殿の身舎正面に扉を付け、内部に神像を安置したと考えられる。本殿での神像の祀り方と関係するのが、小形の建築部材の存在である。その一つが、南堀から出土した懸魚（げぎょ）である。懸魚は棟材の小口を飾る部材で、南堀から出土したものは長さ一三・五チセン、幅一二・四チセン。その形態は、広島県の厳島神社の摂社、地御前（じごぜん）神社の客人社の玉殿（社殿内の厨子状の小神殿）に付く懸魚と類似する（山田、二〇〇八）。客人社の玉殿は桁行（間口）が三尺（一尺＝三〇チセン換算で九〇チセン）、梁間（奥行）は二・五三尺（七五・九チセン）で、その懸魚の長さは約六・五寸（一寸＝三チセン換算で、一九・五チセン）、幅は六寸（一八チセン）である。これと比較すると、塩津港遺跡の懸魚は一回り小さく、間口が三尺（九〇チセン）の玉殿より小さな建物に付いていたと推定できる。

また北堀からは、垂木を受ける部材（桁材カ）が出土した。幅二・一チセンの垂木を受けるように四角い切り込みが八チセン間隔で並んでいる。垂木は屋根を構成する部材で、この幅の垂木は通常の建物より明らかに細い。やはり、小さな建物の垂木と考えるのが妥当だろう。

これらの小形部材からは、小形の屋根を持った建物を推定でき、それは本殿内に納めた小形の神殿「玉殿」の部材と考えると理解しやすい。その規模は、懸魚の大きさから地御前神社客人社の玉殿より一回り小さいと考えられるので、間口は二尺（一尺＝三五チセンで七〇チセン）前後となるだろう。第二面の本殿は基礎の幅から間口一間、二・一メートルと推定しているので、この大きさの玉殿ならば、充分に収納可能である。また、出土した五体の神像の幅は、最大で一〇チセン程度、最小は約八チセンであり、やはり玉殿内にすべての神像を安置できる。五体の神像は、見世棚造の本殿内で、懸魚を付けた切妻屋根の「玉殿」内に安置し、祀られていたと考えられる。

第一面の見世棚造の本殿は、第二面の本殿よりも規模が縮小し、神像と玉殿を奉安する機能に特化した構造となった。神饌や幣帛は、正面の庇の棚に供え、神饌などを供える作法、祝詞の奏上などは瑞垣で囲まれた空間内で行われたのだろう。この変化は、祭祀の性格の変化を意味し、それは、本殿の正面（南側）に新たに建てられた付属建物の性格と関係していた。

付属建物と旗竿　本殿の南の付属建物も本殿と同じく二段階で変遷した。まず、本殿の前を囲む瑞垣に接して、東西棟の建物（SB一〇二A・B）が建った。桁行四間（八・四メートル）、梁間三間（六・三メートル）で、一尺を三五チセンで換算すると、それぞれ二丈四尺、一丈八尺と切のよい数字となり、本殿の尺と一致する。

また、この建物の中心軸は、十二世紀前半の本殿と一致し、本殿・瑞垣と一体に計画され建てられたと判断できる（図70「第一面神社遺構復元案」、二二一頁）。

十二世紀後半の最終段階になると、付属建物は三棟に増加する（図73「第一面最終段階神社遺構」）。本殿前の建物（SB一〇三）は礎石建ちとなり、棟の方位は九〇度回転して南北棟となる。梁間（東西幅）は三間（六・三メートル）と先行する建物と同じだが、桁行（南北幅）は四間（八・四メートル）か最大で五間（一〇・一五メートル）に復元できる。桁行四間・梁間三間に復元すると、先行する掘立柱建物のSB一〇二A・Bと規模は一致する。この南、十二世紀前半の付属建物（SB一〇二A・B）の南辺から六・三メートル、十二世紀前半の本殿の中心線から東へ約七メートルの地点に東舎（SB一〇八）が建つ。東西棟の掘立柱建物で、桁行四間（八・四メートル）、梁間三間（六・三メートル）で、十二世紀前半の本殿前の建物と規模・構造ともに一致する。また、本殿の中心軸を挟んだ西側で、ほぼ同じ距離を置いた地点には西舎（SB一〇九）が建つ。この建物も掘立柱構造である。柱穴の多くは失われているが、残された柱穴からは東舎と同規模の建物に復元できる。

さらに、この三棟の付属建物に囲まれた地点には独立した柱穴があり、なかには芯持ちの杉材を一〇角形に面取りした直径二七センチの柱根が残っていた。柱根は九〇センチの長さで残り、この長さが十二世紀当時の地表面から埋め込んだ深さとなる。柱の太さ、埋め込みの深さから推定すると、この独立柱は、空を突くような高い竿柱であったと推定でき、幡や幟を掲げていたのだろう。

今宮神社・城南宮の景観　本殿前の付属建物を、現在の神社と比較して拝殿とみることはできる。し

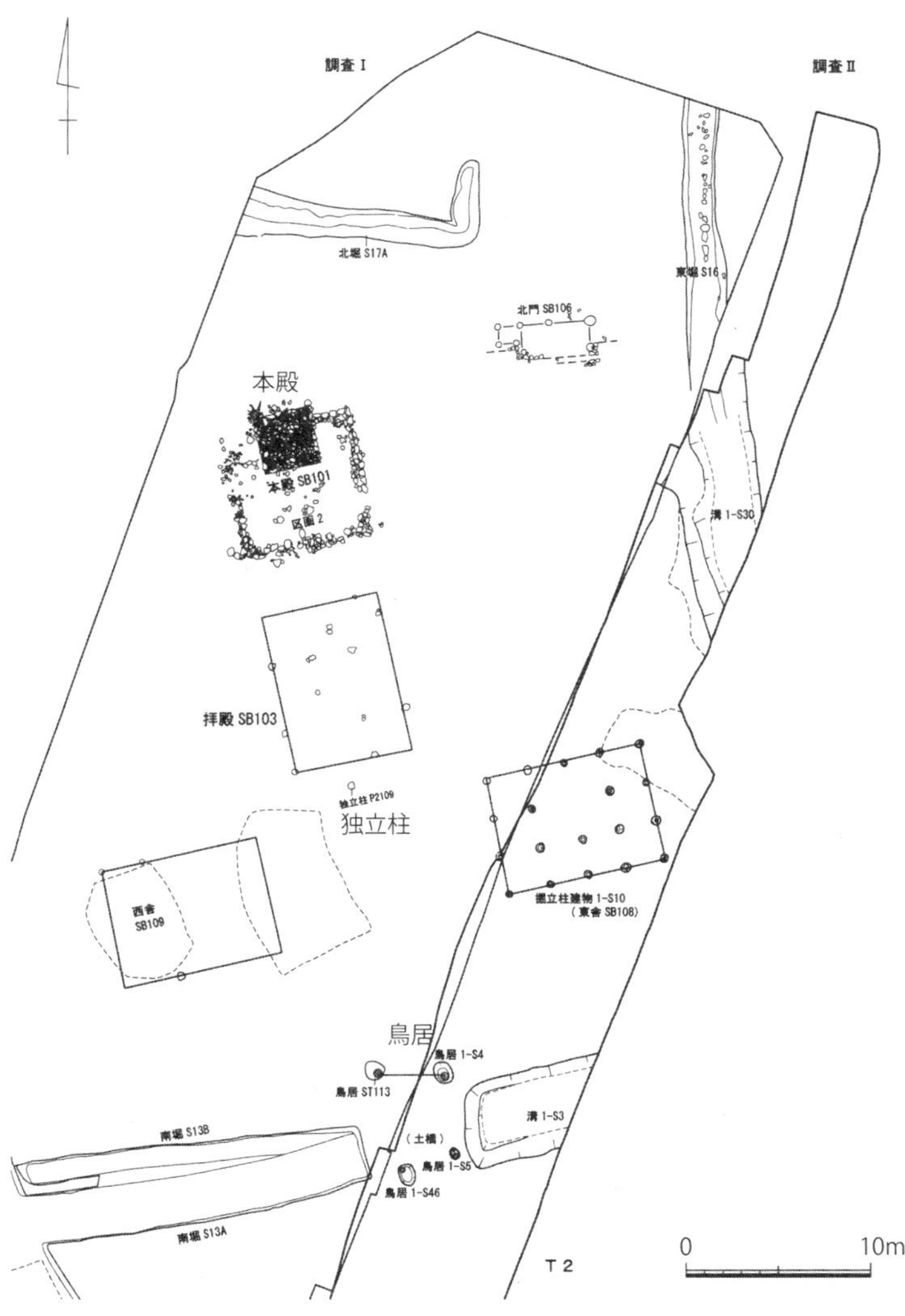

図73　第1面最終段階神社遺構

かし、建物の方位を東西棟から南北棟へ変更したり、三棟の建物が並び建ったりしており、単純に拝殿とはできない。これを考えるには、やはり同時代の『年中行事絵巻』が描く神社の景観が参考となる。塩津港遺跡の神社と類似する境内景観は、巻十一の今宮神社と城南宮と考えられる神社（以後、便宜的に城南宮）でみることができる。

今宮神社の草創は、長保三年（一〇〇一）五月九日、平安京の北、紫野で疫病を鎮めるため疫神を祀った御霊会に遡る。御霊会のために三棟の神殿と瑞垣などを、木工寮・修理職が造営、御輿を内藏寮が造り、この社を「今宮」と名付けたという（『日本紀略』）。草創の記事に符合するように、『年中行事絵巻』の今宮神社の境内には三棟の本殿が建ち、瑞垣がめぐる。境内の周囲は水田で正面は小川か堀で区画され、渡ったところに鳥居が建つ。これをくぐり、多くの男女が大幣や酒食を持参して境内に入っていく。

本殿は礎石立ちの流造。屋根は桧皮葺、棟は小形瓦を使用した甍棟で両端には千木を置く。三棟の本殿の前面に空間を設け、本殿に並行する板葺建物（板葺建物1）が建つ。もう一棟の板葺建物2は、これに直行して本殿の脇に建つ。板葺建物1は、礎石に土台を置く構造である。本殿の前では、中央で若い巫女が鈴を手に里神楽を舞い、左右に三人ずつに分かれて筵に座る女性たちは鼓を打ち、扇子で拍子をとりながら神楽唄を唄っている。本殿の前と脇の板葺建物のなかでは大勢の男女、僧侶たちが座り、巫女の里神楽を眺めている。そこには提子を持つ若者、折敷にならべた食膳を挟んで談笑する人々がいる。板葺建物は、里神楽を観覧しながらの饗宴の場となっているのである。

一方の城南宮は、平安京の南に鎮座する神社である。境内は板垣の瑞垣で区画・遮蔽され、正面（南面）の鳥居が境内への出入り口となる。鳥居からは大勢の老若男女が続々と境内へと向かっており、捧げものの大幣を持つ人物もいる。ここを入ると直ぐに蕃垣があり、境内や本殿を外から見通せないようにしている。この場面には本殿は描かれないが、鳥居・蕃垣の奥に南面して位置すると考えられる。その手前の右側（東側カ）に見世棚造の五棟の境内社が並ぶ。これに面して礎石に土台を置く板葺建物1があり、境内社の南に板葺建物2、境内の左（西）端に板葺建物3が建つ。本殿が鳥居の方向を向き南面して東西棟で建つと仮定すると、境内の板葺建物の棟方位はすべて本殿に直行し、対面していない。

鳥居・蕃垣の奥、境内社と板葺建物1との間は、本殿の正面、神前に当たると考えられる。そこでは太鼓・鼓・拍板（びんざさら）を手にし、女童が加わった一団が賑やかに田楽を舞い、これを板葺建物1・2の中や周囲の人々は楽しそうに観覧する。また、板葺建物1の左奥（北西）では、鼓を持つ神楽囃子の女性たちが食事をとっている。里神楽が終わった後の寛いだ食事だろうか。

祭礼と饗宴　改めて、塩津港遺跡の神社と『年中行事絵巻』の今宮神社・城南宮の景観を比較してみよう。十二世紀後半の塩津港遺跡の神社本殿は、甍棟・檜皮葺の屋根の見世棚造に復元でき、正面（南）に瑞垣で区画した斎庭と考えられる空間がある。その南に三棟の付属建物が建つ。付属建物には礎石と掘立柱の構造があり、棟方向は本殿と直行もしくは並行する。この付属建物の状況は、『年中行事絵巻』が描く今宮神社・城南宮境内の板葺建物と配置や構造という点で共通する。

こう考えると、本殿前の付属建物は祭祀で拝礼を行う「拝殿」という役割だけでなく、神前での里神

図74 『年中行事絵巻』今宮神社境内

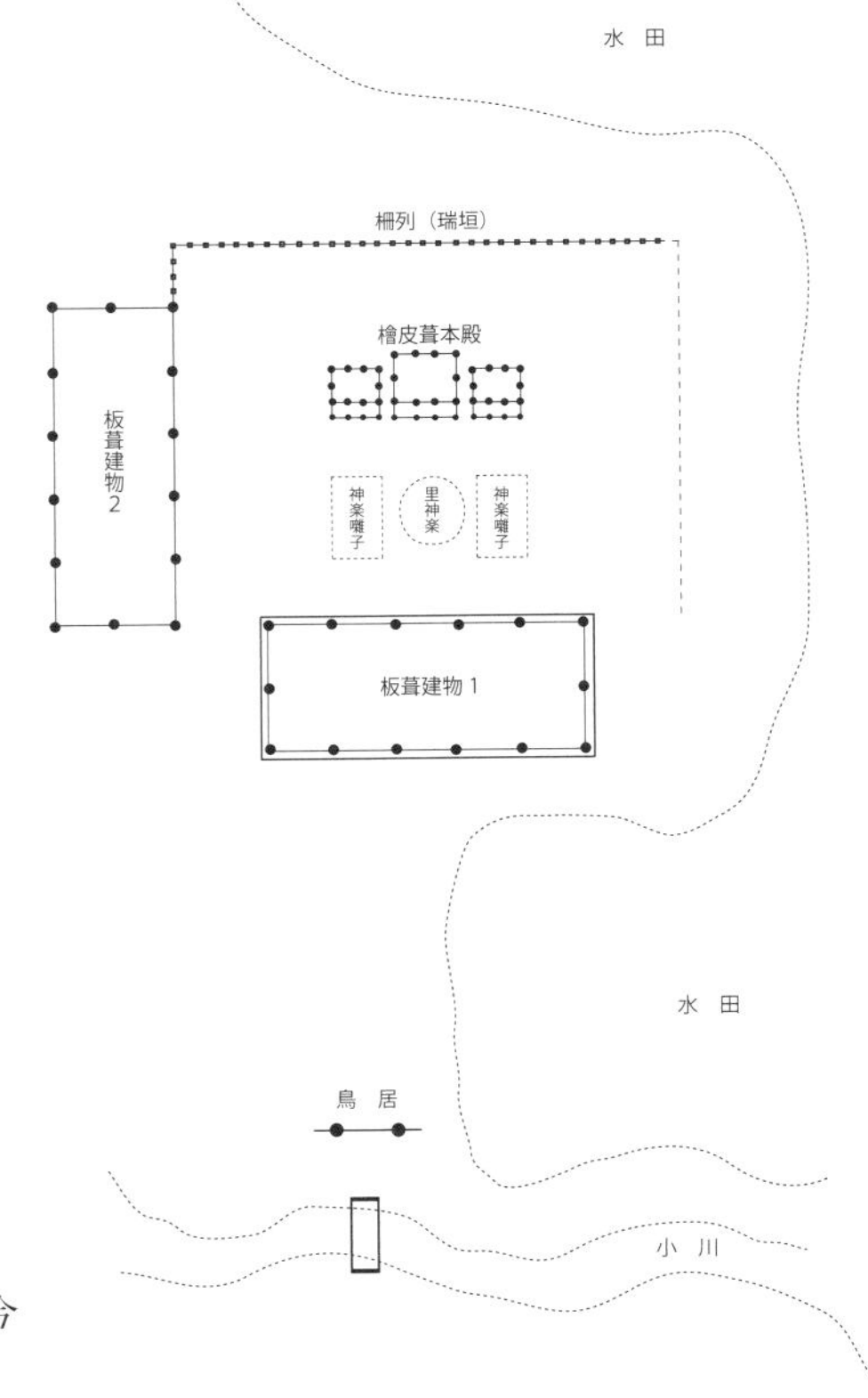

図75 『年中行事絵巻』今宮神社境内模式図

図76　『年中行事絵巻』城南宮境内

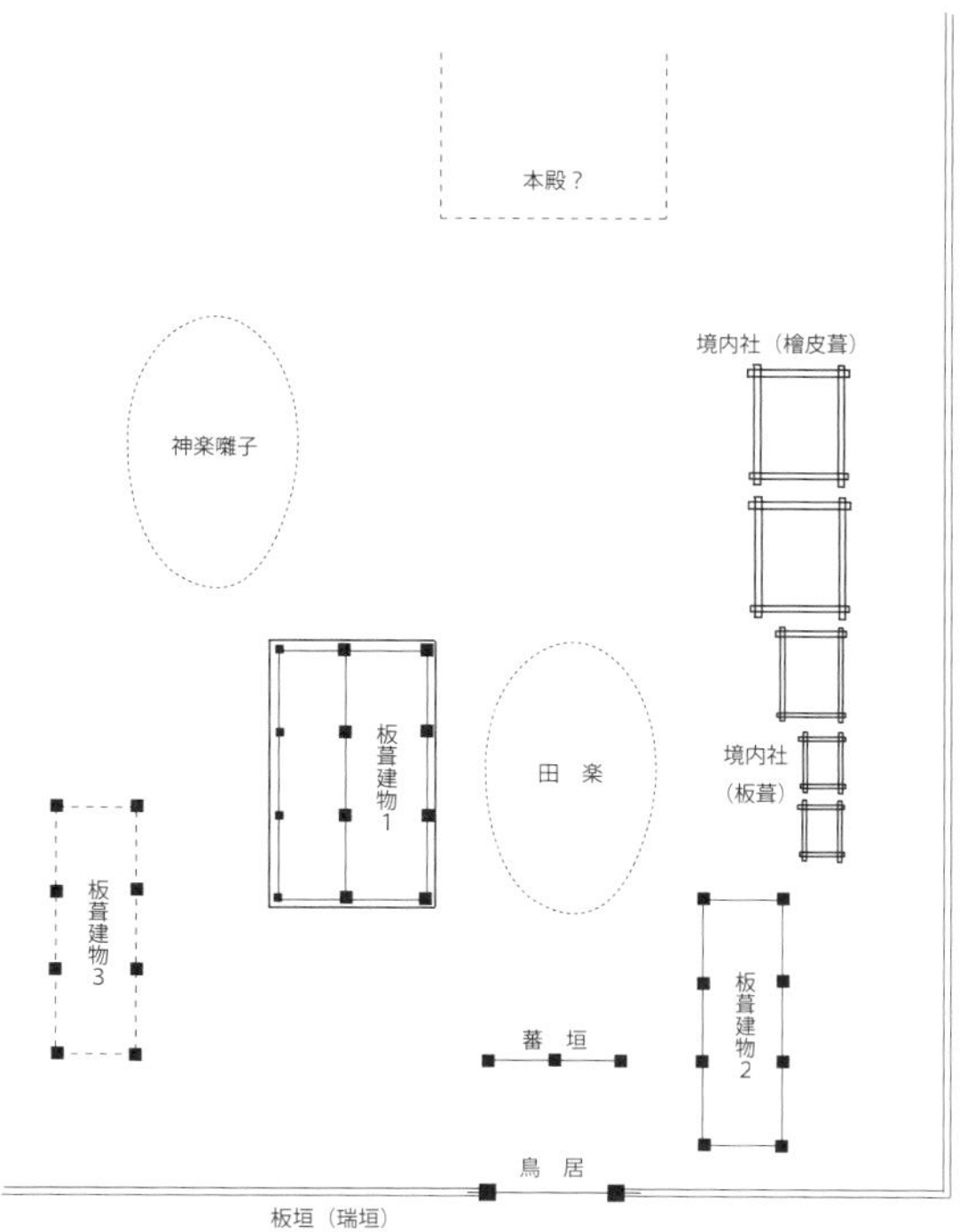

図77　『年中行事絵巻』城南宮・同模式図

楽、境内での田楽などを観覧し、併せて食事や饗宴が行う「桟敷」としての性格も持っていたといえよう。今宮神社・城南宮境内の情景は、閉ざされた空間で厳格に行う「祭祀」ではなく、不特定多数の人々が観覧・参加し楽しむ「祭礼」といってよい。塩津港遺跡の神社の付属建物でも饗宴を行っていたのだろう。それを裏付けるのが、南堀から出土した多量の箸であり、漆器の椀・皿、折敷の存在である。さらに独楽、木球、将棋の駒といった遊戯具までである。饗宴とともに遊戯を楽しむ場でもあった。境内正面の鳥居が大きくなり、境内北東の出入り口の幅が広がるという境内の変化は、この状況を端的に反映していたのである。

御幣と京都系のカワラケ　さらに、これは、出土した幣串と土師器（カワラケ）の小皿・坏と関連してくる。幣串は、簡易な幣帛とする布や紙を挟み木綿や紙垂をつけ御幣とするもの（第四章三節参照）で、木製の串の先端を二つに割り、布・紙を挟めるようにしている。塩津港遺跡の神社跡からは多様な幣串が出土した。長さが一一〇㌢以上の大形品から、六五～五〇㌢程度のものまで規格はまちまちで、さまざまな人たちが、各々で御幣を用意して持参し神前へ供えたと考えられる。

一方で、十二世紀代の本殿の周辺からは、カワラケの小皿と坏が集中して多量に出土した。出土したカワラケの総重量は一一一〇㌔。一個体の平均重量を一〇〇㌘と仮定しても一万点以上となる。しかも、カワラケは平安京の周辺で生産された京都系のものである。つまり、平安京と北陸地方を結ぶ交通路上の塩津港の神社では、十二世紀代、多量のカワラケ小皿・坏を平安京から持ち込み消費していたことになる。ただし、カワラケは本殿周辺に集中するので、単純に饗宴で使用したものとは考えにくい。やはり、神前に供えた神饌を盛ったカワラケを本殿周辺に納めたと考えるべきだろう。そうすると、その出土量の多さからは、ここで多くの神饌が頻繁に、しかも京都系のカワラケを使い供えられたと推測できる。

これら幣串・カワラケの意味については、十二世紀代、平安京から紀伊国の熊野社に参詣した皇族・貴族たちの、道中の王子社での行為が参考となる。例えば、『中右記』によると筆者の藤原宗忠は、天仁二年（一一〇九）年の熊野参詣では王子社ごとに「奉幣」を行っている。また、吉田経房の『吉記』承安四年（一一七四）九月三十日には「滝尻王子に詣で奉幣、経供養、例の如し」（『増補史料大成』吉記二）とあるので、「奉幣」と、神前に経典を供える「経供養」の組み合わせが王子社では恒例となっていた。まさに、この奉幣に対応するのが幣串である。交通路を行きかう人々は、道中の神社（王子社）に奉幣し、旅路の安全を祈ったのである。また、経供養からは、そこでの信仰に仏教が大きく関わっていたことがわかる。具体的には、神祭りや神前での読経などに僧侶が関与したと考えられ、『年中行事絵巻』今宮神社の境内で僧侶が里神楽を観覧する風景へとつながっていく。

『吉記』の記事では、「奉幣・経供養」につづけて「社壇前に一巫女あり。里神楽を行うべきと雖も、傍輩無きにより、一人をもって舞わしむ」（同前）とあり、王子社の神前では巫女が里神楽を舞っていた。やはり『年中行事絵巻』が描く今宮神社境内を彷彿とさせる光景である。塩津港遺跡の神社のような、主要な交通路上の神社においても、そこを通過する人々が里神楽を奉納し、行き交う大勢の人々が観覧する様子を想像できる。彼らは御幣を捧げるだけでなく、各々でカワラケに盛った神饌も供えたのだろう。それらが撤下され、最終的に本殿の周辺に多量のカワラケの集積を残したと考えられる。

十二世紀における、塩津港遺跡の神社境内の様子は、ここが多数の人々が集う場となったことをうかがわせる。境内の中心に立っていた竿柱は、ここに集う人々の目印として幡や幟が掲げられたのだろう。それは琵琶湖上の船からも、敦賀から深坂峠を越えてきた人々からも遠望できたはずである。ここに集った人々は、いうまでもなく、平安京と北陸道を結ぶ交通路を行き交う人々であり、また、十二世紀に発展した塩津に住んだ人々でもあっただろう。不特定多数の人々が集まり、神へと御幣を捧げ神饌を供え、神前で奉納する里神楽などを楽しむ。これは、神輿渡御を行う祭礼に通ずるもので、十二世紀、都と地方を結ぶ交通路上の神社は、都ぶりの「祭礼」の舞台となっていたのである。

起請文木札の信仰　これに加えて、塩津港遺跡の神社における信仰を特徴づけるのが「起請文木札」である（濱、二〇二〇）。起請文木札は、仏教の天部と日本の神祇への誓約を墨書した木札で、長さ一七〇センチ程度（最長で二二〇・九センチ）、幅一一センチ程度の大きな木札である。出土点数は破片を含め四八六点におよび、神社境内の南辺を区画する南堀、特に西側から集中して出土した。木札の表面には風雨にさらされ風化した状況がみとめられ、神社正面に立て並べて一定期間を経た後に堀へと投棄されたと推定できる。

木札に墨書した内容は、まず最上段に拝礼を意味する「再拝」の文字を書く。次の段には、天部や神々の名を唱え招く「勧請」の神文を記す。勧請するのは、仏教系の梵天・帝釈天、炎魔法王、四天王などの諸天、陰陽道系の泰山府君、続いて日本の神々、王城鎮守の上下の賀茂・祇園・稲荷・春日・八幡、近江国鎮守の山王七社、地元の浅井郡の竹生嶋弁財天・塩津五所大明神をあげ、さらに日本国中三千七百余ヵ所の大小神祇まで対象とする。続けて誓約文となる。その目的は、米・魚・布・糸などの物資を取ったり、盗んだりしないことを誓うもので、もし誓いを破れば、「勧請の神罰・冥罰（勧請した諸天・神々の罰を）、近くは三日、遠くは七日の内に（己の身の）八万七千の毛口（穴）から蒙らしめたまう（蒙っても構わない）」などと明記している。

この誓約で「取ったり盗んだりしない」とする物資は、塩津を起点とする琵琶湖の水上交通で運ばれた品々と考えられる。したがって、ここで出土する起請文木札は、水運を担う人物が、自らの誠実な仕事を諸天・神々に誓ったものであり、塩津港遺跡の神社は、その誓約の場として最適だったのだろう。

起請文木札は十一世紀末期頃には出現し、年紀を確認できる例は二二点ある。最古が保延三年（一一三七）、最新は建久三年（一一九二）で、特に久寿二年（一一五五）から元暦二年（一一八五）までの間に一九点が集中する。この年代は、第一面の本殿の前に三棟の付属建物が並び、高い竿柱が立つ、神社境内が大きく発展した時期である。水運が活発となり、諸天・神々への誓約が盛んに行われていたのである。多くの人々が神社境内へと集う背景の一つが、ここにあるといってよい。

起請文木札の冒頭の神文は、仏教の諸天とともに日本の神祇を、名を呼び招く「勧請」の対象としている。十二世紀の神社境内の景観の変化は、日本の神祇を仏教の「勧請」の対象とする信仰面での変化に対応したものでもあった。十二世紀代の神社遺構から出土した、仏教信仰にもとづく卒塔婆、華鬘・瓔珞といった仏教的な荘厳具は、これと関係する。これに加えて、本殿の区画からは、陰陽道の呪文

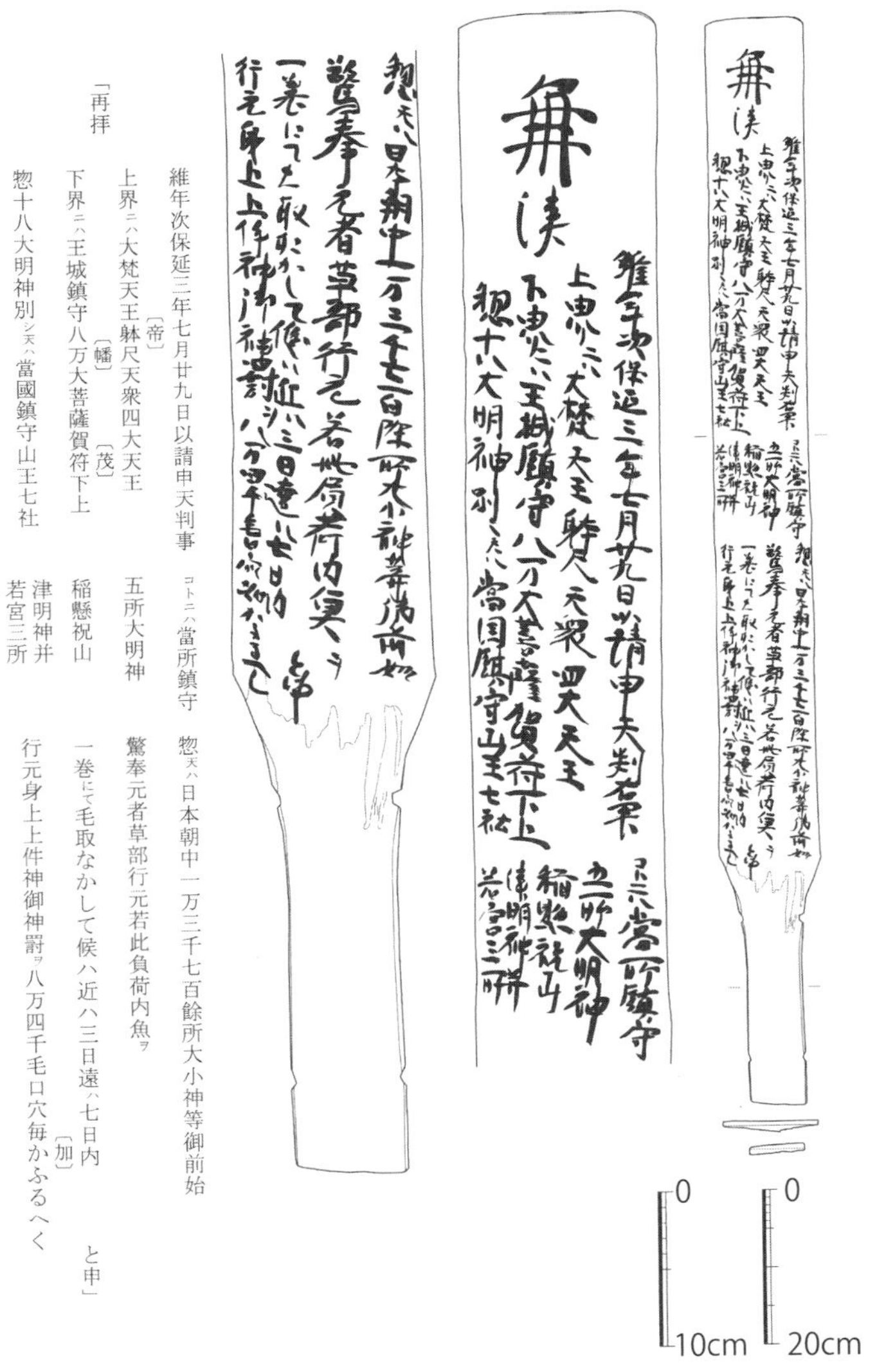

図78　保延３年銘起請文木札（F13-346）

「符籙（ふろく）」を墨書した二点のカワラケ小皿が出土した。本殿の建築に伴い陰陽師が地鎮に使用したと考えられる。十二世紀、塩津港遺跡の神社の信仰は、日本の神祇信仰に仏教・陰陽道を加えたものであった。この多様な信仰が塩津の地で育まれた背景には、塩津と都の平安京（京都）とが重要な交通路で結ばれ、人々の頻繁な往来があったと考えられる。先進的な信仰や祭り・儀礼の形が、いち早く都から塩津の地へともたらされ、神社を舞台に定着していったのである。

四　都とつながる神社

港湾の整備・発展　塩津港遺跡の発掘調査では、神社境内の東、大坪川河口の調査区で、十二世紀当時の物流の実態を示す港湾施設が発見された（横田、二〇二〇）。発見された港湾の範囲は琵琶湖を人為的に埋め立てた造成地となっていた。造成は、十一世紀代に始まり、十二世紀に拡大した。造成の方法は、まず、木材を使い一辺五メートルからの一〇メートルの区画を設定し、これを単位として埋め立てを進めていた。その琵琶湖と接する部分には、木材を外装とする、高さ一メートルほどの垂直護岸が造られ、直接、琵琶湖に浮かぶ船を横付けできる構造となっていた。

さらに、琵琶湖に突き出した幅三・五メートルの突堤状の道路も造成された。道路の面は礫で舗装し、東西の側面をシガラミで護岸する。この道路こそ、敦賀に通じる塩津道の起点となっていた可能性が高い。突堤状の道路の東側では、十二世紀に埋め立てが進み、一辺三メートルから五メートルの建物が密集する区画が作られた。この区画の東辺と南辺、琵琶湖に面する部分には、細かく打ち込んだ杭列で垂直護岸を造り、ここでも船を接岸できた。十一世紀、埋め立て造成により始まった港湾の整備は十二世紀に進み、港湾機能は拡充した。物資の流れを、塩津道から琵琶湖へ、また琵琶湖から塩津道へと滞ることなく連結できる港湾施設が、十二世紀には成立していたのである。

都市的な場　港湾の整備・発展は、周辺に都市的な場を成立させた。その様子をうかがわせる出土遺物としては、まず、平安京周辺で生産された京都系の土師器皿（カワラケ）と漆器椀、常滑の大甕（水甕）、多量の箸など、人々の生活に直結する品々がある。これらに加え、中国から輸入した貿易陶磁器の白磁、青白磁が出土した。京都系の土師器皿と漆器椀の食器の組み合わせは、平安京（京都）と直結するもので、港周辺では平安京、京都の都市的な生活が持ち込まれていたことがうかがえる。また、貿易陶磁器には、白磁の人形やミニチュアの食器といった特殊な品々が含まれる。これらは、中国から宋の船で敦賀へもたらされ、敦賀から都へ運ばれる途中、塩津の地に残された可能性が考えられる。塩津を通る流通網は、広く東アジア世界とつながっていたのだろう。

一方で、製材により出た多量の木屑や、材木を運ぶため縄を通す穴の部分「鼻繰り（はなぐ）」が出土している。鼻繰は、材木を輸送した後、加工する時点で切り落とされ廃棄される。つまり、多量の木屑と鼻繰りの出土は、塩津は琵琶湖沿岸の木材を集積して加工する場であったことを物語る。十二世紀の塩津は、物流の拠点というだけでなく、地域の手工業生産の拠点でもあったのである。生産された製品は、ここに通じる流通網を通して琵琶湖沿岸の各地域から広範囲に流通していたと考えられる。

これらのことと関連するのは、建物の区画の溝や琵琶湖岸の堆積土に多量のハエの蛹が含まれていたという発掘調査の成果である。これは、多量の生活汚水が溝や湖水に流されていた状況を暗に示している。この状況を、密集する建物跡と併せて考えると、そこには多数の人々が集住する都市的な場が展開していたと考えてよい。十二世紀の塩津では、物流と手工業の拠点となった都市的な場が栄えており、しかも、その生活は都の平安京（京都）と直結していたのである。

新たな信仰と祭り　古代の平安京は、十世紀頃を境に、中世都市の京都へと変化し始めた。その中で、第四章でふれたとおり、十一世紀以降、平安京左京の市街地は拡大、都市内で小規模な宅地が増加し、手工業生産は活発化した。これを支えたのが、平安京（京都）へと豊富な食糧や物資を提供した物流であった。塩津港遺跡では、十二世紀代に急速に港湾施設を整備・拡大し、活発な物流が展開し、それは京都の都市としての発展と歩調を合わせたものであった。塩津港遺跡は、古代の平安京が中世都市の京都へと移行するときに、都市民の生活と生産を支えた流通拠点の一つであったのは間違いない。

都と塩津とのつながりは、単に物質的な面のみではなかった。平安京では、十世紀、自然災害の頻発・激甚化、それに伴う感染症の蔓延により社会不安が広がる。これに対処するため、朝廷は日本の神々への『仁王経』転読を行い、同経が説く国土を守護する鬼神に日本の神々は組み込まれた。その結果、天皇・朝廷が祭祀を行った二十一社の神々に「王城鎮守の神」の名称が用いられ、法会の場に仏・菩薩、諸天を招く「勧請」が日本の神へも適応された（第三章参照）。他方、平安京の都市民は自らの近くに有力な神を招き祀る神輿渡御と御旅所祭祀を成立させ（第四章参照）、その延長線上に、今宮神社の境内の祭礼は位置づけられる。「鎮守・勧請」という神観と「祭礼」の形は、京都との活発な人と物の流れに伴い、塩津港遺跡の神社にもたらされた。それを表すのが、第二面から第一面への境内景観の変化と起請文木札の出現であった。逆に、塩津港遺跡の神社が変化する時期から、地方へ「鎮守・勧請」の神観と「祭礼」が定着するうえで、十一世紀末期から十二世紀初頭という時代が、大きな画期となっていたことが判明する。

もう一つ注意したいのは、鎮守・勧請の神観と祭礼の形は、朝廷・貴族、有力寺社の意図のみで広がったわけではない点である。塩津港遺跡の神社遺構と起請文木札からは、新たな神観と祭祀の形を、琵琶湖の水運に関与した人々や港湾の住人たちが進んで受け入れていたことがうかがえる。それらは、日常の生産・生活と直結する人々の動きや物流と一体となって広がっていたのである。だからこそ短期間に、しかも広範囲に「鎮守・勧請」の神観と「祭礼」の形は日本列島内に浸透していったのではないだろうか。

神社の終焉　塩津港遺跡の神社は、十二世紀末期、突然、終焉を迎えた。その原因として、元暦二年(一一八五)七月九日に発生した京都地震による被害が指摘されている(横田、二〇二〇)。この時、神社境内の周辺は一時的に水没、神社の本殿は倒壊して、神像もろとも境内の北堀へと流され埋没したと考えられている。ただ、出土した起請文木札には建久二年と三年のものがあるので、地震後も境内は維持され、わずかに信仰の命脈を保っていたと考えられる。しかし、十二世紀末期以降は遺構・遺物が確認できないので、建久三年から程なくして神社は完全に終焉を迎えたと考えられる。東側の港湾部分は、十三世紀から十四世紀にかけての遺構・遺物は確認できるので機能を維持していたとみられるが、神社は再建されなかった。そして、この港湾も十四世紀を最後に水没し、その役割を終えている。

塩津港遺跡の神社は、十二世紀末期で完全に失われてしまったが、そこで作られた本殿と建物群からなる境内は、現在の神社境内と類似する点は少なくない。その意味で、十二世紀は、現在につながる神社そのもの、また、そこでの信仰と祭りが成立する、直接の起点となっていたといえるだろう。そして、その歴史的な展開の背景には、十一世紀から十二世紀にかけての、人々の活発な移動と交流があったのである。

おわりに――神と祭の転換点、十世紀から十二世紀の歴史的な意味

十世紀から十二世紀へ　本書では、縄文時代から奈良時代までの信仰の系譜、古代の大嘗祭（だいじょうさい）、神輿（みこし）と祭礼の成立、平安時代後期の神社の実態について述べてきた。これらを通してみると、平安時代中頃の十世紀という時代は、神の考え方「神観」と祭祀のあり方が、古代以前から中世以降へと変化する大きな転換点となっていたことがわかる。

十世紀は、すでに第三章で細かくみたとおり、前後の数百年では経験したことのない大きな気候変動期にあたり、旱魃や長雨・洪水が頻発し、人々が集住する平安京では感染症が繰り返し蔓延した。また連動するように、東西で大規模な内乱、承平天慶の乱が発生し、これらを契機に古代国家そのものが変質したとされている。神への信仰と祭の変化に自然災害の頻発と激甚化、さらに大規模な内乱が影響を与えていた側面は確かにある。しかし、そこには、日本列島内だけでなく周辺地域との関係など、さまざまな要因が複雑に影響しあっていたと考えられる。最後に、この問題について視野を、中国を含めた東アジアにまで広げ、日本の神信仰に与えた影響と背景について改めて考えてみたい。

不空訳『仁王経』　古代の東アジアの中心として君臨した唐王朝は、安史の乱（七五五～七六三年）に

より衰退に向かい、十世紀初頭の九〇七年に滅亡した。その後、中国大陸では五代十国の混乱期を経て、九六〇年に宋王朝（北宋）が成立する。この八世紀後半から十世紀にかけての時代、日本と中国の間では仏教信仰において重要な交流が行われた。

まず、九世紀前半では、空海による不空訳『仁王経』の将来が、律令政府の災害対応のうえで大きな意味を持っていた。日本には、すでに鳩摩羅什（くまらじゅう）訳の『仁王経』はあり、護国経典として使われていた。しかし、空海が大同元年（八〇六）に持ち帰った『仁王護国般若婆羅蜜多経』は、唐王朝を大混乱に陥れた「安史の乱」が鎮定された直後、それまでの鳩摩羅什訳『仁王経』の不備を補い、不空が重訳（改めて訳し直す）したものであった。安史の乱による国内の大混乱を経験した唐王朝には特別な意味がある経典であったと考えられる（西本、二〇二〇）。

日本の朝廷は、早速この経典を取り入れ、即位後の践祚（せんそ）大嘗祭と同様、国内の平安を祈る「一代一度の大仁王会」が成立する。淳和天皇の天長二年（八二五）の例を嚆矢として、貞観年間の清和天皇の時代からは恒例化した。十世紀には、旱魃・疫病蔓延に対処するため、日本の神々の神社で『仁王経』を転読し、同経が説くように日本の神々を仏教的な国土の守護神として位置づけた経緯は、すでに第三章でみたとおりである。

これだけではなく、九世紀から十・十一世紀にかけて、中国から仏教などの最新の宗教情報が伝わり、日本の神信仰や祭祀にきわめて大きな影響を与えていた。その情報を持ち帰ったのが、積極的に中国へと渡航した日本の僧侶たちであった。

円仁から奝然へ　空海に続く、そのような僧侶に延暦寺の円仁がいる。彼は、実質的に最後となった承和五年（八三八）の遣唐使に便乗して入唐、文殊菩薩の霊地である五台山へ巡礼し長安で密教を学び、「会昌の廃仏」を経験して承和十四年に帰国した。円仁が五台山の現地で見聞した文殊菩薩の信仰は、その後の日本の仏教界に定着し、彼にならって五台山への巡礼を志し、中国へ渡航する日本の僧がつづくこととなる。その一人が、東大寺の奝然(ちょうねん)であった。唐王朝が滅亡した後の混乱を収め、九六〇年に統一帝国の宋王朝（北宋）は成立した。奝然は、宋が建国して間もない永観元年（九八三）に入宋している。彼は、天台山と五台山に巡礼し、宋の皇帝、太宗には三度の面会を果たして、寛和二年（九八六）日本へ帰国した（鈴木、二〇一六・鈴木他編、二〇一七）。

奝然は帰国に伴い、生前の釈迦を写した「生身像」の摸刻像「釈迦瑞像」と刊本大蔵経（一切経）、さらに仏舎利を納めた「七宝成塔」など、最新の宋の仏教を象徴する品々を持ち帰った。当時の宋は仏教発祥の地インドとのつながりを強く意識しており、そのなかで釈迦の舎利信仰に重点をおく宋の仏教が日本に伝わった意義は大きい。これ以降、インド（天竺）とつながる中国（震旦）、そのさきに連なる日本という世界観も、日本国内で定着していくこととなる。自然災害が頻発し激甚化していた十世紀、宋の仏教の要素が新たに持ち込まれ、日本の信仰へと大きな影響を与え、日本の仏教信仰は十一世紀の末法の世への道筋を辿っていく。また、上川道夫氏は宋仏教で舎利を重視する考えが、法身の舎利である経典を書写する一切経書写事業と、その経典（法身の舎利）を地下へと埋納する経塚造営につながったとする（上川、二〇一二）。

この指摘は、十二世紀に盛行する経塚造営の意味を考える上で特に重要で、十世紀に奝然が宋から持ち帰った法身の舎利の考え方と、それに基づく経塚造営は、新たな神と仏の景観を形作ることとなる。その先蹤となったのが、十一世紀の初頭、寛弘四年（一〇〇七）に藤原道長が行った金峯山経塚の造営であった。

浅間大神と経塚造営　一切経書写事業と経塚造営の経緯が詳細に分かる例として、上川氏も触れている末代上人の活動がある。そこには日本の神信仰への宋の仏教の影響を確認できる。

『本朝世紀』によると、末代上人は駿河国の僧侶で、富士山への登頂は、すでに数百回に及び、富士上人と呼ばれており、富士山頂に大日寺という寺を建立していた。『本朝世紀』は末代の一切経書写について「関東の民庶に勧進し一切経論を寫さしむ。その行儀は如法にして清浄なり。叡山慈覚大師寫経の儀を摸す」と書き、願文では「且つは二世の願求を就さんがため、且つは一天の静謐を致さんがため」（『本朝文集』巻第五十九、「鳥羽天皇寫大般若経発願文」）とする。一切経書写の目的は、結縁した人々の極楽往生と天下の静謐にあった。鳥羽法皇・貴顕・道俗の人々が結縁し書写した経典は、久安五年（一一四九）に完成し盛大な供養を行った。この記事の末尾には「これ駿河國富士山に埋むべき料なり」とあるので、書写した経典は末代の手で浅間大神が坐す富士山頂に埋納されたとみて間違いない。その書写・埋納された一切経論は、昭和五年、富士山頂の三島ヶ岳から出土した経巻群と考えられている（勝又、二〇一三）。

ここで注意したいのは、末代の活動の後、富士山の浅間大神の神格は大きく変化した点である。『吾妻鏡』治承四年（一一八〇）八月十八日条に、御台所が源頼朝の日々の勤行を伊豆山法音尼に依頼する記事があり、その中の心経を唱える対象に「富士大菩薩」の名がある。末代上人による一切経写経と経塚造営を契機として、水を恵む一方で、噴火で災いをもたらした古代の浅間大神は、大日如来を本地仏とし菩薩号を持つ富士浅間大菩薩へと変化していた（笹生、二〇一四）。古代以来の神が坐す場（環境）に法身の舎利を埋納する経塚を造営することで、神が坐す場所には、法身の舎利が所在する仏教的な聖地としての性格が加わることとなり、そこに坐す神は仏教信仰にもとづく「菩薩」となったのである。宋から持ち込まれた新たな仏教信仰が、日本の自然環境に根差した神観と接触して新たな聖なる景観と神信仰を成立させたと考えてよいだろう。

神宮と経塚の景観　神が坐す場と対応させて経塚を造営することは、十二世紀後半、古代の国家祭祀の中枢、神宮で確認できる。

神宮の内宮に対応する経塚は、朝熊山（あさまやま）経塚群である。朝熊山は神宮内宮の東側に位置する山塊で、ここは、神宮の鎮座地に接する五十鈴川や朝熊川の水源となる。延暦二十三年（八〇四）の『皇太神宮儀式帳』「管度会郡神社行事（かんわたらいのこおりやしろのぎょうじ）」には、内宮の摂社として「小朝熊神社（こあさまのやしろ）」があり、その祭神には「大山罪命（おおやまつみのみこと）の子（山の神の子である）、朝熊水（あさまみず）の神」が含まれる。朝熊水の神は、山の神の子という系譜と、朝熊の名を冠すること、さらに鎮座地は五十鈴川と朝熊川の合流点に面することから、朝熊山を水源とする水の神という性格が推定できる。

この朝熊山の頂上付近に朝熊山経塚群は立地し、標高五四二メートルの東斜面に約四〇基の経塚が所在する。

いずれも陶製の経筒に経典を納め、経筒は石室を設けたり、石組みで保護したりするなどして丁寧に地中に埋納されていた。出土した経筒に記した年号は、保元元年（一一五六）二例、平治元年（一一五九）一例、嘉応元年（一一六九）一例、承安三年（一一七三）一例、文治二年（一一八六）一例で、十二世紀後半の約三〇年間に集中して経塚は築かれたとみてよい。また、経筒の銘文から、埋経にあたって神宮の祠官、荒木田氏と度会氏が参画していたことが確認できる。

図79　朝熊山経塚群

一方、外宮に対応するのが、外宮の西約九〇〇メートル、高倉山の北西麓にある小町塚経塚である。出土遺物は瓦経が中心で、瓦製の塔と仏像が伴っていた。瓦経の紀年銘の整理により、瓦経は承安四年（一一七四）の五月から六月にかけて短期間で書写されていたことが判明している。また、銘文によると経塚造営の檀越には度会常顕・春章らがなっており、永暦元年（一一六〇）に亡くなった春章の父、度会常行の没後十四年に当たる承安四年に造営されたと考えられる（三重県編、二〇〇八）。

これら経塚では法身の舎利を埋納して、古代以来の神宮と対になる仏教の聖地の景観を成立させている。そして、この景観を生み出すうえで積極的に関与していたのが、神宮の祭祀者の一族、特に度会氏であった点は注目に価する。なぜなら、彼らの一族が伊勢神道の教学を生み出すこととなるからである。十二世紀後半、祠官の度会氏が造った内宮・外宮の経塚の景観は、伊勢神道を準備する景観でもあったといえるだろう。

敦賀と宋の商人　遣唐使は、承和五年が実質的に最後となった。その反面、九世紀中頃を画期として中国の民間海商（商人）と日本との貿易は活発化した（鈴木他編、二〇一七）。九世紀後半以降は遣唐使船が機能しないので、日本僧が大陸と往復するには、これら民間商人の交易船に便乗しなければならなかった。このため、十世紀、宋仏教などの新たな信仰が日本列島に流入するには、東アジアの海域を広域に活動する商人と、彼らが操る商船は必要不可欠な存在だった。そのような商人の日本列島内での拠点としては大宰府・博多が、まず思い当たる。

しかし、この他にも存在した。その明確な例の一つに敦賀がある。第五章で取り上げた塩津港とつながる港湾である。藤原為房の日記『為房卿記』は、寛治五年（一〇九一）七月二十一日、敦賀の津に流来していた宋人の陳荷が「籍」（名簿）を進めてきたことを記し、つづく閏七月二日には、前月二五日に宋人の堯忠が来着したことを記録する。藤原宗忠の日記『中右記』などによると、この後、十二世紀の元永二年（一一一九）までの間で七回にわたり宋人が敦賀へ来航し、なかには約半年にわたり滞在した人物がいたことがわかる（福井県編、一九九三）。

また、一一二〇年頃成立の『今昔物語』には「加賀国の蛇（へみ）と蜈（むかで）と諍（あらそ）う島に行きたる人、蛇を助けて島に住む語(こと)第九」との説話があり、この島について「近来(このごろ)モ遥ニ来ル唐人ハ、先其島(まづその)ニ寄テゾ、食物ヲ儲(もう)ケ、鮑・魚ナド取テ、ヤガテ其島ヨリ敦賀ニハ出(いづ)ナル」（森校注、一九九六）とある。同物語の成立時期から「唐人」は「宋人」と読みかえられ、そこは能登半島の北に点在する島を指すと考えられる。宋の人々は、この島で食料を準備し、鮑・魚などを仕入れ、それから敦賀に向かっていたとの認識が当時の人々にはあったのである。『今昔物語』の内容は、一〇九〇年代から一一二〇年頃まで、頻繁に宋人が敦賀に来着していた事実を反映するのだろう。

この物語からすると、宋人は敦賀で交易を行っていたと考えられ、彼らの敦賀における活動の場所は、笙の川の河口付近で、十世紀以降、気比神宮の北側に新たに形成された広い砂丘上、中世から現在までの市街地が位置する地点と推測できる。十世紀以降に成立した、新たな海浜の環境の中で、宋とつながった新たな交易は行われたのである。十二世紀前半、港湾機能を拡充し十二世紀に神社の景観が変化する塩津港。そこを通る流通路は確実に東アジア世界と連結していたのである。

北海道との交易　さらに、このルートは、日本列島の周縁地域、北海道まで続いていたと考えられる。十一世紀中頃に成立した『新猿楽記』は、商人の主領、八郎真人について、「東は俘囚の地、西は貴賀の嶋（喜界島）まで、日本列島の南北を跨いで行動し、留まることなく多種多様な品々を活発に交易する」としている。近年、これに対応するような状況が、北海道と南西諸島での考古学的な研究で明らかとなっている。

北海道では、九世紀後半になると、道央以西の擦文文化の人々が道北・道東のオホーツク文化の範囲へと進出し始める。十世紀初頭に道東オホーツク沿岸、十世紀末期にサハリン南部西海岸、十一世紀末期から十二世紀には道東の太平洋沿岸に進出した。九世紀後半以降、石狩川水系の集落はサケの産卵場地帯に集中し、竪穴建物からは多量のサケの骨が出土。十世紀中頃の奥尻島の青苗貝塚遺跡では多量のアワビ殻とアシカの骨が出土した。九世紀後半から十二世紀、擦文文化の人々は、サケ・アワビ、アシカの毛皮、さらに珍重された鷹の羽などの交易品を求め道北・道東へ進出し、これらの品々を本州との間で交易したと考えられる。これに対し、本州からは北海道内へと須恵器、コメ、鉄器がもたらされ、さらに十世紀から十二世紀には仏具としても使用する銅鋺が持ち込まれていた（瀬川、二〇一六・簑島、二〇一五）。特に、須恵器の甕とコメは、神酒を醸造するための容器と麹に使われた可能性が指摘されている（瀬川、二〇一六）。本書の第二章三節でみたように、五世紀初頭に日本列島で須恵器を受容し、大甕を含む器種を選択していたことと類似した状況が認められる。北海道では、この後、十三世紀にはアイヌ文化の時代へと移行する。

南西諸島との交易　もう一方の周縁地域、沖縄本島をふくむ南西諸島でも十一世紀になると生産と物流に変化が現れた。まず、十一世紀後半に徳之島ではカムィヤキ古窯が成立、須恵器に似た焼き物を生産し沖縄諸島で流通が始まる。カムィヤキは中国産の白磁と九州産の滑石製石鍋とともに流通しており、日本列島の本土、特に博多とのつながりのなかで流通していたと考えられる（新里、二〇〇四）。これに対して沖縄からは、ヤコウガイが日本列島の本州へと運ばれ、宇治平等院の須弥壇や平泉中尊寺の金色堂の螺鈿に使用されていることはよく知られている（高梨、二〇〇六）。北海道と本州の交易に呼応するように、十一世紀から十二世紀にかけて沖縄を中心とする南西諸島でも本州とつながった活発な人間の動きがあり、これを受けて、十二世紀には沖縄は貝塚時代からグスク時代へと移行した。

ところで、柳田国男・折口信夫は、「日琉同祖論」の立場から、古代日本の文化・信仰を沖縄の習俗・伝承に求めた。しかし、彼らが参照した沖縄の習俗・信仰は、琉球王国時代に成立したものがもととなっている。例えば、王族女性の「聞得大君（きこえのおおきみ）」を頂点として各地の神女（ノロ）を編成したのは、第二尚氏王朝の第三代、尚真王（在位一四七六～一五二六年）であった（上里、二〇一六）。尚氏王朝は、沖縄本島のグスクを拠点とした三山（山北・中山・山南）を中山王が統一したことで成立したので、やはり、十二世紀に始まるグスク時代の社会・文化を基礎としていた。そして、グスク時代は、十一世紀における日本列島の本州との活発な交易・物流が前提となって始まった。このように整理すると、民俗学者の柳田国男・折口信夫が古代日本の姿を見ようとして注目した沖縄の文化・信仰は、やはり十一・十二世紀を大きな画期として成立していたと考える必要があるだろう。

地域文化の撹拌　十世紀の日本列島では、前後数百年にはない深刻な気候変動が発生し、旱魃・洪水といった自然災害が頻発、激甚化していた。このような不安定な状況のなか、日本列島と南北の周縁部、さらには朝鮮半島・中国大陸までが広範囲に連動して、人間の活発な移動・交流が行われていた。これは、単に交易・物流の面だけではなく、宋の仏教が日本の神仏信仰に影響を与えたように、文化や信仰というレベルでの交流も盛んになった。

十世紀から十二世紀、人間が広域、かつ活発に移動して交流を重ねた結果、東アジアの各地の文化が相互に接触し、影響を与え合ったことで地域文化の撹拌が起こっていたのではないだろうか。これにより、東アジアの各地では、それまでの社会・文化が再編成され、新たな社会・文化を生み出していったと考えられる。本書で取りあげた十世紀以降の次の現象、①平安京の変質から中世都市の京都への脱皮、②都市民の成長を支えた物流、手工業・商業の発展、③ここを基盤に生まれた神輿の祭礼、④新たな神観と神社景観の成立は、その新たな社会・文化を具体的に示しているのである。また、これらの現象は、十一・十二世紀に日本列島の周縁で展開したアイヌ文化と沖縄文化の形成とも連動していたのである。

あとがき

本書の内容は、時代が平成から令和へと改まった前後に私が執筆した論文へと大幅に加筆し、再構成したものである。各論文は、初出一覧に示したとおりである。

本書の基本には、次の考え方がある。つまり、人間が生活する場の自然環境と地理的条件の特徴に、どのように行動することが安全で有利かという、ホモ・サピエンス（現生人類）の環境への認知が組み合わさって、世界各地の文化と社会、それと対応する宗教・信仰は成立したのではないかという予想である。日本列島の場合、序章でふれたとおり、災害が多い反面、恵みは豊かなのが特徴である。また、古代の東アジアの文化的な中心、中国の各王朝・統一帝国と一定の距離を置いて接触できるという地理的な条件は、日本列島の自然環境に適応した、中国とは異なる独自の文化・社会を形成することを可能とした。その文化・社会を精神的に支える重要な要素として神祭りは成立し、機能してきたと考えられる。

第一章では、その神祭りの起源を取り上げた。特に古代の神観、祭祀の意味と構成を考えるにあたり、人間の脳の認知機能との関係を手がかりとして論を進めた。これは、井上順孝先生の研究成果（例えば井上順孝編『21世紀の宗教研究　脳科学・進化生物学と宗教学の接点』〈平凡社、二〇一四〉など）や講演に接するなかで、認知宗教学の重要性を痛感したからである。なぜ人間は自然環境の中に目に見えない神や精霊を感じ、生物として不可避の死を目の当たりにすると、死者の霊魂を意識するのか。特に、文字の資料がない（もしくは、少ない）時代の神観や祭祀のメカニズムを推定し説明するには、現生人類に共通する基本的な認知機能から説明する視点は必要不可欠である。今後、ここから人類史の中で日本の神祭りを位置づける展望がひらけると思われる。

つづく第二章では、古代日本の代表的な祭祀として践祚大嘗祭を取り上げた。これは、平成から令和への御世替わりにおいて、改めて大嘗祭とは何かについて考えた、私なりの結論をまとめたものである。令和元年（二〇一九）、私が所属する國學院大學博物館では企画展「大嘗祭」を行い、新たな研究成果を盛り込んだ展示を行なった。その準備の過程で、大嘗祭研究を牽引してこられた恩師の岡田莊司先生、また同博物館の教員・スタッフの方々とで頻繁に意見交換や研究会を行なった。そこで得られた多くの知見を中心に、この章は構成した。古墳時代から平安・鎌倉時代までを見通した大嘗祭像の構築を試みたつもりである。次世代の新たな大嘗祭研究への端緒となれば幸いである。

第三章では災害・環境変化と勧請する神観の形成が関係していたことを指摘した。これは、中塚武先生を中心とした総合地球環境学研究所のプロジェクト「高分解能古気候学と歴史・考古学の連携による気候変動に強い社会システムの探索」に参加し、研究成果を共有させていただいたことが基礎にある。私自身の発掘調査の経験から、縄文時代後期（約四〇〇〇年前）以降、河川周辺や海浜の地形・環境が大きく変化する時期が複数あったことは認識していた。それと理化学的な気候変動に関するデータが整合的である事実の意味は大きい。このような考古データと理化学分析のデータを突き合わせることで、過去の人間が環境変化に対応した状況を、複数の視点で検証し具体的に再現することが可能となるからである。人間は大きな環境変化に対して、いかに対応したのか。その時、信仰・宗教は、どのような意味を持っていたのか。これを分析して得られる情報は、気候変動に直面する現代の我々に示唆するところ大であろう。

第四章・第五章では、直接、現在の神社と祭礼につながる起源について考えた。第四章は、國學院大學研究開発推進機構（学術資料センター〈神道資料館部門〉）で大東敬明先生が企画したミニシンポジウム「神輿文化を考える」での発表が基礎にある。そこでは、神輿・山車の性格について、中世と近代の研究者の発表も行われ、神輿の発生から現代までの歴史を通した道筋が整理された。また、第五章は、水野章二先生を中心とした塩津港遺跡の共同研究に参加した時の成果がもととなっている。同遺跡から出土した多くの資料を実見し、遺構の・遺物の出土状況、遺跡の歴史的な背景まで細かな情報を御教示いただいた。そのなかで、十一・十二世紀の神社の実態について詳細に検討できた。

これらの研究を通じて、現在の神社、祭祀・祭礼にとって、十世紀から十二世紀の平安時代後期が画期として極めて大きな意味を持っていたことを再認識できた。その東アジアを含めた歴史的な背景の現時点での見通しは、本書の終章でまとめた通りである。

二十一世紀を迎えた現在、自然災害は頻発・激甚化して、未知の感染症が蔓延、加えて国家間の紛争まで発生している。過去の人類も同じ経験をし、その度に社会と時代が大きく改まった。その延長線上に、現在の我々は生きているのである。これから我々が迎える社会、そこでの宗教・信仰が社会的に果たす役割を考えるには、過去を正確に知ることが必要であり、そこから学べることは少なくないはずである。本書が、わずかでもその一助となれば幸いである。

本書をまとめるにあたっては、先に述べた諸先生、共同研究を行なっていただいた方々の学恩によるところが大きい。改めて学恩に感謝申し上げる。また、日々、私の雑談に付き合い、様々な情報を提供してくださる、國學院大學研究開発推進機構と國學院大學博物館の諸先生、職員・スタッフの方々にも感謝したい。そして、最後に、原稿が遅々として進まない私に、根気よく付き合って編集を担当してくださった、吉川弘文館の並木隆さんに感謝の意を表し擱筆する。

令和四年十月

寒露のころ、赤みを増した庭の南天の実を眺めながら

笹　生　衛

初出一覧

はじめに――新　稿。

第一章　「まつり」の原像――「金井下新田遺跡における祭祀関連遺構の性格と歴史的な意義――遺構・遺物・文献史料から推定する古代の神・祖霊観と祭祀の実態――」『金井下新田遺跡《古墳時代以降編》分析・論考編』公益財団法人群馬県埋蔵文化財調査事業団・群馬県渋川土木事務所、二〇二二。

第二章　古代の大嘗祭の意味と源流――「古代大嘗宮の構造と起源――祭式と考古学資料から考える祭祀の性格――」『神道宗教』第二五四・二五五号　特集　大嘗祭、神道宗教学会、二〇一九。「『記紀』と大嘗祭――大嘗宮遺構から考える『記紀』と大嘗祭の関係――」『國學院雑誌』第一二一巻第十一号　特集『日本書紀』研究の現在と未来、國學院大學、二〇二〇。

第三章　平安時代の災害と神々の変貌――〔「災い」神を変える――九・十世紀における災害対応と神の勧請〕『神道宗教』第二六四・二六五号　小特集　神道と災害、神道宗教学会、二〇二二。

第四章　神輿と祭礼の誕生――〔お神輿こと始め――「神」と「祭」の考え方から読みとる物語――〕『神輿

文化を考える』國學院大學研究開発推進機構　学術資料センター（神道資料館部門）、二〇一七。

〔香取神宮の歴史と祭り―古代・中世の信仰と「神幸祭絵巻」を中心に〕『平成二十七年度特別展　香取神宮　神に奉げた美』千葉県立美術館、二〇一五。

第五章　塩津の神と神社―「塩津港の神と神社」水野章二編『よみがえる港・塩津　北国と京をつないだ琵琶湖の重要港』サンライズ出版、二〇二〇。

おわりに――新　稿。

参考文献

主要史料出典

『古事記』

山口佳紀・神野志隆光校註・訳『古事記』小学館、一九九七。

『日本書紀』

坂本太郎・家永三郎・井上光貞・大野晋校注『日本書紀　上・下』岩波書店、一九六五・一九六七。

小島憲之・直木孝次郎・西宮一民・蔵中進・毛利正守校注・訳『日本書紀①・②・③』小学館、一九九四・一九九六・一九九八。

『続日本紀』

青木和夫・稲岡耕二・笹山晴生・白藤禮幸校注『続日本紀　一・二・三・四・五』岩波書店、一九八九・一九九〇・一九九二・一九九五・一九九八。

『皇太神宮儀式帳・止由気儀式帳』

胡麻鶴醇之・西島一郎校注『神道大系　神宮編一　皇太神宮儀式帳・止由氣儀式帳・太神宮雜事記』財団法人神道大系編纂会、一九七九。

『古語拾遺』『高橋氏文』

沖森卓也・佐藤信・矢嶋泉編著『古代氏文集　住吉大社神代記・古語拾遺・新撰亀相記・高橋氏文・秦氏本系帳』山川出版社、二〇一二。

『日本後紀』『続日本後紀』『日本三代実録』『日本紀略』『類聚国史』『本朝世紀』

新訂増補『国史大系』

『儀　式』

渡邊直彦『神道大系　朝儀祭祀編　儀式・内裏式』財団法人神道大系編纂会、一九八〇。


『延喜式』

虎尾俊哉編『訳注日本史料　延喜式　上・中・下』集英社、二〇〇〇・二〇〇七・二〇一七。

はじめに

大場磐雄『まつり』学生社、一九六七。

國學院大學日本文化研究所編、井上順孝責任編集『学生宗教意識調査　総合分析（一九九五年度～二〇一五年度）』國學院大學日本文化研究所、二〇一八。

近藤義郎『前方後円墳の時代』岩波書店、一九八三。

塩川哲朗〔「真床襲衾」をめぐる折口信夫大嘗祭論とその受容に関する諸問題〕『國學院大學校史・学術資産研究』第十一号、國學院大學校史・学術資産センター、二〇一九。

第一章　「まつり」の原像

石田道博編著『魏志倭人伝・後漢書倭伝・宋書倭国伝・隋書倭国伝　中国正史日本伝（1）』岩波書店、一九五一。

石田茂輔「日葉酢媛命御陵の資料について」『書陵部紀要』第一九号、宮内庁書陵部、一九六七。

市　大樹『飛鳥藤原木簡の研究』塙書房、二〇一〇年。

E（エドウィン）・フラー・トリー（寺町朋子訳）『神は、脳がつくった』ダイヤモンド社、二〇一八。

小川良助・狩野久・吉村武彦編『ワカタケル大王とその時代』山川出版社、二〇〇三。

小野山節・山中一郎・菱田哲郎・森下章司・髙橋克壽編『紫金山古墳と石山古墳』京都大学文学部博物館、一九九三。

鎌田洋昭・中摩浩太郎・渡部哲也『橋牟礼川遺跡　火山灰に埋もれた隼人の古代集落』同成社、二〇〇九。

神澤勇一「日本の卜骨」『月刊考古学ジャーナル№二八一』ニューサイエンス社、一九八七。

小島敦子・原雅信編『金井下新田遺跡《古墳時代以降編》』公益財団法人群馬県埋蔵文化財事業団・群馬県渋川土木事務所、二〇二一。

小島憲之・直木孝次郎・西宮一民・蔵中進・毛利正守校註・訳『日本書紀①　巻第一神代［上］〜巻第十応神天皇』小学館、一九九四。

小島憲之・直木孝次郎・西宮一民・蔵中進・毛利正守校註・訳『日本書紀②　巻第十一仁徳天皇〜巻第二十二推古天皇』小学館、一九九六。

近藤義郎『楯築弥生墳丘墓』吉備人出版、二〇〇二。

佐久間正明「山形県における石製模造品の展開―八幡山遺跡の石製模造品を中心に―」『古代』第一四九号、早稲田大学考古学会、二〇二二。

笹生　衛「考古資料から見た古代の亀卜・卜甲と卜部」東アジア恠異学会編『亀卜　歴史の地層に秘められたうらないの技をほりおこす』臨川書店、二〇〇六（『日本古代の祭祀考古学』所収）。

笹生　衛『日本古代の祭祀考古学』吉川弘文館、二〇一二。

笹生　衛『神と死者の考古学　古代のまつりと信仰』吉川弘文館、二〇一六。
笹生　衛「沖ノ島祭祀の実像」春成秀爾編『季刊考古学・別冊二七　世界のなかの沖ノ島』雄山閣、二〇一八。
笹生　衛「「垂仁天皇紀」における祭祀・葬送伝承の考古学的意義―石上神宮の神宝と埴輪の起源伝承を中心に―」『古事記學』第五号、國學院大學研究開発推進機構、二〇一九。
笹生　衛「第二章　古代・中世の景観変化と気候変動―東京湾東岸における沖積平野の変遷を中心に―」中塚武監修、伊藤啓介・田村憲美・水野章二編『気候変動から読みなおす日本史4　気候変動と中世社会』臨川書店、二〇二〇A。
笹生　衛「《講演録》国家形成と鏡・刀剣―宝鏡・神剣の原形と歴史的背景―」『古事記学』第六号、國學院大學研究開発推進機構・古事記学センター、二〇二〇B。
笹生　衛「日本列島における祭祀の場のモニュメント化と神観の変化」（セッション5「ランドスケープで考古学する」）、日本考古学協会第八八回総会研究発表要旨、二〇二二。
ジェシー・ベリング（鈴木光太郎訳）『ヒトはなぜ神を信じるのか　信仰する本能』化学同人、二〇一二。
設楽博己「壺棺再葬墓の基礎的研究」『国立歴史民俗博物館研究報告』第五〇集、国立歴史民俗博物館、一九九三。
スチュアート・E・ガスリー（藤井修平訳）「神仏はなぜ人のかたちをしているのか―擬人観の認知科学―」國學院大學日本文化研究所編・井上順孝責任編集『〈日本文化〉はどこにあるのか』春秋社、二〇一六。
高橋克壽『歴史発掘9　埴輪の世紀』講談社、一九九六。
高松俊雄・武田正敏・佐藤重幸・高井剛・工藤健吾・吉田イチ子・本田仁央・佐藤美和子編著『清水内遺跡

―6・8・9区調査報告―　第1冊』財団法人郡山市埋蔵文化財発掘調査事業団、一九九九。

竹内照夫『新訳漢文大系二十八　礼記　中』明治書院、一九七七。

千種　浩『松野遺跡　発掘調査概報』神戸市教育委員会、一九八三。

ダニエル・C・デネット（阿部文彦訳）『解明される宗教―進化論的アプローチ―』青土社、二〇一〇。

中塚　武監修、中塚武・若林邦彦・樋上昇編『気候変動から読みなおす日本史3　先史・古代の気候と社会変化』臨川書店、二〇二〇。

中塚　武監修、中塚武・對馬あかね・佐野雅規編『気候変動から読みなおす日本史2　古気候の復元と年代論の構築』臨川書店、二〇二一。

常松幹雄『最古の王墓　吉武高木遺跡』新泉社、二〇〇六。

谷口康浩『縄文時代の社会複雑化と儀礼祭祀』同成社、二〇一七。

戸田有二編『古代祭祀　建鉾山遺跡』吉川弘文館、一九九八。

橋本輝彦「纒向遺跡の居館域と二つの祭祀土坑」岡田莊司編『古代文学と隣接諸学7　古代の信仰・祭祀』竹林舎、二〇一八。

原俊一・白木英敏・秋成雅博編『宗像市文化財調査報告書第四七集　田久松ヶ浦』宗像市教育委員会、一九九九。

広瀬和雄「神殿と農耕祭祀―弥生宗教の成立と変遷」『弥生の環濠都市と巨大神殿』池上曽根遺跡史跡指定20周年記念事業実行委員会、一九九六。

福永伸哉「前方後円墳の成立」『岩波講座　日本の歴史　第1巻◆原始・古代1』岩波書店、二〇一三。

藤井　整「近畿における方形周溝墓の基本的性格」『墓制から弥生時代を考える』六一書房、二〇〇七。

藤尾慎一郎「弥生長期編年にもとづく時代と文化」『再考！　縄文と弥生　日本先史文化の再構築』吉川弘文館、二〇一九。

パスカル・ボイヤー（鈴木光太郎＋中村潔訳）『神はなぜいるのか？』NTT出版、二〇〇八。

堀苑孝志・入江俊行・天野直子編『福岡市埋蔵文化財調査報告書第八六八集　雑餉隈遺跡5　第一四・一五次調査の報告』岡三リビック㈱埋蔵文化財調査室、二〇〇五。

溝口孝司「福岡県甘木市栗山遺跡C群墓域の研究―北部九州弥生時代中期後半墓地の一例の社会考古学的検討―」『日本考古学』第2号、日本考古学協会、一九九五。

本居宣長『増補本居宣長全集1　古事記傳　神代之部』吉川弘文館、一九〇二。

柳田国男『先祖の話』筑摩書房、一九七五。

山田康弘『縄文人の死生観』東洋書店、二〇〇八。

山田康弘『縄文時代の歴史』講談社、二〇一九。

米川仁一「秋津遺跡―古墳時代前期の大規模祭祀遺構に見える政治的背景―」岡田莊司編『古代文学と隣接諸学7　古代の信仰・祭祀』竹林舎、二〇一八。

若狭　徹『東国から読み解く古墳時代』吉川弘文館、二〇一五。

若林邦彦「第四章　気候変動と古代国家形成・拡大期の地域社会構造変化の相関―降水量変動と遺跡動態から―」中塚武監修、中塚武・若林邦彦・樋上昇編『気候変動から読みなおす日本史3　先史・古代の気候と社会変化』臨川書店、二〇二〇。

第二章　古代大嘗祭の意味と源流

青柳泰介編『奈良県立橿原考古学研究所調査報告書第七十五集　南郷遺跡群Ⅲ』奈良県立橿原考古学研究所、二〇〇三。

岩永省三『古代都城の空間操作と荘厳』すいれん舎、二〇一九。

上野邦一「平城宮の大嘗宮再考」『建築史学』第二〇号、建築史学会、一九九三。

上村和直「平安宮の衰微」『京都市埋蔵文化財研究所研究紀要』一〇、公益財団法人京都市埋蔵文化財研究所、二〇〇七。

大野健雄校註『神道大系　朝儀祭祀編五　践祚大嘗祭』㈶神道大系編纂会、一九八五。

岡田莊司『平安時代の国家と祭祀』續群書類従完成会、一九九四。

岡田莊司『大嘗の祭り』学生社、一九九〇。

岡田莊司『大嘗祭と古代の祭祀』吉川弘文館、二〇一九。

岡本東三「こうもり穴洞穴」財団法人千葉県史料研究財団編『千葉県の歴史　資料編　考古2（弥生・古墳時代）』千葉県、二〇〇三。

小野山節・山中一郎・菱田哲郎・森下章司・髙橋克壽編『紫金山古墳と石山古墳』京都大学文学部博物館、一九九三。

折口信夫「大嘗祭の本義」『折口信夫全集　第三巻　古代研究（民俗學篇2）』中央公論社、一九七五。

加古川市教育委員会編『加古川市文化財調査報告書一五　行者塚古墳　発掘調査概報』加古川市教育委員会、一九九七。

木村大樹（大嘗祭の神饌供進儀における「秘事」の継承―上皇と習礼―）『神道宗教』第二五四・二五五号（特集　大嘗祭）、神道宗教学会、二〇一九。

清永洋平・森川実・深澤芳樹・豊島直博・金田明大・渡辺晃宏「中央区朝堂院の調査―第三六七・三七六次―」『奈良文化財研究所紀要』二〇〇五、独立行政法人文化財研究所奈良文化財研究所、二〇〇五。

宮内庁書陵部編『圖書寮叢刊　九条家歴世記録一』明治書院、一九八九。

皇学館大学神道研究所編『訓読註釋　儀式　践祚大嘗祭儀』思文閣出版、二〇一二。

近藤義郎『前方後円墳の時代』岩波書店、一九八三。

笹生　衛編『平成十六年度企画展　房総漁村の原風景　古代房総の漁撈民とその生活』千葉県立安房博物館、二〇〇四。

笹生　衛「房総半島における擬餌針の系譜―考古資料からのアプローチ―」『千葉県立安房博物館研究紀要』Vol.11、千葉県立安房博物館、二〇〇四（『日本古代の祭祀考古学』所収）。

笹生　衛「考古資料から見た古代の亀卜・卜甲と卜部」東アジア恠異学会編『亀卜　歴史の地層に秘められたうらないの技をほりおこす』臨川書店、二〇〇六（『日本古代の祭祀考古学』所収）。

塩川哲郎・木村大樹「資料から見る大嘗祭」『令和元年企画展「大嘗祭」』國學院大學博物館、二〇一九。

塩川哲郎〔大嘗祭における御饌供出の構造―「供神御雑物」及び「由加物」を中心に―〕『神道史研究』第六十八巻第一號、神道史學会、二〇二〇。

鈴木敏則「須恵器の編年　②東日本」北條芳隆・福永伸哉・一瀬和夫編『古墳時代の考古学1　古墳時代の枠組み』同成社、二〇一一。

高橋克壽『歴史発掘9　埴輪の世紀』講談社、一九九六。

舘野和己「推定第二次朝堂院朝庭地区（一六九次）の調査」『奈良国立文化財研究所年報　一九八六』奈良国立文化財研究所、一九八六。

寺沢　薫『王権誕生』講談社、二〇〇〇。

塚田良道『人物埴輪の文化史的研究』雄山閣、二〇〇七。

西本昌弘〔第二部　第二章　九条家本『神今食次第』にみえる「清涼御記」逸文―「清涼御記」の成立年代と「新儀式」との異同―〕『日本古代の年中行事と新史料』吉川弘文館、二〇一二。

橋本輝彦（桜井市纒向学研究センター）編『桜井市埋蔵文化財報告書第四〇集　奈良県桜井市纒向遺跡発掘調査概要報告書―トリイノ前地区における発掘調査―』桜井市教育委員会、二〇一三。

橋本輝彦「纒向遺跡の居館域と二つの祭祀土坑」岡田莊司編『古代文学と隣接諸学7　古代の信仰・祭祀』竹林舎、二〇一八。

橋本義則「第二次朝堂院地区（第一六一・一六三次）の調査」『奈良国立文化財研究所年報　一九八五』奈良国立文化財研究所、一九八五。

冨加見泰彦編『西庄遺跡発掘調査1』財団法人和歌山県文化財センター、一九九五。

冨加見泰彦編『西庄遺跡』財団法人和歌山県文化財センター、二〇〇三。

藤森　馨「神衣祭と大嘗祭のニギタエ・アラタエ」『延喜式研究』第三〇終刊号、延喜式研究会、二〇一五。

堀池春峰・守屋弘斎・佐藤道子編『東大寺お水取り　二月堂修二会の記録と研究』小学館、一九九六。

水野正好「埴輪芸能論」『古代の日本　第2巻　風土と生活』角川書店、一九七一。

森田克行『よみがえる大王墓　今城塚古墳』新泉社、二〇一一。

柳田国男「稲の産屋」『定本　柳田国男集　第一集』筑摩書房、一九六八。

山田邦和「須恵器の編年　①西日本」北條芳隆・福永伸哉・一瀬和夫編『古墳時代の考古学1　古墳時代の枠組み』同成社、二〇一一。

若狭　徹編『群馬町埋蔵文化財調査報告第五七集　保渡田八幡塚古墳　史跡保渡田古墳群　八幡塚古墳整備事業報告書　調査編』群馬町教育委員会、二〇〇〇。

第三章　平安時代の災害と神々の変貌

泉　拓良編『京都大学埋蔵文化財調査報告Ⅱ—白河北殿北辺の調査—』京都大学埋蔵文化財研究センター、一九八一。
上島　享『日本中世社会の形成と王権』名古屋大学出版会、二〇一〇。
岡田莊司『平安時代の国家と祭祀』續群書類従完成会、一九九四。
岡田莊司〈中世神道における「神＝人＝心」の系譜—奥伊勢から奥三河へ—〉『神道宗教』第二五九・二六〇号、神道宗教学会、二〇二〇。
河角龍典「歴史時代における京都の洪水と氾濫原の地形変化—遺跡に記録された災害情報を用いた水害史の再構築—」『京都歴史災害研究』第一号、立命館大学歴史都市防災研究所、二〇〇四。
川村俊彦編『松原遺跡』敦賀市教育委員会、一九八九。
笹生　衛「第二章　古代・中世の景観変化と気候変動—東京湾東岸における沖積平野の変遷を中心に—」中塚武監修、伊藤啓介・田村憲美・水野章二編『気候変動から読みなおす日本史4　気候変動と中世社会』臨川書店、二〇二〇。
中塚　武監修、中塚武・對馬あかね・佐野雅規編『気候変動から読みなおす日本史2　古気候の復元と年代論の構築』臨川書店、二〇二一。
中塚　武『気候適応の日本史　人新世をのりこえる視点』吉川弘文館、二〇二二。

中野智幸・牧野直樹編『寺家遺跡　発掘調査報告書　総括編』羽咋市教育委員会、二〇一〇。

西本昌弘『空海と弘仁皇帝の時代』塙書房、二〇二〇。

水谷　類「総社の成立」『駿台史学』第六十五号、駿台史学会、一九八五。

水野章二編著『よみがえる港・塩津』サンライズ出版、二〇二〇。

横田洋三・濱修編『塩津港遺跡1（遺物編2（木簡））』滋賀県教育委員会・公益財団法人滋賀県文化財保護協会、二〇一九。

第四章　神輿と祭礼の誕生

岡田莊司『平安時代の国家と祭祀』續群書類従完成会、一九九四。

笠井昌昭「北野天神根本縁起の基礎的研究（二）」『人文學』七〇、同志社大学人文学会、一九六四。

香取神宮社務所編『香取群書集成』第三巻、香取神宮社務所、一九八〇。

河内将芳『絵画史料が語る祇園祭　戦国期祇園祭礼の様相』淡交社、二〇一五。

河音能平「王土思想と神仏習合」『講座日本歴史4　古代4』岩波書店、一九七六。

小松茂美編・解説『日本の絵巻8　年中行事絵巻』中央公論社、一九八七。

㈶千葉県史料研究財団編『千葉県の歴史　史料編　中世二（県内文書一）』千葉県、一九九七A。「一〇香取源太祝家文書」五八号史料。

㈶千葉県史料研究財団編『千葉県の歴史　史料編　中世二（県内文書一）』千葉県、一九九七B。「一一香取田所家文書」一号史料「香取社領文書具書案」（2）関白前左大臣（近衛家実）家政所下文。

㈶千葉県史料研究財団編「第七章　地域をかたちづくる民俗―安房のヤワタンマチ―」『千葉県の歴史　別

編　民俗1（総論）』千葉県、一九九九。

笹生　衛「東国中世村落の景観変化と画期―西上総、周東・周西郡内の事例を中心に―」『千葉県史研究』第7号、千葉県、一九九九。

佐藤博信・滝川恒昭「房総里見氏文書集」『千葉大学人文研究』第三十七集、千葉大学文学部、二〇〇八。

鈴木哲雄〈権検非違使家本「香取神宮神幸祭絵巻」と造営注文〉『香取文書と中世の東国』同成社、二〇〇九。

東京大学史料編纂所編『大日本古記録　十』岩波書店、一九八六。

戸田芳実『初期中世社会史の研究』東京大学出版会、一九九一。

西山良平・鈴木久男編『古代の都3　恒久の都　平安京』吉川弘文館、二〇一〇。

橋本裕之「神話の視覚化か視覚の神話化か―猿田彦と王の舞―」『万葉古代学研究年報』第一八号、奈良県立万葉文化館、二〇二〇。

濱隆造・下江健太・福島雅儀・八峠興・原田克美・坂本嘉和・梅村大輔編『鳥取県鳥取市青谷町　青谷横木遺跡Ⅰ・Ⅱ・Ⅲ』鳥取県埋蔵文化財センター、二〇一八。

水谷類・吉永博彰「『年中行事絵巻』（岡田本）絵解き」國學院大學学術資料センター編『古代の祭りと災い―疫病・災害・祟り―』國學院大學研究開発推進機構学術資料センター（神道部門）、二〇二一。

柳田国男『日本の祭』角川学芸出版、一九六九。

米田雄介・吉岡真之『史料纂集　吏部王記』続群書類従完成会、一九七四。

第五章　塩津の神と神社

小松茂美編・解説『日本の絵巻8　年中行事絵巻』中央公論社、一九八七。

加瀬直弥『平安時代の神社と神職』吉川弘文館、二〇一五。

重田勉・濱修編『塩津港遺跡2』滋賀県・公益財団法人滋賀県文化財保護協会、二〇二一。

長谷川政春・今西祐一郎・伊藤博・吉岡曠校注『土佐日記　蜻蛉日記　紫式部日記　更級日記』岩波書店、二〇二一。

原田敏明監修、日本祭礼行事集成刊行会編『日本祭礼行事集成　第三巻』平凡社、一九七〇。

濱　修「第三章　塩津起請文の世界」水野章二編『よみがえる港・塩津　北国と京をつないだ琵琶湖の重要港』サンライズ出版、二〇二〇。

丸山　茂『古代の神社造営』中央公論美術出版、二〇二一。

三浦正幸『神社の本殿　建築にみる神の空間』吉川弘文館、二〇一三。

水野章二編『よみがえる港・塩津　北国と京をつないだ琵琶湖の重要港』サンライズ出版、二〇二〇。

山岸常人「神社建築の形成過程―平安時代前期・中期を中心に―」『史林』第九八巻第五号、史学研究会（京都大学大学院文学研究科内）、二〇一五。

山田岳晴「神社玉殿の起源と特質　安芸国の玉殿を中心として」『国立歴史民俗博物館研究報告』第一四八集、国立歴史民俗博物館、二〇〇八。

横田洋三・濱修編『塩津港遺跡1』滋賀県教育委員会・公益法人滋賀県文化財保護協会、二〇一九。

横田洋三「第一章　発掘された塩津港遺跡」水野章二編『よみがえる港・塩津　北国と京をつないだ琵琶湖の重要港』サンライズ出版、二〇二〇。

おわりに

上里隆史『尚氏と首里城』吉川弘文館、二〇一六。

勝又直人「富士山頂の経塚」『月刊考古学ジャーナル』一〇月臨時増刊№六四八、ニューサイエンス社、二〇一三。

上川道夫『日本中世仏教と東アジア世界』塙書房、二〇一二。

笹生　衛「富士の神の起源と歴史―富士山の古代祭祀と中世への移行を中心に―」『特別展　富士山―その景観と信仰・芸術―』國學院大學博物館、二〇一四。

新里亮人「カムィヤキ古窯の技術系譜と成立背景」『グスク文化を考える　世界遺産国際シンポジウム〈東アジアの城郭遺跡を比較して〉の記録』沖縄県今帰仁村教育委員会、二〇〇四。

瀬川拓郎『アイヌと縄文―もうひとつの日本の歴史―』筑摩書房、二〇一六。

鈴木靖民『古代日本の東アジア交流史』勉誠出版、二〇一六。

鈴木靖民・金子修一・田中史生・李成市編『日本古代交流史入門』勉誠出版、二〇一七。

高梨　修「古代～中世におけるヤコウガイの流通」小野正敏・萩原三雄編『鎌倉時代の考古学』高志書院、二〇〇六。

西本昌弘『空海と弘仁皇帝の時代』塙書房、二〇二〇。

福井県編『福井県史　通史編1（原始・古代）』福井県、一九九三。

三重県編『三重県史　資料編　考古2』三重県、二〇〇八。

蓑島栄紀『「もの」と交易の古代北方史　奈良・平安日本と北海道・アイヌ』勉誠出版、二〇一五。

森　正人校注『今昔物語五』岩波書店、一九九六。

＊　特に注記のないものは，著者による撮影・作成。

図版一覧

著者略歴

一九六一年　千葉県に生まれる。
一九八五年　國學院大學大学院文学研究科博士課程前期修了。
現在、國學院大學神道文化学部教授、同大學研究開発推進機構長、同大學博物館長、博士（宗教学）

〔主要編著書〕
『日本古代の祭祀考古学』（吉川弘文館、二〇一二）
『事典　神社の歴史と祭り』（共編、吉川弘文館、二〇一三）
『神と死者の考古学　古代のまつりと信仰』（吉川弘文館、二〇一六）

まつりと神々の古代

二〇二三年（令和五）二月二十日　第一刷発行

著　者　笹生(さそう)　衛(まもる)
発行者　吉川道郎
発行所　株式会社　吉川弘文館
郵便番号一一三―〇〇三三
東京都文京区本郷七丁目二番八号
電話〇三―三八一三―九一五一〈代表〉
振替口座〇〇一〇〇―五―二四四番
http://www.yoshikawa-k.co.jp/
印刷＝藤原印刷株式会社
製本＝株式会社 ブックアート
装幀＝渡邉雄哉

ISBN978-4-642-08423-9